E-Book inside

Liebe Käuferin, lieber Käufer,
Sie erhalten von uns als Zugabe kostenlos auch das E-Book
zu diesem Buch. Einmal gekauft – zweimal profitiert!

1. Öffnen Sie die **Webseite**
   https://www.gabal-verlag.de/ebookinside.

2. Geben Sie den untenstehenden **Download-Code** ein
   und füllen Sie das Formular aus.

3. Mit dem Klick auf den »Senden«-Button am Ende
   des Formulars erhalten Sie Ihren persönlichen
   Download-Link als **E-Mail**.

4. Beachten Sie bitte, dass der Code nur **einmal gültig** ist.
   Bitte speichern Sie das E-Book.

Ihr Download-Code: **3G2M8-2E96X-98ZES**

STEFFEN KIRCHNER

DIE MENTALE REVOLUTION

STEFFEN KIRCHNER

DIE MENTALE REVOLUTION

Warum du dein Denken
ändern musst, um deine Zukunft
erfolgreich zu gestalten

Bibliografische Information der Deutschen Nationalbibliothek

Die Deutsche Nationalbibliothek verzeichnet diese Publikation in der Deutschen Nationalbibliografie; detaillierte bibliografische Daten sind im Internet über http://dnb.d-nb.de abrufbar.

ISBN 978-3-96739-038-4

Lektorat: Eva Gößwein | www.evagoesswein.de
Umschlaggestaltung: SCOPE we think design | Insa González | www.scope-ff.com
Autorenfoto: Diana Barthel; S. 230: Florian Stare, Stare Studio; S. 232: Ralph Heinz
Satz und Layout: Lohse Design, Heppenheim | www.lohse-design.de
Druck und Bindung: Salzland Druck, Staßfurt

Wir drucken in Deutschland.

www.gabal-verlag.de
www.facebook.com/Gabalbuecher
www.twitter.com/gabalbuecher
www.instagram.com/gabalbuecher

PEFC zertifiziert
Dieses Produkt stammt aus nachhaltig
bewirtschafteten Wäldern und kontrollierten
Quellen.

www.pefc.de

Inhalt

Füreinander statt gegeneinander

Liebe Leserin, lieber Leser,

Menschen fragen mich oft, warum ich Mentalcoach geworden bin. Ich antworte ihnen dann: Weil ich schon früh im Leben meine Mentalität verändern musste. Jetzt musst du nicht unbedingt gleich Mentalcoach werden. Aber wahrscheinlich kennst du auch Situationen, die dich scheinbar in einer Sackgasse aus Trauer, Unzufriedenheit oder Machtlosigkeit zurücklassen.

Wir befinden uns in einer Zeit, die eher von Buzzwords wie Verantwortung, Transformation und Revolution geprägt wird. Alles starke Begriffe, über die wir viel diskutieren und die in Reden und Texten von Politikern und Experten ständig auftauchen. Doch im Leben jedes einzelnen Menschen spielen sie meiner Meinung nach noch viel zu selten eine Rolle.

Na klar hast du täglich mit Verantwortung und Veränderungen zu tun. Und es ist auch normal, dass du das als anstrengend empfindest. Ganz besonders dann, wenn du das Gefühl nicht loswirst, sowieso nichts wirklich beeinflussen zu können. Und wo sollst du eigentlich noch die Energie hernehmen, um, wenn wir mal bei der Revolution bleiben, auf Barrikaden zu gehen?

Das möchte ich dir in diesem Buch zeigen. Du wirst erfahren, wie du deine innere Haltung so transformierst, dass du scheinbar unveränderbare Verhältnisse beeinflussen und damit dein Leben ab jetzt neu denken und prägen kannst. Denn ich bin überzeugt davon, dass wir eine mentale Revolution brauchen. Die Art, wie wir mit all dem umgehen, was wir nicht beeinflussen können, und alte Systeme und Muster, in denen wir feststecken, lähmen uns zu einer Zeit, in der jeder für sich und wir alle gemeinsam aktiv sein sollten.

Um dir zu zeigen, wie ich zu meinen Erkenntnissen gekommen bin und zu den Visionen, die ich mit dir teile, möchte ich dir zunächst einen Einblick in mein Leben und meinen Weg geben. Aber bitte nicht falsch verstehen. In diesem Buch geht es nicht um mich. Es geht um dich und deine mentale Revolution. Meine Geschichte ist jedoch ein gutes Beispiel dafür, wie wichtig die Transformation unserer Haltung und unserer Denkweise für den Lebensweg jedes Einzelnen sein kann.

Seit ich ein kleines Kind war, liebte ich den Tennissport. Es fing damit an, dass ich ein Bewunderer von Boris Becker war, begeistert von seiner mentalen Stärke, seiner Ausstrahlung und seinem Siegeswillen. Mich faszinierten die Eleganz, die Anmut und die Dynamik dieses Sports. Ich musste unbedingt selbst spielen.

Deshalb bettelte ich monatelang bei meinen Eltern, Tennisunterricht nehmen zu dürfen. Nach einem Jahr des fast täglichen Nachfragens hatte ich es geschafft. Ich durfte endlich auf den Tennisplatz und ich habe es von der ersten Sekunde an geliebt. Der Platz wurde außerdem zu meinem persönlichen Zufluchtsort, an dem ich endlich mal selbst Kontrolle darüber hatte, wie erfolgreich ich sein würde – ganz anders als sonst in meinem Leben.

Ich will mich nicht beschweren, als Einzelkind von zwei tollen Eltern ging es mir gut. Mein Vater und auch meine Mutter liebten mich sehr und ich sie natürlich auch. Dennoch war mein Zuhause alles andere als ein Platz der Glückseligkeit. Meine Mutter war seit meiner Kindheit schwer alkoholkrank und ich versuchte sie im wahrsten Sinne des Wortes zu retten. Ich wollte, dass sie glücklich und natürlich auch gesund wird. Doch egal, was ich alles tat – ihr Zustand wurde nicht besser. Das gleiche Schicksal erlebte ich beim Versuch, die Ehe meiner Eltern zu retten, die nicht zuletzt durch die Alkoholkrankheit meiner Mutter immer größere Risse bekam. Auch hier musste ich die bittere Erfahrung machen: Kein Kind auf der Welt kann seine Eltern retten. Es liegt einfach nicht in seiner Macht und, das möchte ich nicht unerwähnt lassen, auch nicht in seiner Verantwortung.

Als ich dann elf Jahre alt war, ließen meine Eltern sich scheiden und meine Mutter transformierte ihre Alkoholsucht in eine Magersucht. Ich fühlte mich gescheitert und unfähig, die Dinge zu erreichen, die mir wirklich wichtig waren. Mein Selbstvertrauen war damals im Minusbereich und ich fühlte mich innerlich völlig leer. Nur auf dem Tennisplatz konnte ich diese innere Leere eine Zeit lang verdrängen. Ich spielte also, so oft ich konnte, und ich hatte durchaus Talent und schlitterte in den Hochleistungssport. Ab dann ging es um mehr als nur um das Spiel. Es ging um meinen Beruf und um meine Existenz.

Mein Ziel: als Tennisprofi mein Geld zu verdienen. Die Liebe zu diesem Sport war dafür groß genug. Ganz im Gegensatz zu meiner Liebe zum Wettbewerb. Ich hasste es, andere zu Verlierern zu machen, nur um selbst ein Sieger zu sein. Ich sträubte mich innerlich gegen diesen ständigen Vergleich mit anderen und dagegen, immer besser und erfolgreicher sein zu müssen. Ganz unmerklich wurde meine innere Leere immer größer. Ich lebte in einem inneren Spannungsfeld aus Flucht vor meinem Leben, Wettkampf gegen andere und dem Krieg gegen mich selbst.

Einige Jahre später, um genau zu sein am 31. Juli 2003, veränderte sich mein Leben für immer. Meine Mutter lag mit einer Leberzirrhose im Krankenhaus. Sie war wenige Jahre zuvor wieder rückfällig geworden. Und dieses Mal hatte der Alkohol sie endgültig zerstört. Ich stand an ihrem Bett und sah ihr beim Sterben zu. In diesem Moment hatte ich eine lebensverändernde Erkenntnis. Meine Mutter war ein wunderbarer Mensch mit einem großen Herzen. Sie liebte die Menschen und die Menschen liebten sie. Nur sich selbst liebte sie nicht. In ihr schlummerten enorme Talente, eine Menge Temperament und Leidenschaft. Sie war also ein Mensch voller Potenzial. Und mir wurde klar, dass dieses große Potenzial, größtenteils ungenutzt, nun in den nächsten Stunden mit ihr aus dieser Welt gehen würde. Ein großes Drama für sie, für mich und für viele Menschen, die davon hätten profitieren können.

In diesem Moment wurde mir aber auch bewusst, was mich in meinem Leben wirklich von ganzem Herzen inspirieren würde: die Vorstellung, Menschen dabei zu helfen, ihre Potenziale nicht zu verschwenden und ihr Leben nicht einfach so wegzuwerfen. Sie dabei zu unterstützten, das Beste aus ihren Möglichkeiten zu machen, um etwas Gutes in der Welt und im Leben anderer zu bewirken. Meine Schlüsselerkenntnis war:

Ich möchte ab jetzt *für* Menschen arbeiten, nicht mehr *gegen* sie.
Ich möchte anderen Menschen helfen, anstatt sie zu besiegen.

Im wettbewerbsorientierten Leistungssport ging es von morgens bis abends, von Montag bis Sonntag immer nur darum, andere zu besiegen. Mein ganzes Leben war gefühlt ein einziger Kampf. Ich kämpfte um das Leben meiner Mutter. Sie kämpfte gegen sich selbst, gegen ihren Körper und gegen die Dämonen in ihrem Kopf. Meine Eltern kämpften gegeneinander und ich kämpfte um ihre Ehe. Und obwohl ich dieses ständige Kämpfen so satthatte, war ich mittlerweile selbst zum Wettkämpfer geworden. Auch ich geriet in dieses Muster, gegen andere zu kämpfen und zuletzt auch gegen mich selbst.

»Steffen, wenn du deinen größten Feind erkennen willst, den du bezwingen musst, dann schau in den Spiegel«, sagte mir mein damaliger Trainer. Ich weiß, dass er es gut meinte. Aber diese Haltung, mit sich selbst zu kämpfen, führt aus meiner Sicht zu innerem Unfrieden und somit auch zu ständiger innerer Unzufriedenheit. Denn beim Kampf gegen sich selbst gibt es keinen Gewinner. Auf diese Weise wird man im Idealfall vielleicht vorübergehend erfolgreich, aber niemals wirklich glücklich. So entschied ich mich, damit aufzuhören. Ich tauschte den Wettbewerb gegen die Kooperation – aktiven Leistungssport gegen die mentale Unterstützung anderer auf dem Weg zum Sieg. Denn wahrer Erfolg ist aus meiner Sicht erst dann gegeben, wenn mehr als einer gewinnt. Dafür musste ich anfangs auf drei Hochzeiten gleichzeitig tanzen. Ich war Manager eines Volleyballclubs, leitete eine Tennisschule und begann parallel dazu noch ein Fernstudium im Bereich Sportmanagement. Von da an förderte ich junge Talente auf dem Tennisplatz und führte lange Gespräche mit Erwachsenen. Und schon bald suchten auch Entscheider in Unternehmen den Kontakt zu mir und baten mich um Einschätzungen und neue Sichtweisen. Ich erkannte, dass ich die größte Erfüllung darin fand, anderen Menschen zu helfen und sie zu inspirieren. Also bildete ich mich in verschiedenen Gebieten der Psychologie weiter und saugte alles auf, was es international an Wissen und Know-how gab.

Im Laufe der letzten Jahre habe ich Hunderte von Coachings gegeben, unzählige Gespräche geführt und mit über zehntausend Menschen in meinen Seminaren gearbeitet, um sie auf ihrem Weg zu unterstützen. Dabei bin ich zu der Erkenntnis gekommen, dass es im Leben im Kern um zwei Dinge geht: zu wachsen und zu helfen.

Wachstum und Mitwirkung gehören beide zu den sechs emotionalen Grundbedürfnissen eines jeden Menschen. Wachstum ist deshalb wichtig, weil es dazu dient, noch besser mitwirken, also helfen zu können. Wer persönlich gewachsen ist, besitzt mehr Größe und mehr Möglichkeiten. Dadurch kann er auch einen größeren Beitrag für andere leisten. Wenn das eigene Wachstum begrenzt ist, sind auch die Möglichkeiten entsprechend begrenzt, etwas für andere zu bewirken.

Im Kern haben wir also zwei Aufgaben im Leben:

1. Wir müssen so viel Freude und Wachstum wie möglich in unser eigenes Leben zu bringen.
2. Wir sollten möglichst viel Freude und Wachstum ins Leben anderer Menschen bringen.

Was wir nicht mehr brauchen, ist diese veraltete Egozentrik, nach dem Motto: »Mein Haus, mein Auto, meine Yacht, mein Blablabla.« Ganz ehrlich – es geht nicht nur um dich in dieser Welt!

Um unserem Auftrag in der Welt nachzukommen, sollten wir die Egozentrik, die das Ich ins Zentrum stellt, durch »sozialen Egoismus« ersetzen. Mit sozialem Egoismus meine ich, dass wir auf uns selbst achten und auch zu jeder Zeit sicherstellen, dass es uns selbst gut geht. Allerdings sollte das eben nicht einem egozentrischen Selbstzweck dienen, sondern ein Mittel zu einem sozialen Zweck sein: dem Auftrag, auch etwas Gutes für andere zu bewirken. Denn nichts in der Natur existiert nur aus reinem Selbstzweck.

Die Konsequenz: Wir müssen aufhören, zu versuchen, auf Kosten anderer zu wachsen. Denn persönliches Wachstum ist nicht das Endziel, sondern lediglich die Voraussetzung dafür, etwas von unserem Wachstum weiterzugeben. Denn Erfolg ist nicht dazu da, um ihn zu besitzen, sondern um ihn zu teilen.

Leider führt das aber bei manchen Menschen dazu, der Selbstlosigkeit zu erliegen. Sie vergessen sich komplett selbst, weil sie von ihrer Nächstenliebe so geblendet sind. Das kann nicht gut gehen. Denn wer sein Selbst vergisst, kann auch keine Selbstliebe, kein Selbstwertgefühl und dann natürlich auch kein Selbstvertrauen aufbauen. Wer sich selbst vergisst, bleibt klein und arm. Und wer materiell und auch emotional arm ist, dessen Bankkonto und Energiekonto sind leer. Es gilt die alte Regel: Wer nichts hat, kann auch nichts geben.

Menschen, die selbst wenig Lebensfreude und Lebensenergie haben, können auch anderen Menschen auf Dauer nichts davon vermitteln und somit auch nicht helfen. Natürlich funktioniert das eine Weile. Über einige Zeit hinweg kann man durchaus mehr geben, als man hat. Doch damit überzieht man sprichwörtlich sein eigenes Konto immer mehr und stürzt langfristig in eine noch tiefere innere und äußere Armut. Diese Armut führt dann in der Regel zu Folgeerscheinungen wie Insolvenzen, Depressionen, Burn-out, Streit oder Scheidung. Was lernen wir daraus? Wer sich um andere kümmern will, muss sich zuerst und genauso intensiv um sich selbst kümmern. Das ist der eine Teil der Lektion. Der andere Teil ist aber auch: Selbst erfolgreich und glücklich zu sein ist kein reiner Selbstzweck, sondern die Grundlage dafür, diesen Wohlstand an andere weiterzugeben. Nicht, ihn zu verteidigen. Es steht ja schon im Grundgesetz: Eigentum verpflichtet. Eigentlich ein alter Gedanke. Aber immer noch einer, für den wir in unserer Gesellschaft, in der Wirtschaft und ganz besonders in uns selbst eine mentale Revolution anzetteln müssen. Lass uns das gemeinsam tun. Füreinander und nicht gegeneinander.

Dein Steffen Kirchner

TEIL 1

EINFÜHRUNG IN DIE MENTALE REVOLUTION

Wir brauchen eine Revolution

Die Zukunft hat viele Namen: Für Schwache
ist sie das Unerreichbare, für Furchtsame
das Unbekannte, für die Mutigen die Chance.

VICTOR HUGO, FRANZÖSISCHER SCHRIFTSTELLER (1802–1885)

Vielleicht fragst du dich gerade, warum ich hier ausgerechnet mit einem Zitat von Victor Hugo einsteige. Der ist ja bereits lange tot und hat mit dem Wandel heute auf den ersten Blick so viel zu tun wie ein tragbarer CD-Spieler. Du täuschst dich. Der französische Schriftsteller führte ein Leben am Puls seiner Zeit. Und mit seiner mentalen Haltung kann er auch heute noch vielen als Vorbild dienen. Hugo lebte mitten im krassen Wandel, wuchs zu einer Zeit auf, die von der bis heute bedeutendsten Revolution der Neuzeit, der Französischen Revolution, nachhaltig geprägt wurde. Diese Revolution hat so ziemlich alles auf den Kopf gestellt, was für die Gesellschaft damals eine Rolle spielte – Herrschaftsstrukturen wurden ebenso durchbrochen wie soziale und kulturelle Systeme. Wirklich revolutionär war aber die mentale Grundhaltung, die vorherrschte. Diese Revolution startete in den Köpfen der Menschen. Und genau da müssen wir heute auch beginnen – mit einer mentalen Revolution!

Warum muss es denn gleich eine Revolution sein?

Wir müssen nicht wie im 18. und 19. Jahrhundert gleich die Regierungssitze stürmen. Aber heute wie damals gilt: Der Antrieb für eine Revolution kommt aus einer Gegenwart, mit der wir unzufrieden sind und die wir in eine bessere Zukunft transformieren wollen. Es geht also darum, einen aktuell unerträglichen oder nicht mehr tragbaren Zustand zu beenden. An diesem Punkt sind wir inzwischen angekommen. So, wie es heute läuft, wird spätestens morgen gar nichts mehr funktionieren.

Vielleicht denkst du jetzt: »Steffen, hör doch auf. Uns geht's doch gut.« Damit hast du sicherlich nicht ganz unrecht. Noch! Schau dir die Welt doch mal genauer an. Wir Menschen gehen momentan furchtbar miteinander um. Ich mag schon gar keine Kommentare unter Medienberichten oder Blogartikeln mehr lesen. Meinungsäußerungen in den sozialen Medien vermitteln häufig den Eindruck, wir steckten mitten im Krieg. Da beschimpfen sich Leute, die noch vor Kurzem entspannt zusammen ein Bierchen getrunken haben, weil der eine SUV fährt und der andere immer noch gerne Fleisch isst. Die Krise steckt in jeder noch so scheinbar harmlosen Aussage.

Wir befinden uns schon mitten in einer Wirtschaftskrise, verschiedenen Bankenkrisen, einer Bildungskrise, religiösen Krisen und noch vielen weiteren »Brandherden«. Kurzum: Alle Systeme, die wir bislang erschaffen haben, bieten zumindest Anlass zur Diskussion. Manche stecken bereits mitten in der Krise, andere noch nicht ganz. Die Betonung liegt hier auf »noch«.

Alle Systeme, die wir bisher erschaffen haben, hatten ihre Zeit. Aber jetzt müssen wir sie überwinden.

Das können wir nur dann, wenn wir die richtige mentale Haltung dafür entwickeln – wenn wir Veränderungslust in unseren Köpfen und unserem Leben etablieren. Wie zu Zeiten der Französischen Revolution brauchen wir ein Mindset, in dem wir bereit sind, alles, was wir bis jetzt kannten, neu zu denken. Das benötigen wir heute dringender denn je. Denn so, wie wir heute denken, fühlen und leben, werden wir ohne Transformation

Wir brauchen eine mentale Revolution!

nicht mehr erfolgreich sein können – weder als Unternehmen noch als einzelne Personen. Wir werden eine mentale Revolution hervorbringen müssen, in deren Zentrum der Mensch steht, als Wurzel jeden Erfolgs. Wir müssen in Zukunft dahin kommen, nicht mehr Menschen dafür zu benutzen, Unternehmen aufzubauen, sondern Unternehmen und Systeme dafür zu nutzen, Menschen aufzubauen.

Wie aber können wir den Menschen heute und in der Zukunft aufstellen, um ihn erfolgreich und neugierig auf Veränderungen zu machen? Wie kannst du dich so aufstellen? Darum soll es hier gehen. Ich verrate dir Geheimnisse und gebe dir Thesen und Erfolgsregeln für die Zukunft an die Hand, um dich für den Wandel resilient und damit auch in Zeiten der stetigen Veränderung erfolgreich zu machen.

Im Zentrum der Revolution steht der Mensch.

Von Reform zu Reform

Hast du mal das Wort »Reform« in eine Suchmaschine eingegeben? Ich habe das gerade spaßeshalber mal gemacht. Was denkst du, was dabei rauskam? Rund 200 deutschsprachige Treffer nur in den »News« binnen der letzten 24 Stunden. Da geht es um Schulreformen, Energiesteuerreformen, die Reform des Bundespolizeigesetztes, des ÖPNV, des Asylrechts und vieles mehr. Wir reformieren uns gerade mal wieder zu Tode. Die Portugiesen und auch Bernd Stromberg[1] haben dafür ein schönes Sprichwort:

Die Fliegen ändern sich, aber
die Scheiße bleibt die gleiche.

Denn anstatt wirklich etwas nachhaltig zu verändern, hangeln wir uns von Reform zu Reform. Und das kann langfristig nicht gut gehen. Zwar ist die Reform im wörtlichen Sinn eine »Verbesserung«. Wenn wir aber etwas, das nicht funktioniert, reformieren, heißt das noch lange nicht, dass es hinterher besser läuft.

Ich habe den Eindruck, dass das ein deutsches Thema ist oder zumindest eines, das im deutschsprachigen Raum weit verbreitet ist. Wir versuchen immer, ein kleines Stück weiterzukriechen, uns irgendwie weiterzuhangeln. Das können wir aber heute nicht mehr brauchen. Ich plädiere für einen viel radikaleren Ansatz: die mentale Revolution!

Es gibt keine Revolution ohne Vorbereitungen, aber viele Vorbereitungen ohne Revolution!

Was möchte ich damit sagen? Reformen sind Vorbereitungen – viele Reformen bedeuten also viele Vorbereitungen. Bisher schaffen wir es aber nicht, wirkliche Durchbrüche zu erzielen. Nirgends gibt es grundsätzliche Änderungen – nicht in der Politik, nicht in der Wirtschaft und auch nicht in unserem Umgang mit der Natur. Dabei warnen uns Menschen, die es wirklich wissen müssen, Wissenschaftler, aber auch Praktiker auf der ganzen Welt, dass wir so, wie wir leben, nicht weitermachen können. Auf allen Gebieten droht ein Zusammenbruch. Und das spüren wir auch. Da ist es kein Wunder, dass jedes Buch, das »Crash« oder »Krise« im Titel trägt, schon fast automatisch auf den Bestsellerlisten landet. Ist es da nicht gut, wenn wir selbst der Tropfen sind, der das Fass zum Überlaufen bringt, und die mentale Revolution vorantreiben?

Wir können nicht weitermachen wie bisher.

Die nächste mentale Dimension

Das könnte spannende Folgen haben. Ein Beispiel: Stell dir vor, du fährst auf einer Autobahn. Zurzeit sieht das so aus, dass du auf einer der in der Regel zwei bis drei Spuren fährst. Dafür gibt es verschiedene Regeln. Zum Beispiel überholen wir nur links – also zumindest die meisten von uns. Wenn es jetzt plötzlich erlaubt wäre, auch rechts zu überholen oder auch den Standstreifen als Fahrbahn zu nutzen, dann wäre das schon eine ziemliche Neuerung. Eine Revolution wäre es aber noch nicht. Auch wenn wir uns entscheiden, statt der Autobahn die Nebenstraßen zu nutzen, ist das noch wenig revolutionär. Denn alle diese Wege sind bereits vorhanden und gangbar – auch wenn nicht alle legal nutzbar sind.

Um eine Revolution zu erleben, müssen wir etwas Neues denken und »bauen«. Das wäre dann der Fall, wenn du mit deinem Auto einfach gar keine Straße mehr nutzt. Stattdessen fliegst du über die anderen Verkehrsteilnehmer hinweg. Ich meine nicht mit dem Flugzeug – sondern mit dem Auto, das bisher immer mit den Reifen den Boden berühren musste, um ans Ziel zu kommen. Bisher können wir so ein Auto noch nicht in der dritten Dimension nutzen. Aber wir können uns das vorstellen. Schau dir Science-Fiction-Filme wie »Star Wars« oder »Blade Runner« an. Da sind fliegende Autos völlig normal. Der Gedanke ist also gar nicht so abwegig. Oder noch viel kleiner – denk an das Buch »Robbi, Tobbi und das Fliewa-tüüt«, das der Sylter Autor Boy Lornsen bereits 1967 geschrieben hat. Sein »Fliewatüüt« kann FLIEgen, auf dem WAsser fahren und auf einer Straße TÜÜTen, wenn es auch etwas langsamer ist als die meisten Autos. Jeder Entwicklung geht ein revolutionärer Gedanke voraus. Ich bin sicher, dass wir langfristig für Autos gar keine Straßen mehr brauchen. Und das nur, weil wir zugelassen haben, dass wir das bestehende Prinzip durch ein revolutionäres Mindset weiterentwickeln. So beginnt Veränderung.

> **ÜBRIGENS:** Die Firma Bosch hat für das Thema »Urban Air Mo-
> bility«, also für Luftmobilität in Städten, sogar eine eigene Abteilung.
> Deren Leiter, Marcus Parentis, sagt: »Flugautos wie im Film ›Blade
> Runner 2049‹ sind technisch schon heute möglich. Die ersten Flug-
> taxis sollen ab dem Jahr 2023 abheben und zwischen vordefinierten
> Start- und Landeplattformen hin- und herfliegen.«[2] Ein schönes Bei-
> spiel dafür, was alles passieren kann, wenn wir revolutionär denken.

»Revolutionär denken, evolutionär umsetzen«

Vor einiger Zeit durfte ich ein Interview mit dem großartigen Götz Werner führen. Falls du ihn nicht kennst, sein Vermächtnis kennst du auf jeden Fall. Er ist der Gründer der Drogeriemarkt-Kette dm und gilt seit jeher als revolutionärer Vordenker und Visionär. Von ihm stammt das Zitat »Revolutionär denken, evolutionär umsetzen«. Er ist auch seit Jahrzehnten ein Anhänger des bedingungslosen Grundeinkommens für jeden. Lange Zeit galt diese Idee als Utopie, als nicht finanzierbar und aus vielen anderen Gründen nicht umsetzbar. Aber nie waren wir dieser Idee so nahe wie heute. Ich glaube, in zehn Jahren werden wir darüber nicht mehr sprechen müssen. Dann wird dieses Grundeinkommen für jeden von uns ganz normal und alltäglich sein.

Du fragst dich jetzt sicher, warum ich dir das erzähle? Ich möchte dir damit die Angst vor revolutionären Gedanken und Zielen nehmen. Die sind wichtig. Denn ohne diese Art des Denkens kommen wir nicht weiter. Und es bedeutet noch lange nicht, dass du eine mentale Revolution auch gleich revolutionär umsetzen musst. Keiner zwingt dich dazu, in Denkgeschwindigkeit in die Umsetzung zu gehen. Ja, wir müssen in uns selbst und in unserem Denken revolutionär und transformativ sein, um neue Bilder und Denkwelten aufzumachen. Aber natürlich können wir uns in diese vorgestellte Welt nicht beamen. Der Weg dorthin kann auch evolutionär – also Schritt für Schritt – stattfinden.

Hab keine Angst vor revolutionären Gedanken!

Ein Beispiel: Ich möchte jemandem das Tennisspielen beibringen, der es überhaupt nicht kann. Der braucht dann drei Schritte, um es wirklich zu lernen.

Schritt 1: Kontrolle

Ich zeige ihm, wie er den Schläger richtig hält, bringe ihm die Grundbewegungen bei und er lernt, wie er den Ball fünf-, zehn-, 15-, 20- oder 30-mal übers Netz spielen kann. Dabei geht es um die Ballkontrolle. Wenn er diesen Schritt beherrscht, gehen wir über zu:

Schritt 2: Richtung

Ich bringe ihm bei, wie er die Richtung, in die der Ball fliegt, verändern kann, zeige ihm, wie er Longline oder Cross spielen kann – links, rechts, hoch, flach, kürzer oder länger. Nun beherrscht er die Richtung.

Warum in dieser Reihenfolge? Weil du, wenn du keine Ballkontrolle hast, aber die Richtung verändern möchtest, schnell ins Schleudern kommst. Das ist wie beim Autofahren. Wenn ich keine Kontrolle über mein Auto habe und die Richtung verändern möchte, dann kommt mein Fahrzeug ins Schleudern.

Das passiert leider auch in vielen Unternehmen, wenn sie Entwicklungen verschlafen oder auch absichtlich ignorieren. Erinnerst du dich an die Pleite des Reiseveranstalters Thomas Cook? Hier hatte ich einen guten Einblick. Denn das Unternehmen buchte mich vor einigen Jahren, um Mitarbeitern die Themen Veränderungsbereitschaft und -lust schmackhaft zu machen. Es ging also um einen Mindsetwechsel. Der Konzern wollte und musste digitaler werden, im Internet präsent sein und einiges mehr. Dann war die Insolvenz da. Ein Grund: Thomas Cook hat die Konkurrenz im Netz wie zum Beispiel Booking.com oder auch Airbnb komplett unterschätzt. Sie hatten mich gebucht, aber all das, was ich vermitteln sollte und vermittelt habe, haben sie nicht umgesetzt. Das ist sicher nicht der einzige Grund für die Pleite. Dafür mussten viele strategische Fehler begangen werden und auch die politische Lage war für ein britisches Unternehmen in Zeiten des Brexits schwierig. Aber diese Veränderungsverweigerung spielt auf jeden Fall eine Rolle. Thomas Cook hat sein Geschäftsmodell einfach nicht in die neue Zeit gebracht. Das Unternehmen war nicht in der Lage, die Richtung zu wechseln, ohne ins Schleudern zu geraten.

Schritt 3: Geschwindigkeit

Ich bringe dem Spieler bei, wie er schneller spielt und schneller Punkte macht, weil er dem Gegner die Bälle schneller um die Ohren schlägt. Mit der Erhöhung der Geschwindigkeit steigt aber auch das Risiko. Also, je höher das Tempo, desto schneller kann auch ein Fehler passieren.

Die Leute wollten früher oft gleich auf Geschwindigkeit spielen. Sie wollten zum Beispiel sofort Millionär sein, sofort alles umsetzen. Das kann aber nicht funktionieren. Wir brauchen trotz aller revolutionärer Gedanken ein evolutionäres Umsetzen. Wir brauchen zunächst die Kontrolle – strukturelle Kontrolle, mentale Kontrolle, emotionale Kontrolle. Wir müssen uns selbst erst einmal verstehen, verstehen, wie Menschen funktionieren. Dann können wir die Richtung ändern. Das kann ruhig auch gleich sehr deutlich und radikal vonstattengehen. Aber es geht nur mit Kontrolle. Dann können wir Geschwindigkeit aufnehmen. Diese Reihenfolge solltest du stets einhalten. Dann kannst du revolutionäres Denken evolutionär umsetzen.

Keine radikale Veränderungen ohne Kontrolle.

Umgekehrt funktioniert es übrigens nicht. Das ist ein Fehler, der vielen noch zu häufig unterläuft. Sie denken evolutionär, wollen dann aber revolutionär handeln. Wie soll das gehen?

Das Gegenteil von Revolution

Klar, manchmal zwingt uns die Geschwindigkeit, in der sich das Leben und die Bedingungen um uns herum verändern, dazu, auch gleich in die revolutionäre Umsetzung zu gehen. Die funktioniert aber eben nur dann, wenn wir bereits revolutionär denken.

Ich bin zum Beispiel der Überzeugung, dass wir um die Revolution unserer gesellschaftlichen Systeme nicht herumkommen. Das ist ein klassisches Beispiel dafür, dass es uns zu schnell geht, dass wir eine Veränderung als zu radikal empfinden. Geht's dir auch so? Ja, es wäre schön, wenn wir mehr Zeit für die Umwälzung dieser Systeme hätten und ganz in Ruhe etwas Neues erschaffen könnten. Aber Megatrends, Pandemien und viele weitere Entwicklungen in unserer Welt lassen das heute einfach nicht mehr zu. Die Evolution würde wieder nur eine langsame, schrittweise Erneuerung bedeuten. Dafür sind die Umbrüche heute aber zu schnell und zu drastisch. Um Schritt halten zu können, müssen wir also schneller sein. Deshalb brauchen wir die radikale Erneuerung.

Evolution halte ich eher für das Gegenteil von Revolution. Ich verstehe natürlich, dass du's gerne langsamer hättest. Wirklich! Aber mein Verständnis wird dir für deine Zukunft nichts nützen. Unsere Herausforderung – deine ebenso wie meine – ist, dass wir die Geschwindigkeit der Veränderungen nicht beeinflussen können. Mal ehrlich, wir Menschen sind von Natur aus eher langsam. Wir sind Gewohnheitstiere und verändern besonders uns selbst nicht so gern. Ich habe sogar eine Erklärung als Entschuldigung für dich parat: Das ist eine Frage unseres Energiehaushalts! Darauf werde ich an anderer Stelle noch einmal näher eingehen. Fakt ist, wir schaffen es erst, uns zu bewegen, wenn wir, wie heute, nicht mehr anders können. Wenn alles Altgediente wirklich alt ist und uns nicht mehr dient. Deshalb brauchen wir statt einer Evolution heute die Revolution, und zwar nicht nur im Außen, sondern insbesondere auch im Innen.

Wir verändern uns erst, wenn wir müssen.

Es spielt überhaupt keine Rolle, ob du dich gegen sie sträubst und wie sehr, du kommst einfach nicht um eine mentale Revolution herum. Wir können den Wandel nicht aufhalten und haben auch auf vieles, was uns alle trifft, keinen Einfluss. Was wir aber können, ist, unsere Haltung dazu verändern und unser eigenes Potenzial aktiv nutzen. Lass uns das zügig angehen!

Gesellschaft ohne Angst

Der Zweck der Revolution
ist die Abschaffung der Angst. [3]

THEODOR W. ADORNO,
DEUTSCHER PHILOSOPH UND SOZIOLOGE (1903–1969)

Was Adorno in einem Brief an Walter Benjamin nebenbei erwähnt, halte ich für eine essenzielle Grundregel für unsere mentale Revolution. Ein wichtiges Ziel wäre eine Gesellschaft ohne Angst! Glaubst du, die kann es geben? Schauen wir uns die Gegenwart an, kommen auf jeden Fall Zweifel auf.

> **Die Systeme, die wir in der Vergangenheit erschaffen haben und die jetzt kollabieren, sind die Ursache dafür, dass Menschen aktuell in Angst leben.**

Wir haben Angst davor, nicht mehr genug abzubekommen. Wir fürchten um unsere Sicherheit und glauben, dass wir ums Überleben kämpfen müssen. Wir haben Angst um unseren Wohnraum, unsere Arbeitsplätze, unseren Lebensunterhalt, die Altersvorsorge, um unsere Gesundheit, vor anderen Menschen und vor noch vielem mehr. Was meinst du wohl, was die Konsequenz daraus ist? Da brauchst du gar nicht viel zu spekulieren. Ein Blick ins Internet reicht, um zu sehen, dass ganz offensichtlich richtig viel Angst im Umlauf ist. Und die Angst der Menschen wird größer und größer und schlägt immer häufiger in Hass um.

Gruppenbildung mit Feindbild

Also fangen wir an, Grüppchen oder »Lager« zu bilden und uns gegenseitig zu misstrauen und anzugreifen. Du kannst dir sicher vorstellen, dass uns das nicht guttut. Im Gegenteil! Indem wir Andersdenkende zum Feindbild aufbauen, haben wir uns in eine handfeste Bewusstseins- und Beziehungskrise manövriert, in der wir selbst unsere Moralvorstellungen und Werte über Bord werfen. Wohin führt das? Ganz klar, zu einer negativen Grundhaltung.

Hinzu kommt, dass wir uns permanent weiter mit Negativem aufladen. Das können Nachrichten sein, ebenso wie traurige oder gewalttätige Filme, Gespräche, die wir nicht freundlich oder nicht ehrlich führen, oder auch destruktive Kommentare in den sozialen Medien. Da ist es doch kein Wunder, dass wir, anstatt mutig in die Zukunft zu schauen, immer kritischer und zerknirschter werden und unsere Befürchtungen und Ängste immer mehr schüren. Denn all das Negative, das wir aufsaugen wie ein Schwamm, verändert unsere Haltung zu uns selbst und zu den anderen. Wie willst du in dieser Lage noch positiv in die Zukunft schauen? Indem du deine Ängste bekämpfst, anstatt sie auf andere zu projizieren, und indem du dich von einem trügerischen Gefühl der Sicherheit verabschiedest. Denn das Gegenteil von Angst ist nicht Sicherheit. Auch wenn viele das glauben. Es ist Freiheit.

Das Gegenteil von Angst ist Freiheit.

ÜBRIGENS: Während dieses Buch entsteht, erleben wir eine Real-Life-Bestätigung dessen, was ich eben geschrieben habe. Der weltweite Feind heißt zurzeit Covid-19 oder Coronavirus. Eine Situation wie diese hat es zu unseren Lebzeiten noch nicht gegeben. Überall herrscht Panik und viele können gar nicht mehr unterscheiden zwischen echten Nachrichten, Verschwörungstheorien und Fake News. Die halbe Welt sitzt zu Hause und ist in ihrer Bewegungsfreiheit ziemlich eingeschränkt. Und zwar nicht nur räumlich, sondern auch finanziell. Von heute auf morgen wurden ganzen Branchen die Einkunftsmöglichkeiten entzogen.

Versteh mich nicht falsch. Ich möchte hier auf keinen Fall das Virus oder gar die Konsequenzen verharmlosen. Trotzdem steckt auch in so einer Katastrophe eine Menge Potenzial. In Situationen wie diesen kommt es mehr denn je auf das eigene Mindset an. Es gibt keinen Platz mehr für eine Das-haben-wir-schon-immer-so-gemacht-Mentalität. Denn eine solche Situation haben wir zu unseren Lebzeiten einfach noch nicht erlebt. Wir müssen uns verändern, an die Situation anpassen und schnell Neues entwickeln. Und zumindest dieser Teil der Krise ist gut.

Wenn du das hier liest, werden wir, obwohl Ausgangs- und Kontaktsperren inzwischen hoffentlich der Vergangenheit angehören, wahrscheinlich immer noch die Nachwirkungen der Pandemie spüren. Im

Schlechten, aber auch im Guten. Denn unsere Gesellschaft wird aus der Not heraus eine mentale Revolution erlebt haben – weil sie musste. Und wenn es gut gelaufen ist, haben wir viel gelernt, was uns bei der nächsten Pandemie, die sicher kommen wird, helfen wird, mit weniger Angst und mehr Weitsicht zu agieren.

Die drei Denkebenen

An dieser Stelle möchte ich einen kleinen Exkurs mit dir unternehmen. Denn um die Dringlichkeit und absolute Notwendigkeit der mentalen Revolution zu verinnerlichen, musst du verstehen, wie wir als Menschen denken. Es gibt drei Denkebenen, auf denen wir uns bewegen: die Entwicklungsebene, die Bewahrungsebene und die Zerstörungsebene.

Jeder Mensch, auch jede Organisation, jedes Team, jedes Unternehmen, jede Nation – schlicht: Alle befinden sich auf diesen drei Denkebenen. Der Unterschied ist die Gewichtung. Denn eine dieser Ebenen dominiert immer. Das bedeutet, auf einer dieser drei Ebenen ist jeder von uns mehr zu Hause als auf den beiden anderen. Welche das ist und wie stark die Unterschiede sind, variiert natürlich.

1. Die Entwicklungsebene

Befinden wir uns auf der Entwicklungsebene, wachsen wir. Hier entwickelt sich etwas weiter und es kann Neues entstehen. Auf dieser Ebene befinden wir uns zum Beispiel immer dann, wenn wir eine neue Beziehung beginnen. Das kann eine Liebesbeziehung, aber auch eine Freundschaft oder eine Geschäftsbeziehung sein. Es ist, wie verliebt zu sein. Plötzlich scheint alles möglich und Sprüche wie »the sky is the limit« bekommen eine schier wörtliche Bedeutung. In solchen Zeiten gewinnen Unternehmen neue Marktanteile oder Kunden. Der Umsatz wächst und auch das Wissen. Hier werden neue Systeme entwickelt. Diese Ebene ist also **wachstumsorientiert**.

2. Die Bewahrungsebene

Auf dieser Ebene geht es um Gewohnheiten und Routinen. Hier fangen wir an, bestimmte Zustände – im Persönlichen zum Beispiel eine Ehe und ein eigenes Vermögen oder im beruflichen Kontext Erfolg am Markt oder gar die Marktführerschaft in der Branche – zu verwalten. Das Schöne an der Bewahrungsebene ist der Genuss. Auf dieser Ebene lehnen wir uns zurück und lassen geschehen. Sie ist alles andere als aktiv. Denn unsere Aktion erstreckt sich lediglich darauf, etwas oder jemanden festzuhalten. Klar, dass hier die Angst vor Verlust groß ist. Wir wollen all das, was wir haben, bewahren. Diese Ebene ist also **sicherheitsorientiert.**

3. Die Zerstörungsebene

Auf der Denkebene der Zerstörung geschieht genau das, wonach es klingt: Es wird zerstört. Altes und Bisheriges wird beendet, eingestampft und kaputt gemacht und damit auch ein Stück weit erneuert. Diese Ebene ist schmerzhaft. Denn wir lehnen Bekanntes ab. Sie ist negativ, destruktiv und beinhaltet auch ein gewisses Maß an Aggression. Doch sie ist auch ganz klar **erneuerungsorientiert.**

Auf welcher Ebene wärst du am liebsten?

Wenn du jetzt darüber nachdenkst, auf welcher Ebene du am liebsten wärst, dann ist das wahrscheinlich die Bewahrungsebene. Da ist es ja so schön gemütlich – und laaaangweilig! Viel spannender ist doch die Entwicklungsebene. Hier sind wir kreativ, erschaffen etwas Neues, denken positiv und finden Lösungen, anstatt die Probleme der Bewahrungsebene zu wälzen oder die Aggression der Zerstörungsebene auszuleben.

In meinen Seminaren und bei meinen Vorträgen erlebe ich immer wieder, dass die meisten Menschen die Zerstörungsebene für die »schlimmste« halten. Ja, sie ist sicherlich die schmerzhafteste. Das ist ganz klar. Auf dieser Ebene geht es ja ums Loslassen und darum, sich von Altem zu trennen. Das fällt uns Menschen schwer. Auf der Zerstörungsebene geht immer etwas zu Ende. Das ist aber nicht wirklich gefährlich.

In Wahrheit ist die gefährlichste Ebene diejenige, auf der zu sein am wenigsten wehtut – die Bewahrungsebene. Hier spürst du keine oder kaum Schmerzen. Höchstens den Schmerz des Durchhaltenmüssens, des Nichtaufgebens und des Immer-weiter-Festhaltens, damit dir nichts aus den Fingern gleitet.

Wir sind zu viel auf der Bewahrungsebene und versuchen, Systeme festzuhalten, die uns schon längst nicht mehr guttun.

Ich halte die Bewahrungsebene für so gefährlich, weil wir auf ihr entgegen der Natur handeln und unsere Umgebung dabei ignorieren. Es gibt ein Naturgesetz: Alles, was nicht wächst, stirbt. Das mag hart klingen, aber so ist es doch. Schau dir mal das Leben einer Pflanze an. Vielleicht bist du ja ein Hobbygärtner und hast schon das ein oder andere gepflanzt, hast beobachtet, wie es wächst, und die Früchte geerntet – und gesehen, wie die Pflanze schließlich stirbt, bis es dann im nächsten Jahr wieder von vorne losgeht. Dann weißt du: Es ist ein Kreislauf, der bis zum Ende des Wachstums führt und dann mit den Samen wieder von Neuem beginnt – ganz natürlich. Ohne das Sterben gäbe es keinen Neuanfang.

Loslassen zu lernen ist elementar für ein glückliches Leben. Wie das geht, erfährst Du in meinem Video hier:

Auf uns Menschen übertragen heißt das: Wenn wir Menschen zu lange in Systemen oder im Denken stillstehen und nur das Bestehende bewahren, dann fehlt die Entwicklung – also das Wachstum. Konsequenterweise bedeutet das den metaphorischen Tod. Für Entwicklung brauchen wir diese Zerstörung. In der Medizin nennt man das zum Beispiel den »Heilungsschmerz«. Denn auch bei einer Verletzung nimmt der Schmerz erst einmal zu, weil Altes zerstört werden muss, um Neues entstehen zu lassen.

ÜBRIGENS: Auf der Bewahrungsebene haben die Menschen Angst davor, Rückschritte zuzulassen. Genau wie unsere Systeme. Die lassen oft keine Fehler und Rückschläge zu, weil sie scheinbar zum Erfolg verpflichtet sind.
Ein gutes Beispiel dafür ist das, wie ich es nenne, Bayern-München-Phänomen. Bei diesem Fußballclub ist Misserfolg einfach nicht vorgesehen. Es wird stets versucht, den Erfolg immer aufrechtzuerhalten. Oftmals ist das aber nur unter extremen Anstrengungen und Kosten überhaupt möglich. Oder die Bayern schaffen es gar nicht. Um in der

deutschen Bundesliga Meister zu werden, reicht es zwar meist, aber die Champions League konnten sie vor 2020 sechs Jahre lang nicht mehr gewinnen.

Wir müssen uns diesem Schmerz stellen, also heute mehr denn je auf die Zerstörungsebene einlassen, um wieder zurück auf die Entwicklungsebene zu gelangen. Dafür müssen wir bereit sein, auch wirklich in die »Entwicklung« zu gehen. Wieder ein Grund mehr, warum wir eine mentale Revolution brauchen. Denn dadurch können wir uns der Erkenntnis öffnen, dass die Bewahrungsebene nicht gut ist, und die Bereitschaft entwickeln, vorübergehend die Zerstörungsebene zu ertragen. Dann sehen wir den Verlust von bestimmten Dingen nicht mehr als Schwäche, Fehler oder Krankheit. Stattdessen müssen wir ihn zulassen, um eine gesunde Fehlerkultur oder eine Kultur des Scheiterns zu etablieren. Denn wie sagt man so schön: Wir scheitern nach oben. Beim Scheitern wird man hoffentlich gescheiter.

Die Freiheit, Fehler zu machen

An dieser Art von Kultur mangelt es jedoch – sowohl gesellschaftlich als auch in Firmen – ganz besonders im deutschsprachigen Raum. Das kennst du doch sicher auch: Wie fühlst du dich, wenn du einen Fehler machst? Ist dir das peinlich? Versteckst du den Fehler lieber, anstatt offen damit umzugehen und drüber zu sprechen? Wahrscheinlich sind dir Fehler sehr unangenehm. So geht es zumindest den meisten Leuten in Deutschland, wie eine Studie der Universität Hohenheim aus dem Jahr 2015 belegt.

Allerdings ergab die Studie auch, dass jüngere Menschen im Alter »zwischen 18 und 29 Jahren unternehmerische Fehler deutlich positiver bewerten als Deutsche zwischen 60 und 67 Jahren.«[4] Das lässt hoffen, dass sich die Einstellung dieser Generation zu Fehlern in der Gesellschaft und in Unternehmen schon bald durchsetzt.

Passivität verhindert jedes Wachstum.

Denn die Angst, zu scheitern, bremst unsere Neugier und Innovationslust. Sie macht uns passiv. Und das halte ich für gefährlich. Denn das Gegenteil von Erfolg ist nicht, wie viele annehmen, Misserfolg, sondern Passivität. Passivität bewegt einfach nichts und verhindert somit jedes Wachstum. Sie bedeutet Stillstand.

Wahrscheinlich ist die Angst vor dem Scheitern auch der Grund dafür, dass die Anzahl der Neugründungen in Deutschland rückläufig ist. Das Jahr 2018 war das Jahr mit der niedrigsten Zahl an Neugründungen seit langer Zeit.[5] Ich bin überzeugt, dass das nicht daran liegt, dass den Deutschen nichts einfällt, sondern an einer Gesellschaft, deren Fehlerkultur kein Scheitern zulässt.

Dass es sich dabei um ein sehr deutsches Phänomen handelt, zeigen die Zahlen in anderen Ländern, die im Vergleich regelrecht explodieren.[6] Das wirft nicht gerade ein gutes Licht auf unseren Innovationsmut. 2019 ist die Zahl der Gründungen zwar seit Langem zum ersten Mal wieder gestiegen. Trotzdem hält laut dem aktuellen Global Entrepreneurship Monitoring (GEM)[7] die Angst vor dem Scheitern 42 Prozent der Deutschen vom Gründen ab. Damit belegt Deutschland international Platz 12 im Angsthasen-Ranking. In den USA zum Beispiel lassen sich nur 34,5 Prozent von dieser Angst vom Gründen abhalten. Besonders wenig Angst vor dem Scheitern haben die Südkoreaner. Nur 32,6 Prozent fürchten sich dort vor Fehlschlägen. Und das ist gut so. Denn solltest du mit einer Idee, einer Strategie oder einem Unternehmen scheitern, sagt das rein gar nichts über deine Qualitäten aus. Es heißt nur, dass du die Chance bekommst, aus deinen begangenen Fehlern zu lernen.

ÜBRIGENS: So machen es die Besten. Multimilliardär Richard Branson ist einer von ihnen. Er scheiterte zum Beispiel mit einem Studentenmagazin. Und an die »Virgin Megastores«, diese riesigen Platten- und CD-Läden, werden sich die jüngeren Leser wahrscheinlich nicht einmal mehr erinnern. Der wohl bekannteste stand mitten in London auf der Oxford Street. Aus Europa und den USA sind diese Stores alle verschwunden. Branson hat es aber geschafft, das Konzept an die Zeit und auch regional anzupassen. Heute gibt es mehr als 40 »Virgin Megastores«, die hauptsächlich im Mittleren Osten ansässig sind. Branson hat sie als Lifestyle- und Erlebnismarke für alle möglichen Interessen etabliert, die von Mode über Elektroartikel bis hin zu Musikinstrumenten reicht.

In Sachen Umgang mit Misserfolgen sind kleine Kinder die besten Vorbilder. Sie fallen einfach so lange hin, bis sie erst stehen und dann gehen können. Immer wieder landen sie dabei auf ihrem Hintern. Wenn die Eltern hinschauen, gibt's meist auch Gebrüll. Aber irgendwann läuft es dann und von diesem Moment an sind sie kaum mehr zu bremsen und finden immer neue Wege.

Erfolg ist ein Abfallprodukt von Fehlern und Misserfolgen.

Schau dir mal Start-ups an. Die Idee kann noch so gut sein, wenn sich die Leute nicht um Vermarktung, aber auch um Buchhaltung und das Bilden von Rücklagen kümmern, kommen sie nicht weit. Doch die wenigsten schaffen das alles auf Anhieb. Die meisten übersehen etwas, machen Fehler, scheitern, fangen wieder bei null an … Und erst dann klappt's. Der Erfolg ist also das Ergebnis einer Aneinanderreihung mehrerer Misserfolge. Also verlass die Bewahrungsebene und mach Fehler! Dann kommt der Erfolg von allein. Ich sage das, weil ich der festen Überzeugung bin, dass Misserfolge zu jedem Erfolg dazugehören. Stück für Stück verlierst du beim Fehlermachen die Angst davor, und das befreit. Probiere es aus. Du wirst es nicht bereuen.

Mach Fehler – du wirst es nicht bereuen.

Der Zweck der mentalen Revolution ist die Befreiung von unseren Ängsten. Denn durch diese neu gewonnene Freiheit werden wir beweglich und unabhängig. Kennst du das Gefühl, wenn du eine Entscheidung triffst und du musst weder jemanden um Rat fragen noch eine andere Meinung akzeptieren – das ist ein tolles Gefühl, oder? So fühlt sich echte Freiheit an, und die erreichen wir durch das sogenannte Inner Programming.

Der Prozess des Inner Programming

Ich wünsche mir eine Weltgesellschaft, die
von Macht und Konkurrenz auf Kooperation,
Solidarität und Zusammenhalt umschaltet.
Vor Corona dachte ich, es bräuchte Außerirdische
dafür. Aber vielleicht sind es winzig kleine Viren,
die uns zeigen, dass wir alle im selben Boot sitzen.

PROF. ALADIN EL-MAFAALANI, SOZIOLOGE UND BESTSELLERAUTOR

Dieser Satz stammt aus dem mediapioneer Podcast »Der achte Tag«[8]. Und er hat mich überzeugt. Warum? Weil klar ist, die Welt, wie wir sie kennen, ist am Ende und wir müssen die mentale Revolution einläuten. Durch die Covid-19-Pandemie mag alles jetzt sogar ein bisschen schneller gehen, als ich das noch vor Kurzem erwartet hätte. Die dringend notwendige Veränderung wäre aber auch ohne das Virus gekommen.

Von jetzt an werden wir auf eine völlig neue Art zusammenleben. Das ausgeprägte Konkurrenzdenken der letzten Jahrzehnte wird durch Kooperationen ersetzt. Wir werden also viel weniger die Ellenbogen ausfahren und als Einzelne kämpfen, sondern gemeinsam stärker und erfolgreicher sein. Das spart in jeglicher Hinsicht Ressourcen. Wie schaffen wir es aber, der Entwicklung nicht hinterherzurennen, sondern unser Mindset so zu verändern, dass alles das nicht nur theoretisch gelingt?

An dieser Stelle möchte ich dir gern meinen Lebensstern vorstellen, der all meine intensive Arbeit und das Wissen aus zahlreichen Coachings, Trainings, Aus- und Weiterbildungen, Selbsterfahrungsprozessen, Büchern, Filmen, Gesprächen und eigenen Kompetenzentwicklungen bündelt. Dieses Modell habe ich entwickelt, um dich durch den Prozess des Inner Programming zu begleiten. Denn deine mentalen Muster, deine Denkmuster, müssen entlarvt und neu programmiert werden, damit du besser mit dir selbst und dem Rest der Welt klarkommen kannst. Doch was heißt Inner Programming eigentlich?

> In Zukunft gilt: Kooperation statt Konkurrenz.

Inner Programming bezeichnet den Veränderungsprozess unserer ungünstigen inneren Programme und Muster – also jeglicher Muster, die ein Mensch im Laufe seines bisherigen

Lebens erlernt hat. Dazu gehören mentale Muster, emotionale Muster, aber auch Verhaltensmuster. Diese innere – ich nenne sie mal »fehlerhafte« – Software wird mit den richtigen Bausteinen korrigiert. Man nimmt also die bisherige Software, die für die genannten Muster sorgt, und überschreibt sie. Diesen Prozess der Reorganisation nenne ich Inner Programming.

Damit das klappt, habe ich dafür eine Art Bauplan entwickelt – man könnte es auch Bedienungsanleitung nennen: mein Lebensstern-Prinzip. Hinter diesem Prinzip steckt, dass jeder Mensch ständig nach dem Gefühl von Stärke sucht. Denn deine Stärke ist die Basis für alles – sogar für die Fähigkeit, Liebe im Leben geben und annehmen zu können. Nur wer sich stark fühlt, ist überhaupt in der Lage, Gefühle wie Liebe zu-zulassen und damit das Risiko einzugehen, angegriffen und verletzt zu werden. Das bedeutet, dass wir ohne Stärke keine Liebe erleben werden. Deine Stärke beeinflusst aber auch alle anderen Bereiche deines Lebens. Du brauchst sie, um Wachstum, Veränderung, Erfolg, Risiko, Glück und Selbstvertrauen zu erleben. Ohne sie wirst du keine Rückschläge, Niederlagen oder Enttäuschungen überwinden. Deshalb lautet die Kernfrage: Wie kannst du diese Stärke entwickeln? Meine Antwort: durch Inner Programming. Das liefert das Rezept, mein Lebensstern die Zutaten, um es umzusetzen.

Deine Stärke ist die Basis für alles.

Der Lebensstern besteht aus den fünf Elementen, aus denen sich unsere Persönlichkeit zusammensetzt. Die musst du kennen, um Antworten auf viele wichtige Fragen im Leben zu bekommen und Lösungen zu finden. Denn aus diesen Elementen beziehen wir unsere Stärke. Einziger Haken:

Du bist immer nur so stark wie das schwächste dieser Elemente.

Vielleicht kennst du das aus dem Sport. Auch ein Sportler ist in seiner Sportart immer nur so gut wie sein schwächstes Element. Er kann noch so gut in Taktik, Technik und Athletik sein und trotzdem keine starken Leistungen bringen, wenn zum Beispiel die Elemente Psyche, Ernährung oder Ausrüstung schwach sind. Ich bemühe hier noch mal das Beispiel des Tennisspielers: Wenn ein Spieler einerseits seinen Aufschlag, die Vorhand und das Angriffsspiel im Allgemeinen gut beherrscht, aber andererseits bei seinem Verteidigungsspiel oder bei der Rückhand massive Defizite aufweist, ist seine Leistungsstärke schnell limitiert. Ab einem bestimmten

Punkt kann er sich nicht mehr weiterentwickeln und kommt damit auf diesem Level zum Stillstand.

Viele Menschen stecken fest, weil sie angst- und sicherheitsgetrieben sind, sehen das aber gar nicht. Deshalb müssen wir lernen, uns selbst besser zu verstehen, um zu erkennen, wo wir den Hebel ansetzen können. Dafür ist es aber essenziell, dass wir uns mehr mit uns selbst beschäftigen. Ich habe manchmal das Gefühl, dass einige sich lieber um ihr Auto kümmern. Doch erst wenn wir verstehen, wie unsere inneren Programme ablaufen, können wir auch die Welt revolutionieren. Erst dann schaffen wir den Weg von der Bewahrung in die Entwicklung.

Übertrag das doch mal auf dein Leben: Wenn du mental gut drauf bist, über eine positive Einstellung und klare Ziele verfügst und dich emotional wohlfühlst, ist erst mal alles ganz wunderbar. Das allein reicht aber nicht aus, um erfolgreich zu sein. Wenn du beispielsweise nicht gleichzeig auch über entsprechende Potenziale, Stärken und notwendiges Wissen verfügst, bringt dich deine positive Einstellung und Gefühlslage bald nicht mehr weiter. Im Gegenteil! Sie wird sich verschlechtern, weil du mittelfristig aufgrund mangelnder Fähigkeiten und Kompetenzen nicht weiterkommst. Die Folge: negative Gedanken und Gefühle. Du siehst also: Ein Element beeinflusst das andere und kein Element deiner Persönlichkeit ist wichtiger oder entscheidender als das andere. Schauen wir uns die Elemente doch einmal genauer an:

Alle Elemente beeinflussen einander.

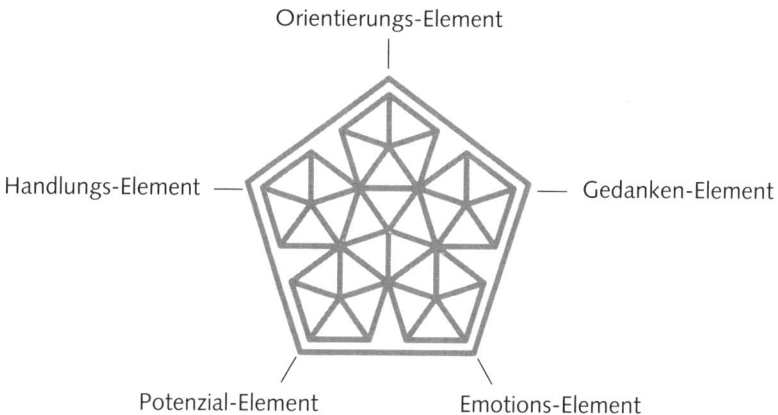

Mein Lebensstern-Modell besteht aus fünf gleichwertigen Elementen.

1. Das Spirit-Element

Das Spirit-Element sorgt für den grundsätzlichen Antrieb im Leben, also für deine Inspiration. Damit ist es nicht wichtiger als die anderen Elemente, aber grundlegender. Es ist deine Quelle. Denn ohne grundlegende Orientierung im Leben kannst du keine Stärken, Fähigkeiten oder Rituale entwickeln und damit keine emotionale und mentale Stabilität erreichen.

Wir müssen die geistigen Gesetzmäßigkeiten begreifen und beachten. Denn Erfolg ist nur dann Erfolg, wenn er auch eine spirituelle Grundlage hat. In der Vergangenheit haben wir versucht, stets das Maximale aus allem rauszuholen. Das war erschöpfend und eher kurzfristig gedacht. Denn dann leben wir auf Pump, auf Kosten unserer Zukunft. Kennst du das Gesetz der Analogie? Es bedeutet: wie im Innen so im Außen, wie im Kleinen so im Großen. Bisher waren wir stets zu viel im Außen mit unserer Wahrnehmung und haben zum Beispiel über das Erschaffen von Wohlstand im Außen versucht, den Mangel und die Armut, die wir in unserem Inneren fühlen, teilweise zu korrigieren. Das funktioniert aber nicht. Denn wenn du im Inneren arm bist, kannst du auf Dauer im Äußeren keinen Wohlstand verwirklichen. Das Gesetz der Analogie sagt ja: »Wie im Innen, so im Außen«, und nicht umgekehrt. Das bedeutet, durch die ständige Vermehrung des äußeren Wohlstands wirst du nicht automatisch innerlich glücklicher.

Innen und Außen müssen in Balance sein.

Es lohnt sich außerdem auch, einen Blick auf das Gesetz des Ausgleichs zu werfen. Hierbei geht es um Balance – Materielles und Inneres muss ausgeglichen sein. Ein Mensch, der innerlich unglücklich ist, wird immer unglücklicher, auch wenn er äußerlich wohlhabender wird. Das Spirit-Element schafft den Ausgleich zwischen materieller und innerer Welt, damit wir im Einklang mit der Welt stehen – sonst leben wir zu einseitig.

Stell dir das mal vor wie Autofahren: Jeder, der ein Auto und einen Führerschein hat, kann einfach losfahren. Das machen auch viele. Wenn du aber die Straßenverkehrsordnung nicht kennst, knallt es irgendwann – mal früher, mal später. Genauso geht es vielen, die einfach vor sich hinleben. Sie mögen beruflich erfolgreich und reich werden und stellen irgendwann trotzdem fest, dass das nicht dahin führt, wo sie eigentlich hinwollten.

2. Das Mental-Element

Dieses Element beschäftigt sich mit der Entstehung und Beeinflussung deiner Gedanken und deren Auswirkungen, also mit deiner Gedankenstärke, die du nur dann erreichst, wenn du dafür sorgst, dass in deinem Kopf positive Bilder entstehen und ablaufen.

Es geht um unsere mentalen Programme, Überzeugungen und Glaubenssätze, die irgendwann einmal entstanden sind – durch Erfahrung, Erziehung und auch durch Genetik. Diese mentalen Programme hinterlassen stets auch physiologische Spuren, die synaptischen Verbindungen, also Strukturen im Gehirn. Aus ihnen entsteht unser Verhalten. Willst du, dass dein Leben besser wird, musst du dein Gehirn verändern. Denn Menschen können nur das umsetzen, was das Gehirn als Rahmen vorgibt. Andernfalls hapert es, obwohl sie alles kognitiv verstehen, an der Umsetzung.

3. Das Potenzial-Element

Bei diesem Element geht es darum, aus deinen Talenten deine Kompetenz zu entwickeln, also kompetenzstark zu werden. Dafür musst du

- deine natürliche Begabung durch viel **Wissen** – Know-how, Übung und Erfahrungswerte – ausbauen. Also: trainieren, trainieren, trainieren;
- dich maximalen **Herausforderungen** stellen, um maximal wachsen zu können;
- dein **Netzwerk** aus Menschen und Partnern aufbauen, das dich fördert und unterstützt. Dein Umfeld sollte heute schon so gut sein, wie du erst noch werden willst.

4. Das Emotions-Element

Hier geht es um die sechs emotionalen Grundbedürfnisse, die wirklich jeder Mensch auf der Welt unabhängig von Kultur, Religion, Hautfarbe oder sozialer Stellung hat. Diese Grundbedürfnisse musst du so gut wie möglich befriedigen, um sicherzustellen, dass das Gehirn deinem Körper so viele positive Signale sendet, dass du dich rundum gut fühlst. Dabei handelt es sich um

- das emotionale Grundbedürfnis nach **Sicherheit und Schutz**. Hier geht es um unsere Routinen und Gewohnheiten, also darum, einen Plan zu haben;

- das emotionale Grundbedürfnis nach **Unsicherheit oder Abwechslung**. Wenn Menschen sich zu sicher fühlen, wird ihnen langweilig. Daran sieht man, wie zerrissen der Mensch doch ist. Auf der einen Seite wollen wir Veränderung, Überraschung, Abenteuer und sehen das als »die Würze des Lebens«. Auf der anderen Seite brauchen wir Sicherheit;
- das emotionale Grundbedürfnis nach **Wachstum und Erfolg**. Hierbei geht es um unsere Entwicklung. Wir wollen gewinnen, unsere Ziele erreichen und besser werden;
- das emotionale Grundbedürfnis nach **Bedeutsamkeit**. Hier geht es um unseren Status und um Anerkennung. Wir wollen etwas Besonderes sein, gesehen werden und das Gefühl erleben, wichtig zu sein;
- Das emotionale Grundbedürfnis nach **Verbundenheit und Liebe**. Wir wollen Teil von etwas sein und uns zugehörig fühlen;
- Das emotionale Grundbedürfnis nach **Mitwirkung**. Jeder möchte seinen Beitrag leisten, helfen, aber auch fürsorglich sein. Dieses Bedürfnis führt über unser Ego hinaus und findet sich stark im Ehrenamt und in karitativen Diensten wieder. Wir wollen in etwas investieren, das größer ist als wir selbst.

5. Das Aktions-Element

Hier geht es um deine Umsetzungskompetenz, also deine täglichen Aktionen. Denn hier realisierst du deinen Erfolg. Es geht darum, Routinen und Gewohnheiten aktiv aufzubauen, die dich zu den Ergebnissen bringen, die du erreichen willst. Aber auch diejenigen abzubauen, von denen du wegwillst. Standards werden neu gesetzt. Mehr dazu erfährst du im Kapitel »Höhere Standards«.

Die Harmonisierung der fünf Elemente des Lebenssterns

Alle diese fünf Elemente brauchen eine Revolution und eine Transformation. Selbst spirituell müssen wir uns transformieren, und das meine ich nicht religiös. Ein Beispiel: Deine Ziele und Visionen werden sich zukünftig nicht mehr nur auf das Ego und dich selbst beziehen, sondern auf ein größeres Ganzes. Zum Beispiel auf etwas, was auch noch nach dir Wirkung und Bestand hat. Im Spiritmodell stecken Werte, die du hinterfragen solltest, um zu klären, mit welchen Werten du unsere Gesellschaft und unser Zusammenleben neu ausrichten kannst.

Wenn wir diesen Transformationsprozess durchführen wollen, müssen wir mit den Werkzeugen starten, die uns zur Verfügung stehen. Und das ist unser Kopf und unser Denken. Hier sind wir dann im Mental-Element angekommen. Wir müssen umdenken und komplett neu denken lernen, damit wir in der Folge einen Transformationsprozess auslösen können. Alles beginnt also mit dem Umdenken.

Alles beginnt mit einem Umdenken.

Die Kette des ganzen Spiels lautet:

1. Wir denken, und das Denken führt beim Menschen zum
2. Fühlen – wenn wir fühlen, führt das Fühlen zum
3. Wollen – wir wollen dann in eine Richtung. Fühlt sich etwas gut an, wollen wir da hin, fühlt sich etwas schlecht an, wollen wir da weg. Das führt dann zum Beispiel zu Angst. Wir haben also entweder eine Hin-zu-Motivation oder eine Weg-von-Motivation. Wollen führt dann zum
4. Tun – und das Tun führt zur
5. Wirkung.

Ich möchte es an dieser Stelle noch einmal betonen: Die Welt, wie wir sie kannten, ist am Ende. Deswegen ist es so wichtig, dass wir anstehende Veränderungen mitgestalten. Das können wir aber nur dann, wenn wir eine mentale Revolution ausrufen und bei uns selbst vorantreiben.

Welt im Wandel – Was wir hinter uns lassen sollten

> *Der Wandel geschieht nicht, wenn wir auf eine andere Person oder eine andere Zeit warten. Wir sind diejenigen, auf die wir gewartet haben. Wir sind der Wandel, den wir suchen.* [9]

BARACK OBAMA, POLITIKER DER DEMOKRATISCHEN PARTEI
UND EX-PRÄSIDENT DER USA

Kannst du das Wort »Wandel« auch schon nicht mehr hören und lesen? Hast du schon resigniert und lässt diesen Wandel einfach über dich ergehen? Hoffst du, dass er irgendwann einfach vorbei sein wird? Das kannst du vergessen! Denn, wie Obama so schön sagt: Wir und unser Denken sind der Wandel. Doch gleichzeitig sind wir einfach nicht darauf vorbereitet, dass eine Neuerung auf die andere folgt, und unser Kopf sträubt sich dagegen, so schnell wie möglich Neues zu erfahren. Wir sind physisch und mental überfordert.

Exponentieller Wandel vs. lineares Denken

Schau mal: Unser Gehirn denkt linear – niemals exponentiell. Unsere Welt entwickelt sich aber zurzeit in vielen Bereichen exponentiell. Klar, dass das Gehirn da nicht hinterherkommt und öfter mal »tilt«, wie ein Flipper, den man im Eifer des Gefechts zu sehr geschüttelt hat.

Stell dir vor, zwei Menschen stehen auf einer Linie und gehen gemeinsam vorwärts. Der eine läuft linear los, der andere exponentiell. Der Erste geht 30 lineare Schritte und kommt so ungefähr 30 Meter weit. Das ist noch ganz einfach und logisch, oder? Was ist nun mit dem Zweiten, der exponentiell unterwegs ist? Den ersten Schritt gehen die beiden noch gemeinsam, beide einen Meter weit. Der Mensch mit dem exponentiellen Gang legt beim nächsten Schritt bereits zwei Meter zurück, beim dritten sind es vier Meter, beim vierten acht, beim fünften 16 und so weiter. Was glaubst du, wo du ihn nach 30 derartigen »Schritten« wiedertriffst? Auf jeden Fall dürfte der ganz schön außer Atem sein. Er hat nämlich gerade die Erde 13-mal umrundet! Hast du damit gerechnet? Rechne das gerne nach, wenn du möchtest.

Jetzt hast du eine ungefähre Vorstellung davon, was täglich auf uns einprasselt. Wahnsinn, oder?

Ein spannendes Interview, das ich mit dem Gehirnforscher Gerald Hüther zu diesem Thema geführt habe, findest du hier:

Für Erfolg, und darüber wollen wir ja in diesem Buch sprechen, bedeutet das konkret: Erfolgsfaktoren, die bisher gegolten haben, spielen heute und besonders morgen eine immer geringere oder sogar überhaupt keine Rolle mehr. Wir haben alle gelernt: Wissen, Erfahrung, Durchhaltevermögen und die Viel-hilft-viel-Mentalität bringen uns wirklich weiter. Ich sage dir: Das wird heute und besonders morgen weder für dich persönlich noch für Unternehmen weiterhin gelten.

Die über 50-Jährigen werden mich wahrscheinlich jetzt abwatschen, besonders beim Thema »Erfahrung«. Schließlich sind sie es in der Regel, die Unternehmen führen und lenken, und das zu einem nicht unerheblichen Teil aufgrund ihrer Erfahrung. Ja, Erfahrung ist auch heute noch eine Zutat, die wir in der Wirtschaft nutzen können und müssen. Aber sie spielt noch nicht einmal mehr im Ansatz die Rolle, die sie einmal hatte, und für die Zukunft ist sie erst recht kein Erfolgsfaktor mehr. Anstatt uns also an ihr und anderen Erfolgsfaktoren der Vergangenheit festzukrallen, müssen wir umdenken und umlernen. Ich zeige dir, warum.

Erfolgsfaktor der Vergangenheit – Erfahrung

Bisher verlief Entwicklung stets linear, also Schritt für Schritt. Somit konnten wir Dinge leicht von gestern auf morgen übertragen. Unsere Zukunft verändert sich heute aber in Sprüngen, also exponentiell. Da hilft uns die Erfahrung von gestern nicht mehr, um das Morgen zu berechnen. Die Erfahrung von heute verliert also Tag für Tag an Wert.

Wir verfügen über keine Erfahrungswerte mit dem, was in der Welt der Zukunft Bestand haben wird. Die Zukunft funktioniert anders, und die meisten von uns wissen nicht, wie sie damit umgehen sollen, weil sie keine Ad-hoc-Lösung parat haben. Früher war klar, wenn du etwas nicht weißt, dann fragst du deine Eltern, deine älteren Geschwister oder deine Lehrer – Menschen, die über die nötige Erfahrung verfügen. Aber genau diese Menschen haben keinerlei Erfahrung mit dem, was zum Beispiel die Jugend heute beschäftigt. Fühlst du dich nicht auch öfter völlig hilflos, wenn deine Kinder oder viel jüngere Kollegen dir Fragen über Dinge stellen, die du nicht kennst oder über die du nicht viel weißt? Sei dir sicher: Du bist nicht der Einzige, dem es so geht. Die Welt steckt in einem Transformationsprozess und erfindet sich in vielen Bereichen ganz neu. Und für transformative Systeme gibt es keine Erfahrungswerte.

Ein Beispiel: Die sozialen Medien von Facebook über Twitter, Snapchat, Pinterest bis hin zu Instagram gibt es erst seit ein paar Jahren, Facebook zum Beispiel seit 2004. Sie haben unsere zwischenmenschliche Kommunikation in dieser kurzen Zeit aber völlig transformiert. Informationen können plötzlich in Echtzeit vermittelt werden – auch Falschmeldungen. Große Distanzen können überbrückt werden, die sozialen Medien dienen als Werbeplattformen, einigen auch nur als Gelegenheit zum Frustablassen oder als Hilfsmittel zur Selbstdarstellung. Unsere Kinder wachsen mit diesen Medien auf. Aber wir können ihnen nicht beibringen, wie sie damit umgehen sollen. Wir haben keine Erfahrungswerte, ebenso wenig wie Lehrer und Universitätsprofessoren. Wir sprechen die Sprache dieser Medien nicht. Und was passiert, wenn wir versuchen, die Welt von morgen oder auch teilweise schon die Welt von heute mit Erfahrungswerten von gestern zu erklären? Wir kriegen selbstverständlich die falschen Antworten.

> **Für transformative Systeme gibt es keine Erfahrungswerte.**

Was meinst du, was das für unser Bildungssystem bedeutet? Richtig! Unsere Bildungsinstitutionen können das, was wir für die Welt von morgen brauchen – teilweise sogar schon das, was wir heute nötig haben – nicht vermitteln. Denn dort unterrichten heute Menschen, die Erfahrungswerte aus der Welt von gestern haben. Sie können also nur Antworten aus der Welt von gestern geben. Und gestern waren die auch richtig. Aber zu den Fragestellungen von heute und morgen passen diese Antworten nicht mehr.

Das heißt, auch die Rolle der Wissensvermittler muss eine neue sein. Denn ein Lehrer beispielsweise hat heute gar nicht mehr die Möglichkeit, Antworten auf Themen von morgen zu geben, weil sich alles viel zu schnell verändert. Das beeinträchtigt die schulische Kommunikation massiv. Wissen ist heute totes Kapital, weil wir sowieso alles im Internet finden können. Ein Lehrplan kann nie dauerhaft aktuell sein. Dazu müsste man mindestens alle zwölf Monate einen neuen entwerfen. Du kannst dir sicherlich vorstellen, dass das nicht möglich ist. Also müssen wir im Bildungssystem mehr auf Persönlichkeits- und Charakterbildung der jungen Menschen setzen und ihnen Hilfe zur Selbsthilfe geben. Lehrer sind damit weniger Antwortgeber, sondern vielmehr Menschen, die bei den Schülern Interessen wecken und Lust darauf machen, Antworten zu finden.

Die große Herausforderung ist es heute also, einen Weg zu finden, den Menschen Umgang mit Neuem beizubringen, ohne dabei auf bisherige Erfahrungswerte zurückzugreifen. Deswegen brauchen wir neue Erfolgsfaktoren wie Mut, Veränderungsbereitschaft und die Fähigkeit, uns von alten Vorstellungen zu verabschieden. Und das geht nur, wenn wir eine Fehlerkultur etablieren, die sagt: Du musst Dinge nicht aus Erfahrung richtig machen. Stattdessen muss ein Mindsetwechsel her, der uns zugesteht, immer wieder Fehler zu machen – nur nicht immer die gleichen.

Wenn du in einem neuen System Fehler machst, dann ist das gar nicht so dramatisch. Du probierst eben einen anderen Weg aus, bis du den richtigen findest. Morgen ist ja ohnehin wieder alles anders. Zweifelst du? Dann schau dir doch mal die Marketingwelt genauer an. Du weißt sicherlich noch, wie das früher war, wenn Firmen und Marken Werbung machen wollten. Es gab eine Werbeagentur, die ihnen gesagt hat, was im Markt funktioniert und was nicht. Heute, in der Onlinewelt, funktioniert dieses System nicht mehr so gut. Der beste Experte der Welt kann nicht mehr vorhersagen, was wo funktionieren wird. Dafür ändern sich das Konsum- und Marktverhalten und auch die Vorlieben der Menschen einfach zu schnell.

Facebook-Ads sind ein gutes Beispiel dafür, wie man damit umgehen kann. Sie setzen auf »Trial and Error«. Das heißt, man geht mit sogenannten Split-Tests vor. Es wird nicht nur eine Werbung geschaltet, sondern gleich ganz viele mit einem kleinen Budget. Dann testet man, worauf man Resonanz bekommt. So kristallisiert sich die richtige Werbung heraus. Der Markt entscheidet also, was funktioniert. Selbst wenn du bereits seit 15 Jahren im Onlinemarketing bist, kannst du nicht vorhersehen, was läuft und in den Loop geht.

ÜBRIGENS: Auch meine berufliche Kommunikation hat sich durch die Socials in kürzester Zeit radikal verändert. Es ist erst zwei, drei Jahre her, da konnten wir zusehen, wie die Tickets für meine offenen Seminare verkauft wurden, wenn ein neuer Artikel von mir in einer Zeitschrift veröffentlicht wurde. Der Medienkonsum der Menschen verändert sich aber so rasant, dass der Artikel in einem Publikumsmedium heute nur noch einen geringen Werbeeffekt zeigt. Viel wichtiger sind die Onlinepräsenz und die Aktivitäten in den sozialen Medien. Mein Team und ich mussten also unsere Erfahrung, die wir im Umgang mit den klassischen Medien über Jahre gesammelt haben, überdenken und sie zwar nicht über Bord werfen, aber doch um Wissen im Umgang mit den sozialen Netzwerken erweitern. Das müssen wir immer noch. Denn die sozialen Medien verändern sich ständig, zum Beispiel im Algorithmus, in der Form und besonders in der Bedeutung der einzelnen Plattformen.

Was für Facebook-Werbung funktioniert, wird auch bei dir klappen – natürlich nicht nur beim Marketing. Wie bei den Split-Tests findest du bei allem, was du ausprobierst, nach und nach das heraus, was du benötigst. Ist doch logisch. Verfolgst du das Prinzip »Trial and Error«, ist dein Erfolg die Folge der Fehler, die du machst. Oder andersherum, Fehler sind die Folgen deiner falschen Entscheidungen. Um erfolgreich zu sein und richtige Entscheidungen zu treffen, musst du also Fehler machen.

Triff mehr Entscheidungen und probiere Dinge einfach aus! Dadurch machst du zwar mehr Fehler – bitte immer wieder neue, die andere nie machen –, aber so hast du auch mehr Gelegenheit, etwas zu lernen. Wenn du Dinge lernst, die andere nicht lernen, kannst du irgendwann mehr Dinge tun, die andere nicht können. Wenn das kein Erfolgsfaktor ist, dann weiß ich auch nicht.

ELEMENTARE SPIELREGEL FÜR DIE ZUKUNFT

Bisher glauben die Menschen, sie sammeln Erfahrung, indem sie etwas lesen oder etwas »mitbekommen«. Erfahrung bekommst du aber nur, indem du entweder Erfahrungen machst oder durch Erkenntnisse lernst. Du hast also zwei Möglichkeiten:

- **Du arbeitest nach dem Prinzip »Trial and Error«.** Du probierst etwas aus, scheiterst und probierst dann etwas anderes aus. Dann ist dein Erfolg abhängig von deiner Fähigkeit, Fehler zu machen und daraus zu lernen. Wer weniger Fehler macht, hat weniger Erfahrung und lernt weniger. Wer weniger lernt, wächst weniger. Und wer weniger wächst, kann weniger gute Entscheidungen treffen.
- **Du schaust bei Menschen ab, die es richtig gut können.** Das funktioniert wie früher in der Schule, als du dich neben den »Klassenstreber« gesetzt hast, um von ihm abzuschreiben. Sagt dir »Modelling of Excellence« etwas? Dabei beobachtest du, was erfolgreiche Menschen besonders gut machen, und nutzt sie und ihre Handlungen als Modell für das, was du tun möchtest. Achtung! Das heißt nicht, dass du sie kopieren sollst – es geht ums »Modellieren«. Du passt deren Methoden auf dich und deine Ziele an.

Erfolgsfaktor der Vergangenheit – Wissen

»Wissen ist Macht!« Diesen Satz hast du doch sicher auch schon tausendmal gehört. Jetzt kannst du guten Gewissens sagen: »Das ist Blödsinn!« Ganze Generationen hat man so angetrieben, sich zu bilden und Experten auf einem Gebiet zu werden. Aber heute steht uns Wissen im Überfluss zur Verfügung. Was machst du, wenn du etwas nicht weißt? Ich bin sicher, das Gleiche wie ich und die meisten anderen auch: Du gibst die Frage in eine Suchmaschine deiner Wahl ein. Und, wie magisch, innerhalb weniger Sekunden bist du schlauer. Wir können also behaupten, dass Wissen heute nur noch wenig mit Macht zu tun hat. Und bereits mittelfristig betrachtet, werden Wissensvorsprünge und Kompetenzvorteile sogar ganz unmöglich sein.

Heute kämpfen wir eher damit, dass wir zu viel Wissen konsumieren, und dadurch belastet es uns schnell. Jede Art Information steht uns stets und auf unzähligen Kanälen zur Verfügung. Wie auch immer du an dein Wissen kommst, durch Podcasts, Seminare oder Bücher – essenziell ist dein Umgang damit. Denn Wissen ist nur potenzielle Macht! Wenn du nichts oder nicht das Richtige damit machst, bleibt es totes Potenzial, das dich belastet. Besonders Seminartouristen sollten sich das hinter die Ohren schreiben. Dazu gleich noch mehr.

Wissen ist Macht? Blödsinn!

Ich habe selbst eine Zeit lang sehr viel Wissen konsumiert, mehrere Bücher gleichzeitig gelesen und mich auf zahlreichen Kanälen fortgebildet. Wenn ich heute ein Buch lese, halte ich mich an eine 30-Prozent-Regel, die ich mit mir selbst vereinbart habe: Erst wenn ich 30 Prozent des letzten Buches umgesetzt habe, also im Tun bin, dann lese ich das nächste. Bei zu viel Wissen, das ich nicht umgesetzt habe, raucht mir irgendwann sprichwörtlich der Kopf – so lange, bis er »tilt«. Und dann geht gar nichts mehr. Das kennst du doch sicher auch.

Ein Beispiel: Hast du schon mal ein Coaching-Event besucht? Ich erschrecke immer wieder, wenn ich sehe, wie einige meiner Seminarteilnehmer an ihre Weiterbildung herangehen. Sie stehen zum Beispiel mitten in der Nacht auf, damit sie pünktlich zum Seminarbeginn vor Ort sind. Oft haben sie dann schon Hunderte von Kilometern auf der Autobahn in den Knochen. Von ausgeschlafen kann auch keine Rede sein. Mal ehrlich, was glaubst du, wie viel du so von einer Veranstaltung mitnehmen und langfristig behalten kannst? Stell dir vor, du hast einen Kater und sitzt nach ein paar Stunden Schlaf im Büro und sollst richtig was reißen. An so einem Tag bist du sicher nicht freiwillig am Schreibtisch. Ein Seminarwochenende besuchst du aber für dich und aus freien Stücken. Du gönnst dir dieses Event, investierst deine wertvolle Freizeit und willst das Maximale für dich herausholen. Dann nimm dir doch auch wirklich Zeit dafür und komm nicht schon gehetzt und todmüde an!

Hinzu kommt, dass viele Seminartourismus betreiben. Das heißt, das beschriebene Prozedere ziehen sie gleich mehrfach durch. Ich kenne Menschen, die besuchen bis zu 14 Persönlichkeitsseminare im Jahr. Wie wollen die denn all das, was sie in diesen Seminaren gehört haben, verarbeiten und vor allem umsetzen? Das schafft keiner – schon gar nicht neben seinem Job. Das ist, als ob du die ganze Zeit nur Fast Food zu dir nimmst und erwartest, dass das einen positiven Effekt auf deinen Körper hat. Klappt das bei dir? Also bei mir nicht. Ich sage deshalb: Tschüss, Seminartourismus!

Seminartourismus ist wie Fast Food!

Was glaubst du, welcher Tag eines Seminars der wichtigste ist? Es gibt nur eine richtige Antwort: der Tag danach. Ob die Seminarinhalte gut sind, entscheidet sich während des Seminars. Ob das Seminar dir etwas gebracht hat, entscheidest du – nach dem Seminar. Wenn du ein Wochenendseminar buchst, musst du dir den Freitag davor und auf alle Fälle den Montag danach auch noch freinehmen, damit du für dich einen Nutzen aus dem Seminar ziehen kannst. Du benötigst Zeit, um entspannt anzukommen und – das ist wirklich wichtig – für die Nachbereitung. Entscheidend ist, mit welcher Energie du zum Seminar kommst und was du direkt nach dem Seminar umsetzt.

ÜBRIGENS: Das gilt für jede Art der Weiterbildung. Ob du ein Buch liest, einen Podcast hörst, ein Seminar besuchst oder an einem Webinar teilnimmst: Tu es nicht nebenbei! Sei aufmerksam, mach dir Notizen zu dem, was du für dich herausziehen kannst, und nimm dir Zeit für eine Nachbereitung.

Die Schlüsselfrage, die du dir danach stellen musst, lautet: Verändert die Weiterbildung mein Verhalten?

Eine alte Erfolgsregel sagt: Alles, was du dir vornimmst, musst du innerhalb von 72 Stunden beginnen. Sonst sinkt die Chance, dass du es jemals umsetzt, auf ein Prozent. Weißt du was? Diese Regel ist totaler Blödsinn! Meine Erfahrung aus der Praxis zeigt:

Wir müssen innerhalb von 24 Stunden loslegen, um überhaupt eine Chance zu haben, dass wir eine Sache angehen.

Streich die 72-Stunden-Regel also ganz schnell wieder und lege innerhalb von 24 Stunden los, wenn du dir etwas vorgenommen hast. Sonst ist ein großer Teil der Informationsdichte und -tiefe schon wieder weg. Die Konsequenz: Du verlierst wichtiges Wissen.

Innerhalb von 24 Stunden anzufangen, mag erst mal schwer klingen. Ist es aber gar nicht. Es reicht, wenn du zum Beispiel eine Zusammenfassung schreibst, eine Zeichnung anfertigst oder irgendetwas anderes tust, um das Aufgenommene anzugehen. Das ist der erste Schritt zur Umsetzung. Wie du es anpackst, spielt keine Rolle. Hauptsache, du verankerst die Informationen.

> **ÜBRIGENS:** Die meisten Menschen schreiben sich ständig To-do-Listen, die lang und immer länger werden. Ich empfehle dir stattdessen eine Not-to-do-Liste. Schreib dir mal ein oder zwei Dinge pro Woche auf, die du ab sofort nicht mehr tust, um dich und deinen Fortschritt nicht mehr zu blockieren.
> Mein Punkt für deine Not-to-do-Liste: Anstatt eine Weiterbildung an die nächste zu reihen oder sie in deinen Terminkalender zu quetschen, triff eine bewusste Entscheidung. Wie willst du dich weiterbilden? Besuchst du zum Beispiel eines meiner High-Intensity-Seminare, brauchst du viel Energie. Und damit Weiterbildung über reine Unterhaltung hinausgeht, brauchst du im Anschluss Zeit, um darüber nachzudenken, was du für dich nutzen kannst.

Wissen ist nur dann Macht, wenn man etwas damit macht! Oder für die Unternehmer unter meinen Lesern: Machen ist die neue Macht. Umsatz kommt von umsetzen.

Wenn du willst, dass Wissen für dich nicht zur Belastung wird, sondern weiterhin mächtig ist, dann brauchst du Zeit, um es zu verankern. Schenke dir diese Zeit, um das Wissen, das du für dich brauchst, auch gewinnbringend ein- und umzusetzen.

Erfolgsfaktor der Vergangenheit – Durchhaltevermögen

Trainierst du gerade für einen Ironman®? Oder willst du einen Wüstenlauf gewinnen? Wenn du diese Fragen mit Nein beantwortest, wozu brauchst du dann heute noch Durchhaltevermögen?

Schon klar, in jedem zweiten Hollywoodfilm wird uns »Gib niemals auf, dann kannst du alles erreichen« vorgelebt. Rocky, Gladiator, Braveheart, wie sie alle heißen. Das ewige Durchhalten wird verherrlicht. Dabei kann Durchhalten auch einfach Feigheit sein. Steckt jemand in einem unglücklichen Job fest und hält immer weiter durch, ist das keine Leistung, sondern eine Folge der Angst davor, sich zu verändern. Daher ist es wichtig, genau hinzusehen, ob durchhalten wirklich sinnvoll ist. Loslassen ist meist sehr viel anstrengender und auch schmerzhafter als durchhalten. Man gewöhnt sich ja an alles. Der Durchhalteschmerz ist dann zwar ständig vorhanden, aber man kann ihn aushalten. Der Schmerz des Loslassens ist akut wirklich schlimm. Aber er hat eine Perspektive.

Durchhalten kann auch Feigheit sein.

Also vergiss die ganzen Scheinweisheiten wie »Nur die Harten kommen in den Garten«, »Ein Indianer kennt keinen Schmerz« oder »Was dich nicht tötet, macht dich stärker«. Der Volksmund verkauft uns den Durchhalteschmerz als glücklich machende Fähigkeit. Aber das ist Quatsch! Du bist nicht auf der Welt, um etwas aushalten zu müssen!

Die Tugend des Durchhaltens stammt aus einer Zeit, in der einem gar nichts anderes übrig blieb, als durchzuhalten. Unsere Eltern und Großeltern hatten nach zwei Weltkriegen gar keine andere Wahl. Ohne die Zähne zusammenzubeißen und einen übergroßen Durchhaltewillen wären ein Wiederaufbau und auch das Wiedererstarken der deutschen Wirtschaft nicht möglich gewesen. Viele hätten schlicht nicht überlebt. Das ist so ähnlich wie den Mount Everest zu besteigen und sich beim Abstieg so schwer zu verletzen, dass man nicht mehr gehen kann. Dann hast du nur eine Möglichkeit: durchzuhalten und dich den Rest der Strecke durchzubeißen. Sonst erfrierst du. Aber, Hand aufs Herz, wie oft besteigst du den Mount Everest? Durchhalten ist Schnee von gestern und spielt heute meistens keine Rolle mehr. Vielmehr geht es darum, Dinge, die wir bisher immer durchhalten mussten, loszulassen.

An etwas festzuhalten, was wir nicht oder nicht mehr brauchen, ist völlig out. Der Job, der dich jeden Tag unglücklich macht – weg damit! Die Auswahl an anderen Stellen oder gar Berufen ist viel zu groß, um dich täglich nur durchzubeißen. Schon heute« herrscht nahezu Vollbeschäftigung. Aber auch die Schritt-für-Schritt-Karriere in ein und demselben Beruf, das ganze Leben lang, hat ausgedient. Immer um die gleiche Zeit am selben Arbeitsplatz zu sitzen, gehört in vielen Fällen bereits der Vergangenheit an. Heute gibt es schon eine Fülle von Menschen, die sich in Communitys zusammentun, als »Nomaden« um die Welt ziehen und von überall arbeiten, solange das WLAN funktioniert und schnell genug ist. Aber auch wenn wir nicht gleich um die Welt reisen, Homeoffice und andere New-Work-Konzepte transformieren die Arbeitswelt, wie wir sie kannten.

Dein Job macht dich unglücklich? Weg damit!

Mit dieser Entwicklung geht einher, dass wir uns von überflüssigem Ballast befreien. Wir binden uns immer weniger an Dinge, die uns nur belasten. Stattdessen wollen und brauchen wir mehr Freiheit und Flexibilität – beruflich wie privat.

Unsere Freiheit hat aber auch Nebenwirkungen. Jedes Stückchen Freiheit, das wir bekommen und leben, bedeutet, dass wir mehr Entscheidungen treffen müssen, und das, während wir zugleich immer mehr Optionen, also Auswahlmöglichkeiten haben. An dieser Stelle möchte ich dir zwei Menschentypen vorstellen, denen du in diesem Buch noch öfter begegnen wirst: den Erfolgssucher und den Misserfolgsvermeider:

Der Erfolgssucher richtet sich mental auf das Erreichen von Chancen aus. Er sucht Wachstum.

Der Misserfolgsvermeider fokussiert sich auf das Vermeiden von Rückschlägen. Er sucht Sicherheit.

Ich verrate dir ein Geheimnis: Es gibt keine Sicherheit. Egal wie sehr wir versuchen, alles im Griff zu haben, Sicherheit ist eine Illusion. Deshalb ist der Erfolgssucher besser auf alle Veränderungen vorbereitet als der Misserfolgsvermeider. Und diese Vorbereitung ist essenziell. Denn das 21. Jahrhundert ist das Zeitalter des Loslassens von Sicherheiten. Wenn du jetzt Angst bekommst, geht es dir wie 85 Prozent der Bevölkerung.[11] Der Zukunftsforscher Sven Gábor Jánszky sagt, dass diese 85 Prozent nur »… dann mit sich im Reinen sind, wenn alles stabil bleibt und sich keine

Veränderungen ergeben«, und beruft sich dabei auf die »Sensation-Seeking-Scale« aus der Psychologie.[12] Im Umkehrschluss heißt das, dass bisher nur 15 Prozent der Menschen entspannt mit Veränderungen umgehen. Was glaubst du, was das für unsere Gesellschaft bedeutet? Auf jeden Fall eine echte Erfolgschance für diejenigen, die lernen, mit Neuem umzugehen und Sicherheiten loszulassen. Ein Erfolgsvorsprung für alle, die Entscheidungen treffen, auch wenn sie damit ein Risiko eingehen. Also ein Erfolgsvorteil für echte Erfolgssucher!

Sicherheit ist eine Illusion.

ELEMENTARE SPIELREGEL FÜR DIE ZUKUNFT

Verabschiede dich vom Sicherheitsgedanken. Es gibt keine Sicherheit. Mit viel Durchhaltevermögen an vermeintlichen Sicherheiten festzuhalten, bringt daher wenig, im Gegenteil: Es existieren einfach immer zu viele Faktoren, die wir nicht selbst beeinflussen können, und zu viele Optionen, aus denen wir wählen können. Wenn du die Angst vor der Unsicherheit loslässt, bist du freier und flexibler. Du erlebst persönliches Wachstum und Erfolg.

Bleib also nicht in einer Endlosschleife im Sicherheitsmodus stecken. Halte nicht weiter durch. Folge stattdessen lieber deiner Bestimmung und deinen Träumen. Dafür brauchst du Mut, Dinge zu tun, die du noch nie zuvor getan hast. Denn die Lust auf etwas Großes braucht stets neue Impulse und Reize. Es gilt, Risiken einzugehen und eventuell auch Rückschläge und Niederlagen einzustecken. Sonst lebst du nicht wirklich, sondern existierst nur. Mehr zu diesem Thema findest du im Kapitel »Die Illusion von Sicherheit«.

Erfolgsfaktor der Vergangenheit –
Viel bringt viel

Seit langer Zeit herrscht bereits der Irrglaube, dass wir einfach nur viel und hart arbeiten müssten, dann komme der Erfolg quasi von selbst. Arnold Schwarzenegger hat zum Beispiel Statements rausgehauen wie: »Nehmen wir an, Sie arbeiten acht bis zehn Stunden pro Tag. Dann bleiben immer noch vierzehn Stunden übrig. Jetzt sagen Sie: Davon schlafe ich acht Stunden! Dann sag ich: Schlaf doch schneller! Sechs Stunden genügen! Es kommt darauf an, aus allen 24 Stunden was zu machen.«[13] Ich möchte Arnie wirklich nicht zu nahe treten. Er ist mit Sicherheit ein sehr erfolgreicher Mann. Aber hat sein Credo bei dir schon mal funktioniert? Hast du nur durch harte Arbeit und weniger Schlaf mehr erreicht? Okay, wenn du kurzfristig auf eine Klassenarbeit gelernt hast, dann hat die schlaflose und arbeitsreiche Nacht vielleicht mal zu einem Erfolg geführt. Aber langfristig ist dir von diesem Wissen nicht viel geblieben.

Beim Lernen, ebenso wie bei der Arbeit, kommt es nicht auf die Quantität, sondern auf die Qualität an. Temporär hart arbeiten können wir alle. Solange unsere Arbeitswelt sich nur innerhalb unserer Landesgrenzen bewegte, war das okay. Aber andere können das noch viel besser als wir Mitteleuropäer.

> Beim Arbeiten zählt Qualität, nicht Quantität.

So wie sich die Weltordnung seit einiger Zeit entwickelt, könnte es gut sein, dass China und seine Verbündeten zur neuen Weltmacht aufsteigen. Das bedeutet: Eine ganz andere Art der Arbeitshaltung kommt auf uns zu. Die Chinesen sind hochgradig diszipliniert, überfleißig und staatlich abgerichtete Arbeitssoldaten. (Natürlich gilt das nicht für jeden einzelnen Chinesen – zur Veranschaulichung verallgemeinere ich an dieser Stelle.) Wir sind uns sicher einig: Wir können da nicht mithalten. Schon heute ist die Wirtschafts- und Produktionsmaschinerie des »Roten Drachens« und anderer Länder im fernen Osten kaum aufzuhalten. Die Chancen stehen gut, dass sich das in den nächsten Jahren noch mehr verstärken wird. Wir hingegen sprechen von Work-Life-Balance, auch so ein überholtes Konzept, wie ich finde. Für die Chinesen dürfte das ein Fremdwort sein. Und egal, ob China sich wirklich zur Wirtschaftsmacht aufschwingt oder nicht, die Arbeitshaltung der Menschen und ihre Disziplin wird sich über Generationen halten. Menschen verändern sich ja nicht von heute auf morgen.

Über Arbeitsmasse und -dauer können wir uns also nicht abheben. Was für uns im Alltag zählt, sind die Intensität und die Haltung, mit der wir uns Themen widmen. Denn in dieser Intensität steckt sehr viel Kraft, die uns in Richtung Erfolg führt. Die folgende schöne Parabel von Randall L. Ridd verdeutlicht sehr klar, worauf ich hinauswill:

»Die Parabel der Orangen«[14]

Es war einmal ein junger Mann, der für ein sehr angesehenes Unternehmen arbeiten wollte, das auch noch gut bezahlte. Er bewarb sich und bekam einen Einstiegsjob, hatte sogleich aber Ambitionen auf mehr. Er strebte nach einer Beförderung in die Position eines Abteilungsleiters. Die würde ihm noch mehr Geld und Ansehen einbringen. Also erledigte er alle seine Aufgaben. Er begann bereits früh am Morgen und blieb lange im Büro, um seinem Chef zu zeigen, dass er Überstunden machte.

Nach einiger Zeit wurde die Stelle eines Abteilungsleiters frei. Aber zu seinem Verdruss bekam ein anderer Mitarbeiter, der gerade einmal sechs Monate im Unternehmen war, die Stelle. Das machte den jungen Mann sehr wütend und er forderte von seinem Chef eine Erklärung.

Sein weiser Chef sagte: »Bevor ich Ihnen diese Frage beantworte, würden Sie mir einen Gefallen tun?«

»Ja, natürlich«, erwiderte der Angestellte.

»Würden Sie in den Supermarkt hinübergehen und ein paar Orangen kaufen? Meine Frau braucht welche.«

Der junge Mann stimmte zu und ging in den Laden. Als er wiederkam, fragte der Chef: »Welche Sorte Orangen haben Sie gekauft?«

»Keine Ahnung«, erwiderte der junge Mann. »Sie wollten, dass ich Orangen kaufe, und das habe ich getan. Bitte schön.«

»Wie viel haben sie gekostet?«, fragte sein Chef.

»Ich weiß es nicht genau«, antwortete er verblüfft. »Sie haben mir 30 Dollar gegeben und hier sind Ihr Beleg und Ihr Wechselgeld.«

»Vielen Dank«, erwiderte sein Chef. »Bitte setzen Sie sich und schauen Sie aufmerksam zu.«

Der Vorgesetzte rief nun den Mitarbeiter herein, den er befördert hatte, und bat auch ihn, Orangen zu kaufen. Auch er war einverstanden und ging in den Supermarkt.

Als er wiederkam, fragte ihn der Chef: »Welche Sorte haben Sie gekauft?«

Er antwortete: »Nun ja, es gab ziemlich viele Sorten, Navelorangen, Valencia-Orangen, Blutorangen, Mandarinen und viele mehr. Ich wusste nicht, welche ich kaufen sollte. Aber Sie sagten ja, dass Ihre Frau welche braucht. Also habe ich sie angerufen. Sie hat erzählt, dass sie eine Party plant und Orangensaft machen möchte. Also habe ich den Verkäufer gefragt, welche Sorte den besten Saft gibt. Er erklärte mir, dass die Valencia-Orangen besonders süßen Saft ergeben, also habe ich diese Sorte gekauft. Ich habe sie auf dem Rückweg bei Ihnen zu Hause abgeliefert. Ihre Frau hat sich sehr darüber gefreut.«

»Wie viel haben sie gekostet?«, fragte sein Chef.

»Tja, das war auch so eine Sache. Da ich nicht wusste, wie viele ich kaufen soll, habe ich Ihre Frau noch einmal angerufen und gefragt, wie viele Gäste sie erwartet. Zwanzig, erfuhr ich. Dann habe ich den Verkäufer gefragt, wie viele Orangen man braucht, um Saft für zwanzig Leute zu machen. Es waren ziemlich viele. Daraufhin habe ich gefragt, ob es einen Mengenrabatt gibt, und diesen auch bekommen. Eigentlich kostet so eine Orange 75 Cent, aber ich habe nur 50 Cent bezahlt. Hier sind das Wechselgeld und der Beleg.«

Der Chef sagte lächelnd: »Danke. Sie können gehen.«

Er sah zu dem jungen Mann, der aufmerksam zugesehen hatte. Dieser stand auf und sagte mit zusammengesackten Schultern: »Ich verstehe, was Sie meinen.« Deprimiert, aber schlauer als zuvor verließ er das Büro.

Wir müssen also nicht möglichst viel Einsatz bringen, sondern intelligent arbeiten, um einen Ertrag zu erhalten. Die beiden jungen Männer in der Parabel hatten beide den Auftrag, Orangen zu kaufen. Beide haben ihren Auftrag erfüllt. Was aber machte den Unterschied? Man könnte jetzt sagen, dass der eine um die Ecke gedacht, sich mehr angestrengt hat oder einfach ein besseres Auge fürs Detail hatte. Der eigentliche Unterschied lag jedoch in seiner Haltung. Er hat nicht bloß seine Pflicht erfüllt. Sein inneres Engagement, seinen Vorgesetzten zufriedenzustellen, trieb ihn an. Er wollte der beste ihm mögliche Mitarbeiter sein. Dem ersten jungen Mann ging es hingegen um Geld, Status und Ansehen.

ELEMENTARE SPIELREGEL FÜR DIE ZUKUNFT

Ein voller Terminkalender macht noch lange kein erfülltes Leben. Hör also sofort auf, auf Masse zu arbeiten! Kennst du noch »Tetris«, dieses Computerspiel aus den Neunzigern, bei dem man so viele Blöcke wie möglich so zusammenbauen musste, dass es keine Zwischenräume mehr gab? Heute spielen wir »Termin-Tetris« – das Kalender-Computerspiel unserer Zeit. Wir reihen Termin an Termin und Meeting an Meeting. Bei diesem »Termin-Tetris« passt dann zwar alles perfekt. Aber wenn alles zusammenpasst, bleibt kein Platz mehr für Zwischenräume. Doch genau in diesen Zwischenräumen entsteht heutzutage Erfolg.

Es kommt nicht darauf an, wie viele Termine du pro Tag, Woche oder Monat schaffst, sondern auf die Hingabe, mit der du dich deinen Terminen widmest.

Ich hoffe, meine Beispiele haben dir klargemacht, dass sich Erfolgsfaktoren verändern und dass die Faktoren Wissen, Erfahrung, Durchhaltevermögen und unsere viel gelobte Viel-bringt-viel-Mentalität ausgedient haben und ersetzt werden müssen. Aber weißt du, warum das so ist? Was passiert denn bloß, dass wir uns auf nichts mehr verlassen können?

Work smart not (only) hard!

Megatrends – Worauf wir uns vorbereiten müssen

Es ist weder die intelligenteste Spezies, die überlebt, noch die stärkste. Es überlebt diejenige, die sich dem Wandel am besten anpasst.

LEON C. MEGGINSON, PROFESSOR FÜR MANAGEMENT
UND MARKETING AN DER LOUISIANA STATE UNIVERSITY

Dieses Zitat wird oft fälschlicherweise Darwin zugeschrieben. Allerdings bezieht sich Prof. Megginson nur auf Darwin und zitiert ihn nicht. Seine Botschaft von 1963 trifft heute noch zu. Nur geht der Wandel, von dem er spricht, um ein Vielfaches schneller vonstatten als damals oder zu Darwins Zeiten.

Du hast sicher schon einmal von den sogenannten Megatrends gehört. Die gibt es und sie sind bereits spürbar! Und es sind auch noch mehrere gleichzeitig. Alte Glaubenssätze und Erfolgsregeln haben wir durchbrochen. Wenn wir jetzt noch die Megatrends in unsere Lebens- und Berufsplanung einbeziehen, können wir auch heute noch erfolgreich sein. Dafür müssen wir sie aber kennen und uns mit ihnen beschäftigen.

Was sind Megatrends eigentlich?

Im Gegensatz zu einfachen Trends, die zwar auch Veränderungen und Wandel auslösen, aber meist eher als oberflächlich und kurzlebig daherkommen, sind Megatrends unumkehrbare, nicht aufzuhaltende Einflüsse, die uns wie eine Welle erfassen und mitnehmen. Sie sind gesellschaftliche Strömungen, die jeden von uns angehen, und sie prägen die Gesamtheit der Menschen mindestens über Jahrzehnte hinweg. Sie sorgen dafür, dass sich Strukturen und unsere Lebensweise langfristig verändern.

Megatrends sind unumkehrbar.

Um es bildhafter zu machen, musst du dir Megatrends wie hohe Wellen im Meer vorstellen. Wer schon einmal als Schwimmer von einer solchen Welle überrascht wurde, weiß, wie schnell man die Kontrolle verliert, wenn so ein Brecher auf einen zukommt. Also rauf aufs Surfboard! Wenn wir die Welle reiten, macht sie nämlich riesigen Spaß.

Entweder wir lernen, die Welle des Wandels zu reiten, oder wir werden von ihr mitgerissen und gehen unter.

Megatrends sind viel älter als der Begriff selbst, der auf den Begründer der modernen Zukunftsforschung, John Naisbitt, zurückgeht. Naisbitt schrieb 1982 seinen Weltbestseller »Megatrends«[16]. Langfristig wirksame Trends dieser Art betreffen alle Ebenen der Gesellschaft und der Wirtschaft. Im Gegensatz zu einfachen Trends, die in kleinen Wellen kommen und gehen, ziehen sich Megatrends über ein Jahrhundert und länger. Sie führen dazu, dass sich unsere Welt nicht nur verändert, sondern völlig transformiert.

Um die Wellen der Megatrends reiten zu können, müssen wir sie nicht nur kennen, sondern auch wissen, wie sie unseren Alltag beeinflussen. Die Begriffe Globalisierung, Digitalisierung, Technologisierung, Mobilität, Urbanisierung, Klimawandel, Gesundheit, Silver Society, Individualisierung, Gender Shift, Konnektivität und viele mehr hast du sicherlich schon einmal gehört. An dieser Stelle möchte ich sie dir kurz vorstellen und dir zeigen, wie sie dich beeinflussen, was sie für deinen Alltag bedeuten und warum sie auf keinen Fall getrennt voneinander, sondern unbedingt in Kombination betrachtet werden müssen.

Megatrend Globalisierung

Der Megatrend Globalisierung zählt sicherlich zu den ältesten. Neugier, Forscherdrang, aber auch der Wunsch nach Machtausdehnung ist uns Menschen angeboren. Wir wollten uns schon seit eh und je über den ganzen Globus ausdehnen und vernetzen. Stichwort: Seidenstraßen. Oder Kolonialisierung. Seit der Eiserne Vorhang gefallen ist, hat nichts das wirtschaftliche und soziale Leben so geprägt wie die Öffnung von Grenzen und die Verflechtung von Produktion und Wertschöpfungsketten zwischen Staaten und ganzen Erdteilen.

Der Globalisierung kann sich niemand entziehen. Sie ist im Alltag von dir, mir und auch allen anderen angekommen. Inzwischen wächst sogar eine ganze Generation global auf. Hättest du das vor 20 oder 30 Jahren für möglich gehalten? Frag doch mal deine Eltern, wie kompliziert es früher war, ein Päckchen ins Ausland zu schicken oder eins aus Übersee zu erhalten. Klar gibt es auch heute noch Zölle und unterschiedliche Umsatzsteuersätze, die es manchmal schwieriger machen als nötig. Aber es gibt heute kaum ein Produkt oder eine Dienstleistung, die wir nicht international einkaufen können. Erinnerst du dich noch daran, wie du Geld für einen Kurztrip nach Österreich, Frankreich oder Italien umgetauscht hast? Oder daran, wie du von deinen Reisen etwas mitgebracht hast, was bei uns in Deutschland einfach nicht zu kriegen war? Heute reichen meist ein paar Mausklicks im Internet und eine Kreditkarte, und schon wird dein Päckchen auf den Weg gebracht und du bezahlst innerhalb der Währungszone Europa sogar in der eigenen Währung.

Eine ganze Generation wächst heute global auf.

Schon an diesem banalen Beispiel siehst du deutlich, dass Megatrends nicht separat, sondern unbedingt in Kombination betrachtet werden müssen. Ohne die Digitalisierung wären der Onlineeinkauf und auch die Bezahlung nicht möglich. Die Arbeitswelt von heute und morgen zeigt das noch viel deutlicher. Hier hat die Globalisierung zwar dramatisch eingegriffen – weniger Zölle, Internationalisierung von Teams, Verlegung von Produktionsstätten ins Ausland und vieles mehr. Aber das ganze transformierte System funktioniert nur in Vernetzung mit Digitalisierung, Technologisierung und der Betrachtung des demografischen Wandels. Auch Urbanisierung und Gender Shift haben ihre Finger mit im Spiel.

Einige der damit verbundenen Änderungen sind fundamental. Mit so einem grundlegenden Wandel umzugehen, fällt uns schwer. Das liegt an unserem Gehirn. Denn es nimmt jede Veränderung als Schwierigkeit wahr. Und Schwierigkeiten mögen wir Menschen von Natur aus nicht. Eine solche Schwierigkeit zu überwinden, kostet uns Energie. Der Mensch ist aber ein Energiesparmodell. Unser Gehirn zum Beispiel ist ein sehr lebendiges, in sich geschlossenes System, in dem alle Nervenzellen und Gehirnregionen so organisiert sind, dass sie im Beziehungsaustausch mit anderen Hirnarealen maximal einfach und energiesparend kommunizieren und ans Ziel kommen. Das ist keine schlechte Angewohnheit und auch keine Fehlentwicklung unserer modernen Gesellschaft, sondern schlicht ein biologisches Grundprogramm, das sich über Tausende von Generationen hinweg bewährt hat, damit wir überleben.

Wundere dich also nicht, wenn es dir nicht immer leichtfällt, mit den vielen Neuerungen klarzukommen, die im Schlepptau der Megatrends über uns hinwegschwappen.

Megatrend Digitalisierung

Die Digitalisierung formt unsere Welt radikal um. Unser Privatleben wird zum Beispiel durch neue Kommunikationswege erleichtert. Kannst du dich noch erinnern, wie es war, sich zu einer festen Zeit an einem festen Ort zu verabreden, ohne dass du spontan per Smartphone Bescheid sagen konntest, falls es später wird? Wie war dein Leben, als du noch keine digitalen Kalender auf allen Geräten synchron führen konntest? Ich frag mich manchmal: Wie haben mehrere Menschen gleichzeitig kommuniziert, bevor es Messenger-Gruppen gab?

Und wie war dein Arbeitsplatz, als du noch nicht gleichzeitig per E-Mail, über Messenger und soziale Netzwerke permanent kontaktiert werden konntest? Genießt du schon die Freiheit von Homeoffice-Tagen und sind die Hierarchien bei dir im Unternehmen schon flacher als früher? Nicht jeder begrüßt die zahlreichen Änderungen im Business-Alltag. Denn Freiheit ist nicht unbedingt eine Komfortzone. Sie geht oft einher mit mehr Eigenverantwortlichkeit und Proaktivität. Und dadurch auch immer mit einer gewissen Unsicherheit.

Über die Unternehmenswelt ist die Digitalisierung wie ein Tornado hinweggefegt. Vom Arbeiter bis zum Vorstand betrifft sie jeden. Der Internethandel boomt, Marktführerschaften verändern sich, neue Bezahlsysteme entstehen, aber auch jeder Arbeitsplatz ist betroffen. Unternehmen müssen auf Veränderungen in ihrem Markt reagieren, aber auch die interne Arbeitskultur und -struktur neu denken und gestalten und darauf achten, dass so wenige Menschen wie möglich bei der Transformation auf der Strecke bleiben.

Freiheit ist keine Komfortzone.

Hast du schon mal von VUKA gehört? Diese vier Buchstaben beschreiben Rahmenbedingungen, unter denen Mitarbeiter und Führungskräfte durch Digitalisierung und Globalisierung agieren und auf die sie reagieren müssen.

- **V** steht für Volatilität, also für Unbeständigkeit und Schwankungen.
- **U** steht für Unsicherheit.
- **K** steht für Komplexität.
- **A** steht für Ambivalenz, also Mehrdeutigkeit und Zwiespältigkeit.

Kurz: Die Wirtschaft steht vor der Herausforderung, dass die Digitalisierung viele Erleichterungen mit sich bringt, aber auch Schwierigkeiten. Rahmenbedingungen verändern sich immer schneller und mit ihnen Unternehmensstruktur und -kultur.

Unter dem Schlagwort »New Work« versteckt sich eine neue Arbeitswelt, die auf mehr Eigenverantwortlichkeit und Entscheidungsfreudigkeit setzt. Mit den vielen Optionen und Möglichkeiten, die wir heute haben, werden Entscheidungen ja nicht gerade einfacher. Aus dem Bauch heraus, welchen Weg würdest du einschlagen?

- **Weg 1:** Ich folge einer festgelegten Strategie.
- **Weg 2:** Ich entscheide mich zwischen zwei Wegen.
- **Weg 3:** Ich habe Hunderte von Optionen zur Auswahl.

Denk daran, wir Menschen sind Energiesparer! Was ist wohl der Weg des geringsten Widerstandes? Welchem Pfad folgst du am ehesten? Ein großer Teil von uns wählt fast automatisch die »festgelegte Strategie«. Warum? Weil Entscheidungsfreiheit zwar zunächst einmal toll klingt, in der Praxis bedeutet sie aber einen großen Energieaufwand, den wir für unsere Entscheidungsfindung aufbringen müssen. Unser Gehirn macht zwar nur zwei bis drei Prozent des Körpergewichts aus, verbraucht aber in Entscheidungs- und Changeprozessen bis zu 20 Prozent der gesamten Körperenergie. Klar, dass der Körper alles versucht, um den Energiefresser auf Stand-by zu halten.

Megatrend Technologisierung

Die Technologisierung treibt gefühlt täglich neue Blüten. Hättest du dir vor einigen Jahren schon vorstellen können, dass aus einer simplen Suchmaschine mal ein Weltkonzern wird? Google will heute selbstfahrende Autos bauen und verwandelt unser Heim Stück für Stück in ein digitales Zuhause. Facebook hat sich von einer Kommunikationsplattform zu einem Shoppingparadies entwickelt und möchte sogar eine eigene Währung schaffen. Und wir? Wir verbringen heute schon mehrere Stunden täglich an unseren Smartphones und tun Dinge, die wir im 20. Jahrhundert, das ja gerade einmal 20 Jahre vorbei ist, noch gar nicht kannten.

Fehlendes Internet oder WLAN soll schon für so manchen Nervenzusammenbruch gesorgt haben, weil E-Mails nicht gecheckt, Gespräche in der WhatsApp-Gruppe nicht verfolgt und die Neuigkeiten in den sozialen Medien nicht eingesehen werden konnten. Niemals waren Kommunikation und Information so leicht, aber es war auch noch nie so schwer, abzuschalten. Gehörst du auch zu den 38 Prozent[17], die direkt vor dem Einschlafen und nach dem Aufwachen auf ihr Telefon schauen, obwohl du weißt, dass du so wahrscheinlich schlechter schläfst? Er ist aber auch verlockend, dieser Mini-Computer. Wir können damit vom Kühlschrank über die Heizung bis hin zum Haustier alles überwachen. Wir bedienen damit Licht, Sound und Geräte ganz bequem über Apps. Das Handy ist zur Universalfernbedienung für unser Leben geworden. Stichwort Smart Home. Ist es aber wirklich smart, aus Bequemlichkeit unser Leben von der Technologie steuern zu lassen?

Das kann sehr Erfolg versprechend sein, wenn zum Beispiel über Sensoren die eigene Gesundheit überwacht wird oder wenn sogenannte Robo-Advisors automatisiert unser Geld gewinnbringend investieren. Auf der anderen Seite lassen wir beinahe

Wir werden zu gläsernen Menschen.

jede unserer Bewegungen überwachen und erfassen. Unsere Geräte – unsere Hilfsmittel – dienen gleichzeitig als Datensammler, die aus uns einen gläsernen Menschen machen. Und diese Daten liegen bei nur einigen wenigen Unternehmen. Hättest du es geglaubt, wenn dir vor ein paar Jahren jemand gesagt hätte, dass Internetgiganten einmal unsere Welt kontrollieren? Das kann schon ziemlich beängstigend sein und erinnert an Dystopien, die wir aus Spielfilmen und Science-Fiction-Romanen kennen.

Megatrend Mobilität

Wir wollen heute mobil sein – auf jede erdenkliche Weise. Der Wunsch nach neuen Mobilitätskonzepten ist groß. Umweltfreundlich soll es sein (siehe auch Megatrend Klimaschutz). Zeitsparend wäre toll und am besten auf die eigenen Bedürfnisse angepasst (siehe auch Megatrend Individualisierung). Parkplätze gibt es in Städten immer weniger (siehe auch Megatrend Urbanisierung), also setzen wir auf E-Roller, Shuttle-Fahrzeuge, Carsharing und Kleinstmobile – ganz nach den eigenen Präferenzen.

Die Technik ist übrigens schon längst so weit, dass wir umweltfreundlich fahren können und auch gar nicht mehr selbst fahren müssen. Aber bist du es auch? Willst du den Rücksitz zum Arbeitsplatz machen und dich darauf verlassen, dass die Maschine dich sicher ans Ziel bringt, oder ist dir das noch zu sehr Science-Fiction? In Zukunft wird sich diese Frage wohl nicht mehr stellen. Denn zahlreiche Verkehrsprobleme lassen sich langfristig mit selbstfahrenden Autos oder sogar Flugtaxis lösen. Denk mal drüber nach, wie effizient du Fahrtzeiten nutzen könntest. Auf dem Weg zum Kunden hast du plötzlich Zeit, deine Präsentation noch einmal durchzugehen. Oder du informierst dich noch einmal näher über deinen Gesprächspartner. Findest du das nicht praktisch?

Vertraust du dem selbstfahrenden Auto?

Die technischen Möglichkeiten sind da und sinnvoll wäre Mobilitätswandel auf jeden Fall. Warum zum Teufel haben wir ihn dann noch nicht umgesetzt? Immerhin gibt es ja schon Carsharing-Services und Fahrdienste mit E-Autos, die Emissionen und Lärmpegel in den Städten deutlich verringern. Städte wie Hamburg, Berlin und München setzen auch bereits auf E-Busse – mit Fahrgast-WLAN – und wollen ihre Flotte weiter ausbauen.[18]

Was durch die bestehenden Systeme noch nicht gelöst ist, ist die umweltfreundliche Anbindung ländlicher Gebiete zum Beispiel für Pendler. Die müssen immer noch lange Wege in selten fahrenden Dieselbussen oder im eigenen Auto zurücklegen. Findest du nicht auch, dass es hier noch eine Menge Potenzial gibt? Hand aufs Herz – Umweltfreundlichkeit und auch Zeitersparnis scheitern an dieser und anderen Stellen nicht an technisch Möglichem. Sie scheitern am Vertrauen der Menschen in Maschinen. Rasenmäherroboter dürfen gerne das Gras kürzen, Staubsaugerroboter die Bude auf Vordermann bringen und das fehlende Waschmittel kann gerne per Dash-Button geshoppt werden. Aber Auto fahren wir doch lieber noch selbst oder lassen es von einem Menschen steuern, auch wenn das nicht logisch ist.

Megatrend Urbanisierung

Wusstest du, dass bereits heute die Hälfte der Weltbevölkerung in Städten lebt? Experten schätzen, dass es 2050 sogar bis zu 75 Prozent sein werden. Eine Zahl, die wir in Deutschland bereits heute toppen. 2017 lebten bereits 77,3 Prozent der Bevölkerung in Städten.[19] Ob es die besseren Jobaussichten sind, höhere Löhne oder einfach nur der Wunsch nach mehr Möglichkeiten, Städte sind angesagter denn je. Besonders bei den Jüngeren. Metropolenbewohner schaffen sich dann aber innerhalb der Städte schon fast wieder dörfliche Strukturen in ihren Vierteln. Die Sehnsucht nach stressfreien Erholungsräumen lässt sie gemeinsam Grünflächen nutzen, Gemeinschaftsgärten (Urban Farming) entstehen auf Hausdächern oder in Zwischenräumen und jede kleine Freifläche wird mit »Seed bombs«, also

Samenbomben, begrünt, die in Guerilla-Manier verteilt werden. Innerhalb der Viertel sind die Wege kurz und es gibt alles, was die Einwohner zum Leben brauchen.

Gekauft und gelebt wird gern lokal oder regional, was besonders für Start-ups aller Branchen jede Menge Chancen bietet. In Hinterhöfen entstehen Brauereien, Kreativpools für digitale Dienstleistungen oder kleine On- und Offlinehändler. Aber auch größere Firmen, die gemeinsame Wohn- und Arbeitskonzepte anbieten, mit eigener Kinderbetreuung und Freizeitoptionen, sind beliebte Arbeitgeber. Generell wird das Thema Teilen großgeschrieben. Büros, Autos und andere Transportmittel (Megatrend Mobilität), aber auch Freizeiträume werden geteilt, zum Beispiel im Rahmen von Micro-Living, einem Konzept aus Asien und den USA, das sich auch bei uns inzwischen großer Beliebtheit erfreut.

Hast du dich schon einmal gefragt, wie viel Wohnraum du zum Leben brauchst? Reichen dir 20 bis 35 Quadratmeter? Dann bist du ein Kandidat fürs Leben auf Minimalraum. Denn mit dem Zuzug vieler Menschen aus dem In- und Ausland (Megatrend Globalisierung) wird der Wohnraum in den Städten langsam knapp. In München, Hamburg oder Berlin sind schon heute kaum noch bezahlbare Wohnungen zu bekommen. Ein nötiger Umzug kann in der Stadt richtig ins Geld gehen. Micro-Living ist eine Lösung, besonders für berufstätige Singles. Nach amerikanischem Vorbild sind die Häuser inklusive »Amenities«, Ausstattungsmerkmale und Dienstleistungen, die geteilt werden. Das reicht vom Fitnessraum über die Waschküche und den Hausmeisterservice bis hin zu großen Lounge-Areas. Die eigene Wohnung wird hauptsächlich zum Schlafen und als Rückzugsraum gebraucht. Einige Mikro-Apartment-Häuser verfügen sogar über einen eigenen Co-Working-Space – eine Chance für alle, die im Homeoffice arbeiten oder sich gerne mit anderen Solo-Workern vernetzen möchten.

Gekauft und gelebt wird gern lokal.

Megatrend Klimawandel

Hättest du geglaubt, dass Schüler im Kollektiv freitags die Schule schwänzen, um demonstrieren zu gehen? Wer hätte gedacht, dass so viel Aufruhrgeist in dieser jungen Generation steckt! Doch spätestens seit Greta Thunberg und ihren »Fridays for Future« ist das Thema Klimawandel in der Mitte der Gesellschaft angekommen. Die Jungen stehen auf und demonstrieren für die eigene Zukunft, anstatt die Schulbank zu drücken. Sie zeigen den älteren Generationen Stoppschilder für deren Umgang mit der Natur und dem Planeten. Deutlicher kann man kaum machen, dass die sogenannte Klimakrise eine Bewusstseinskrise ist, die sich durch mehrere Generationen zieht. Durch die Altersklassen hinweg sind die meisten zwar gegen Atomkraft und lehnen wahrscheinlich auch den Kohletagebau ab. Eigene Verhaltensänderungen, die nötig wären, um den Klimawandel zu stoppen, haben die Älteren bisher aber eher ausgeblendet, auf Mülltrennung reduziert oder auf die sogenannten Gutmenschen ausgelagert.

Auch der für uns Deutsche so typische Perfektionismus steht uns ordentlich im Weg. Kleine Schritte und einfach mal anfangen sind bisher nicht so unser Ding. Entweder ganz oder gar nicht. Die einen schwingen die moralische Keule, die anderen wollen sich einfach nichts sagen lassen. Was bleibt, sind große Verwirrung und der Einsatz nachhaltiger Coffee-to-go-Becher. Bis der Verzicht auf Flugreisen oder die Reduzierung des Fleischkonsums, zumindest der Verzicht auf Fleisch aus Massentierhaltung, die Gesellschaftsmitte erreicht hat, muss wissenschaftlich Fundiertes her – oder eben ein Aufstand der Jungen, die uns keine andere Wahl lassen, als über unser Konsumverhalten nachzudenken und es zu ändern, auch wenn es anstrengend ist.

Firmen können hier Vorreiter sein, wenn sie nachhaltige Geschäftsmodelle, aber auch interne Energiesparkonzepte und neue Berufsfelder entwickeln. Ein interessanter Aspekt dabei: Zukunftsforscher und HR-Profis sagen voraus, dass rund 65 Prozent unserer Kinder später in Jobs arbeiten, die es heute noch nicht gibt und die wir auch heute noch nicht kennen.[20] Da stellen sich die Fragen: Welche Berufe, in denen die heute 30- bis 40-Jährigen arbeiten, wird es dann noch geben? Und in welchen anderen Berufen werden die Menschen dann arbeiten?

Diese Entwicklung ist natürlich nicht nur dem Klimawandel zuzuschreiben. Auch andere Megatrends wie Technologi-

Die Jobs von morgen kennen wir noch gar nicht.

sierung, besonders die Robotisierung, die Digitalisierung, aber auch die Mobilitätswende haben großen Einfluss auf die Entwicklung zukünftiger Jobs. Familienfreundlicher (Megatrend Gender Shift) sollte er ebenfalls werden, der Arbeitsmarkt der Zukunft. Arbeitsprozesse, Handelswege, aber auch Produktionsketten bedürfen mehr Transparenz, um Glaubwürdigkeit und Anerkennung zu stärken.

Eine große Schwierigkeit, die besonders wir Deutschen, aber auch andere Europäer bewältigen müssen, ist der Mangel an Venture Capital, also Wagniskapital. Wir geben einfach zu wenig Geld für Innovationen aus. Unser größter Venture-Capital-Fonds hat 1 Milliarde Euro für Investments in Unternehmen zur Verfügung, die sich noch nicht am Markt etabliert haben. Emmanuel Macron brachte vor Kurzem in Frankreich einen neuen Fonds aufs Parkett, den er mit 5 Milliarden Euro bestückt hat. Ein japanischer Venture-Capital-Fonds, der aktuell wirklich etwas bewegt, verfügt über 100 Milliarden Dollar.[21]

Wir Deutschen sind hier also eher Schlusslicht. Das hat fatale Folgen. SAP ist der letzte große deutsche Tech-Player, der noch in den Top 30 weltweit rangiert. Wenn wir die Welt verändern wollen, hilft uns nur, eine Investitionsoffensive zu starten und bei den Investments mehr Risiken einzugehen. Bisher sind wir noch zu vorsichtig.

Megatrend Gesundheit

Überarbeitung, Erschöpfung, Burn-out … gehören die jetzt plötzlich alle der Vergangenheit an? Stattdessen ernähren wir uns gesund, treiben viel Sport und die Arbeit gibt uns Kraft, anstatt sie uns zu rauben? So weit sind viele noch nicht. Aber der Trend geht in Richtung Achtsamkeit und Bewusstsein für das, was wir mit uns und unserem Körper machen. Bioprodukte und die Ernährung als Kraftgeber spielen zunehmend eine Rolle, ebenso wie die Sensibilisierung für einen spirituelleren Lebensstil mit Yoga, Meditation und dem Wunsch, mentale Muskeln zu trainieren.

Gesundheit wird immer mehr zum Sinn des Lebens und ein gesunder Lifestyle zum Statussymbol – und somit wächst der Markt für Dienstleistungen und Produkte im Sektor Gesundheit stetig. Aber woher kommt dieses Interesse? Zum einen sicherlich daher, dass wir immer älter werden. Und wer möchte die gewonnenen Jahre schon gern krank verbringen?

Zum anderen ermöglicht uns die Digitalisierung die permanente Kontrolle unserer Gesundheit. Die Technologisierung macht Diagnostiken immer leichter und im Internet finden wir schier unendliches Wissen über Symptome und Auswirkungen. Suchst du nicht auch erst einmal im Netz, was dir fehlen könnte, bevor du dich in eine Arztpraxis setzt?

Die Möglichkeit, Wissen über das Internet zu verbreiten, hat aber auch dazu geführt, dass traditionelle und komplementäre medizinische Ansätze wieder auf dem Vormarsch sind. Weil auch die Schulmedizin zunehmend an Grenzen stößt, suchen Menschen nach alternativen Wegen, die sie für ihre Gesundheit gehen können. Das Bewusstsein wächst, dass die Gesundheit nicht nur in der Verantwortung von studierten Fachkräften, sondern vor allem in der eigenen liegt.

Megatrend Silver Society

Die »Silver Society«, also die Generation der fitten Grauhaarigen, gewinnt nicht nur gesellschaftlich, sondern auch wirtschaftlich stets an Bedeutung. In den Ruhestand zu gehen, bedeutet heute nicht mehr zwangsweise, sich zur Ruhe zu setzen. Denn viele, die noch aus der Viel-bringt-viel-Generation stammen, nutzen Erspartes und Erarbeitetes, um den neuen Lebensabschnitt dynamisch zu gestalten. Der Markt reagiert und es entstehen jede Menge Angebote, die auf die neue, relevante Zielgruppe zugeschnitten sind.

Im fortgeschrittenen Alter noch aktiv zu sein, kann übrigens auch bedeuten, dass Silver Ager noch über das Rentenalter hinaus arbeiten. Denn obwohl sich alles zurzeit auf neue Technologien konzentriert, dürfen wir auf keinen Fall die Potenziale unterschätzen, die die »Silver Society« in Unternehmen einbringen kann. Damit einher geht eine Umkodierung der Wirtschaft, die wir im kommenden Jahrzehnt deutlich spüren werden. Menschen in der zweiten Lebenshälfte haben eine andere Sicht auf Leistung, Wachstum und Innovation als die Jüngeren. Zudem schätzen sie Vorgänge in Unternehmen anders ein, also was wichtig und richtig ist. Diese Routiniers sind ferner ein Hort der Gelassenheit. Die Alterung der Gesellschaft wird zwar oft als Problem betrachtet, sie kann aber, gerade in Unternehmen, auch zu einer Vitalisierung beitragen.

Megatrend Individualisierung

Heute ist der Megatrend Individualisierung noch sehr stark egoistisch geprägt. Doch immer mehr entwickelt er sich auch in Richtung Eigenverantwortlichkeit. Wir verlassen uns nicht mehr darauf, dass irgendjemand anderes Dinge für uns erledigt. Steht der Klempner erst in zwei Wochen zur Verfügung, reparieren wir den tropfenden Wasserhahn eben selbst. Schmeckt das Brot vom Bäcker nicht, backen wir zu Hause. Das Rezept für jeden Gusto gibt's auf jeden Fall im Internet.

Der Individualist von heute teilt gern – über den eigenen Blog, über Facebook, über Instagram, Pinterest … Klingt vielleicht ein wenig narzisstisch, aber diese Selbstdarstellung dient der Vernetzung von Interessengemeinschaften, dem Aufbau von Communitys und natürlich auch dem eigenen Geschäftszweck. Stichwort: Influencer. Aus der Individualisierung bauen wir eine neue Wirkultur, die Gemeinsamkeiten, Kooperationen und Kollaborationen in den Fokus rückt. Für Unternehmen bedeutet das eine Veränderung der Art, wie Teams zusammenarbeiten, aber auch wie Organisationen geführt werden müssen.

> **Der Individualist von heute teilt gern.**

Megatrend Gender Shift

Ursprünglich mal als »Female Shift« bezeichnet, betrifft dieser Megatrend Frauen, Männer und alle, die nicht in das klassische Mann-Frau-Schema passen gleichermaßen und ist nicht mit Feminismus gleichzusetzten. Die Auflösung von traditionellen Geschlechterrollen ringt uns private Veränderungen ab, aber auch die Wirtschaft steht unter Beobachtung und muss nicht nur mit Quoten reagieren, sondern auch Arbeitsbedingungen drastisch verändern.

Geschlechterdiskriminierung wird zum Unwort, aber gleichzeitig rückt sie immer stärker in den Fokus, weil Rechte lautstark eingefordert werden. Zum einen führt das zu viel Verunsicherung – viele Chefs kommen noch aus einer Generation mit klassischem Familienbild. Doch die jüngeren, Männer wie Frauen, rücken nach und leben meist eine andere Realität. Beide Partner sorgen für die finanzielle Sicherheit. Aber auch Elternzeit wird von Männern und Frauen eingereicht. Väter sind weit mehr als »Fremde«, die nur am Wochenende zu Hause sind und dann ihre Ruhe brauchen. Sie sind aktive Teilnehmer und Mitgestalter des Familienlebens.

Megatrend Konnektivität

Konnektivität zählt zu den Megatrends, die den größten Impact, die stärksten Auswirkungen auf unsere Gesellschaft haben. Wir leben in einem Netzwerk von Netzwerken – jeder ist mit jedem und allem verbunden, immer und überall, solange er nicht gerade im Funkloch steckt oder in der Deutschen Bahn sitzt. Scherz beiseite, inzwischen finden sich Lebenspartner und Geschäftspartner im Netz und wir können durch Social Media direkt am Leben von anderen teilhaben. Die steten Verbindungen schaffen aber nicht nur neue Gemeinschaften, sondern auch kollektive Intelligenz. Wir setzen auf Social Tribes und Communitys.

Unsere technologischen Herausforderungen werden bald bezwungen sein. Für unser Sozialverhalten bedeutet das jedoch eine Veränderung in Haltung und Denken. Denn das Zusammenspiel zwischen Mensch und Technik, der Umgang mit den neuen Möglichkeiten und Chancen wird sich in den 2020er-Jahren richtungsweisend entwickeln, sobald wir begreifen, was die technologische Revolution alles mit sich bringt. Wo können wir diese Technologien effizient einsetzen? Wo wollen wir das überhaupt? Dürfen wir uns selbst durch künstliche Intelligenz ersetzen? Haben wir diese Fragen beantwortet, ergeben sich Möglichkeiten zur Effizienzsteigerung und für Geschäftsmodelle, von denen wir heute noch gar nichts ahnen.

Wir leben in einem Netzwerk von Netzwerken.

ELEMENTARE SPIELREGEL FÜR DIE ZUKUNFT

Um von den zahlreichen Megatrends nicht umgehauen zu werden, müssen wir unsere mentalen Muskeln auf Flexibilität und Anpassungsfähigkeit trainieren. Begriffe wie Zielklarheit, Fokussierung und Entscheidungsstärke gewinnen an Bedeutung – beruflich wie privat. Frag dich also: Wer könnte ich sein, wenn ich nicht nur Risiken sehe, sondern Chancen nutze? Wenn ich, anstatt Angst vor Veränderung zu haben, mutig und mit Veränderungswillen vorangehe? Bist du noch ein Misserfolgsvermeider oder doch schon ein Erfolgssucher?

Arbeitswelt im Wandel – Wie wir in Zukunft arbeiten werden

> *Wenn du nicht daran arbeitest, deinen Traum*
> *zu realisieren, wird jemand anderes dich*
> *einstellen, damit du ihm dabei hilfst,*
> *seinen Traum wahr werden zu lassen.* [22]

DHIRUBHAI AMBANI, INDISCHER MILLIARDÄR (1932–2002)

Der Name Dhirubhai Ambani wird dir vielleicht nichts sagen. Ambani war ein sehr erfolgreicher indischer Industrieller. Zunächst ein einfacher Arbeiter, verdiente er später mit einem Textilimperium Milliarden. Vor seinem Tod 2002 galt er als Indiens reichster Mann. Ich möchte dir dieses Zitat an die Hand geben, weil es heute so aktuell ist wie früher und umso wichtiger in einer Zeit, in der auch in der Arbeitswelt kein Stein auf dem anderen bleibt. Stell dich darauf ein, dass in Zukunft nichts so sein wird, wie es einmal war. Unsere Arbeitswelt steht nicht nur vor einer Revolution, sondern vor einer essenziellen Transformation.

Selbstständig ist das neue Sicher

Es gab eine Zeit, in der Arbeitsplatzsicherheit klar definiert war: Festanstellung in einem »ordentlichen« Job. Eine Traumkarriere sah, zumindest in den Augen vieler Eltern, so aus: Du machst eine Ausbildung, du studierst was, machst einen »vernünftigen« Job und lässt dich dann bei den Großen wie Daimler und Co. anstellen. Dann hast du was Sicheres, was Solides. Selbstständig zu sein galt hingegen als unsicher. Denn da weißt du ja nicht, ob dich morgen noch jemand braucht, ob du Kunden findest, ob die dann überhaupt bezahlen und so weiter. Ein Angestelltenverhältnis wurde immer als die sichere Bank dargestellt, Selbstständigkeit als gewagt.

Hast du nicht auch schon den Satz »Junge/Mädchen, lern was Anständiges!« gehört? Oder, wenn du gegen die Ausbildung bei der Bank oder das BWL-Studium rebelliert hast: »So kannst du doch kein Geld verdienen!«? Klar hast du das, wenn wir davon ausgehen, dass Eltern immer das Beste für den Nachwuchs wollen und die Festanstellung in einer scheinbar soliden Branche als das Nonplusultra gilt. Lange Zeit hätte ich das auch unterschrieben. Heute sieht es jedoch anders aus.

> **Eines der größten Risiken für deine Zukunft ist der Glaube an die Sicherheit durch Festanstellung.**

Jetzt fragst du dich wahrscheinlich gerade: Warum das denn? Ich gebe zu, die These scheint zunächst provokant. Es geht mir nicht darum, dass du jetzt sofort kündigen sollst, und ich sage auch nicht, dass eine Festanstellung generell schlecht ist. Es geht mir um die Abhängigkeit und das damit verbundene Hängen an einem Faden. Denn wenn du festangestellt bist, hast du nur eine Einkommensquelle und bist dadurch finanziell abhängig. Das gilt übrigens auch, wenn du selbstständig bist und 80 Prozent deiner Einkünfte von einem einzigen Kunden stammen.

Mit der Festanstellung geht eine Art mentale Vollkaskoversicherung einher: Scheinbar sichern wir uns damit gegen jedes Risiko ab. Nach dem Motto: »Wenn's schief geht, wird Vater Staat schon für mich sorgen.« Als Kinder haben wir gelernt, dass wir diesen »Vater Staat« haben, und uns die kindliche Haltung »der Papa wird's schon richten« angewöhnt. Die Realität zeigt aber, selbst wenn er wollte, könnte der Staat nicht alles allein stemmen. Da wären wir dann schon wieder bei den Megatrends, die auch diesen »sorgsamen Vater« überrollt haben.

Bitte nimm daraus nicht mit: »Ich bin dem Staat eh egal, der hilft mir nicht.« Der Staat kann dir helfen! Du darfst ihm aber nicht die alleinige Verantwortung für deine Zukunft übertragen. Das Gleiche gilt für den Arbeitgeber. Denk dran, du sollst »selbst stehen« können. Willst du mental wachsen und erwachsen werden, musst du deshalb die Vollkaskomentalität ablegen.

Hör auf damit, zu glauben, du seist in einer Festanstellung sicher. Wenn du dir die Entwicklungen in der Arbeitswelt genauer ansiehst, erkennst du schnell, wie falsch das wäre: Die Megatrends Digitalisierung und Robotisierung fressen Stück für Stück Millionen von Jobs, die ein Computer oder Roboter besser und günstiger kann als ein Mensch. Richard David Precht hat auf dem »Future of Work in Industry«-Kongress in Hannover darauf hingewiesen, dass sogar IT-Jobs von dieser Entwicklung betroffen sind. Er geht zum Beispiel davon aus, dass Roboter sich künftig selbst programmieren werden.[23]

Generell wird es wahrscheinlich in ein bis zwei Jahrzehnten rund die Hälfte der Jobs von heute nicht mehr geben, sagt eine berühmte Oxford-Studie zur Zukunft unserer Jobs.[24] Klingt düster, nicht wahr? Aber wir können es trotzdem schaffen, weiterhin Erfolg und damit genug Geld für ein gutes Leben zu haben.

ÜBRIGENS: Die Roboterindustrie, gepaart mit KI, wird wohl einen riesigen Aufschwung erleben. Angeblich soll sie allein bis 2025 jedes Jahr um 9 Prozent wachsen.[25] Mindestens. Das hat unter anderem massive Auswirkung auf das produzierende Gewerbe – exponentielles statt lineares Wachstum. Denn Roboter werden nicht müde, brauchen keinen Urlaub und gehen nicht gemäß Gewerkschaftsvorgaben nach Hause. Außerdem beschweren sie sich nicht, wenn sie unangenehme und gefährliche Arbeiten ausführen sollen. Wer hat schon Lust, ständig Joghurtbecher zu reinigen oder Felder zu bestellen? Das kann ein Roboter übernehmen. Außerdem sind Arbeitsroboter auch in der Lage, Menschen zu pflegen. Sie können sogar Operationen durchführen.

Dank der Robotisierung müssen wir Menschen in Zukunft keine »schlechten« oder unmenschlichen Arbeiten mehr erledigen. Stattdessen brauchen wir Arbeit, die unsere menschlichen Qualitäten in den Mittelpunkt stellt. Wir sind nicht dafür geschaffen, irgendetwas von A nach B zu transportieren und dann zu versuchen, all das, was uns irgendwie erfüllt und für Erholung sorgen soll, in unsere Freizeit reinzuquetschen. Nicht umsonst hat der englisch-irische Schriftsteller Laurence Sterne schon im 18. Jahrhundert gesagt:

> *Nirgends strapaziert sich der Mensch*
> *so sehr wie bei der Jagd nach Erholung.*

Wie du vielleicht schon bemerkt hast, bin ich ein glühender Verfechter der Selbstständigkeit. Die Herausforderung, mit der wir dabei zu kämpfen haben: In der Schule haben wir nicht gelernt, wie das geht. Und das ist nur ein Haken unseres Bildungssystems. Ich möchte an dieser Stelle auf Alibaba-Gründer Jack Ma[26] verweisen, der selbst vor seiner Selbstständigkeit als Lehrer gearbeitet hat. Er sagt sinngemäß: Wenn wir die Art zu unterrichten nicht verändern, dann sind unsere Kinder in 30 Jahren in Schwierigkeiten. Wir bringen ihnen das Wissen aus den letzten 200 Jahren bei und damit konkurrieren sie mit Maschinen, die schlauer sind als sie. Wir müssen ihnen etwas Einzigartiges beibringen, das Maschinen niemals können werden, Fähigkeiten, die Roboter nicht haben.

Die Fähigkeit zur Selbstständigkeit

Hab also keine Angst mehr vor der Selbstständigkeit. Denn in der Zukunft zählt die Fähigkeit, selbstständig zu sein und die Freiheit auszuhalten, die damit einhergeht. Schau dir das Wort einmal genauer an. Der Volksmund sagt zwar »Selbstständige arbeiten selbst und ständig« und hat damit sicher oft recht. Aber darum geht es bei der Selbstständigkeit nicht in erster Linie. In ihr stecken die Wörter »selbst« und »Stand«. Als Selbstständiger kannst du also selbst stehen. In Bezug auf den Arbeitsmarkt und auch unsere finanzielle Situation bedeutet das: Lerne, dich nicht mehr abhängig von einem Arbeitgeber zu machen, der dir monatlich das Geld überweist, das du zum Leben brauchst.

Genauso wenig darfst du dich von einem Staat abhängig machen, indem du davon ausgehst, dass er dir deine Rente finanziert. Denn das wird schon rein aus finanzmathematischen Gründen in Zukunft nicht mehr der Fall sein – zumindest nicht so wie heute.

ÜBRIGENS: Die umlagefinanzierte Rente, wie wir sie heute haben, wurde 1881 eingeführt.[27] Damals funktionierte das System gut, weil Menschen im Schnitt circa 40 Jahre alt wurden.[28] Dass wir nach dem Eintritt in die Rente noch 20 oder mehr Jahre leben und finanziert werden müssen, war ursprünglich nicht vorgesehen. Seither ist unsere Lebenserwartung kontinuierlich gestiegen – so stark, dass wir auch mit der Erhöhung des Renteneintrittsalters nicht mehr hinterherkommen.

Im Jahr 1962 finanzierten noch sechs Erwerbstätige einen Rentner. Heute bezahlen zwei Arbeitende für die Bezüge eines Ruheständlers.[29] Ist doch klar, dass das nicht ewig gut gehen kann, oder? Offensichtlich müssen die staatlichen Renten immer weiter sinken. Die meisten von uns werden also im Alter vor einer klaffenden Rentenlücke stehen, wenn wir unsere mentale Einstellung nicht drastisch ändern und uns selbst darum kümmern, im Alter ausgesorgt zu haben.

Im Alter droht den meisten eine große Rentenlücke.

All das sind mathematische Gewissheiten, keine wilden Spekulationen. Das sind Fakten. Um das Problem aus der Welt zu schaffen, brauchten wir politische Lösungen wie zum Beispiel ein Grundeinkommen. Ich möchte aber nicht allzu politisch werden, hier geht es ja um dein Mindset und nicht um politische Entscheidungen. Es sieht doch so aus: Du weißt um die Situation. Die sogenannten »sicheren« Arbeitsverhältnisse und die sichere staatliche Altersvorsorge wird es nicht mehr geben. Und jetzt geht's an deine mentale Umprogrammierung. Mach dein eigenes Ding!

Schläfst du noch oder bist du schon Multijobber?

Eine Maßnahme, die heute bereits viele ergreifen, die begriffen haben, dass die staatliche Rente später nicht reichen wird, sind Zweit- oder Drittjobs. Gehst du nur einer Arbeit nach, wirst du schon bald die Ausnahme sein. Denn das geht gegen jeden Trend. In den USA ist es besonders in sehr teuren Metropolen wie New York oder Los Angeles schon lange gang und gäbe, mehrere Jobs zu haben. Aber auch in Deutschland erkennen wir bereits einen Trend zum Zweit- und Drittjob. Die Menschen versuchen, ihr Einkommen durch Nebenjobs aufzubessern – das Phänomen betrifft also vor allem Geringverdiener.

Das Problem dabei: Die Jobs dieser Menschen sind in der Regel einfache Angestelltenjobs – also stark gefährdet. Typischerweise fahren Multijobber Taxi, putzen Wohnungen oder Büros, sitzen an Supermarktkassen, tragen Zeitungen aus und Ähnliches. Diese Jobs sind nicht zukunftsträchtig. Dabei geht es nicht um eine Wertung. Es sind aber nun einmal genau diese Jobs, die zukünftig von verschiedenen Megatrends weg-rationalisiert werden – durch Digitalisierung, Robotisierung, Technologisierung und einige mehr. Weder als Haupt- noch als Nebenjob wird es diese in der Zukunft noch geben, zumindest nicht mehr in ihrer heutigen Form. Und ich meine nicht in ferner Zukunft, sondern in rund zehn Jahren.

> **Das Problem: Die Jobs gibt es bald nicht mehr.**

ÜBRIGENS: Die Verkaufsbranche ist ein anschauliches Beispiel dafür, wie sich ein ganzer Berufszweig dramatisch verändert. Was glaubst du, wird es in Zukunft mehr oder weniger Verkäufer geben? Ganz klar: deutlich weniger. Alles, was wir standardmäßig kaufen, wird über Onlinesysteme abgewickelt. Basisversicherungen wie zum Beispiel Hausrat oder Haftpflicht werden wir zukünftig nur noch online abschließen, der Point-of-Sale für technische Geräte wird sich noch weiter ins Netz verlagern. Selbst ein 08/15-Auto werden wir online shoppen. Das persönliche Verkaufsgespräch wird nur noch in anspruchsvollen Situationen stattfinden. Das heißt, bei speziellen Premiumkunden oder beim Verkauf von ausgewählten oder sehr individualisierten Produkten – also nur in seltenen Fällen. Deshalb wird es weniger Verkäufer geben, aber diejenigen, die verkaufen, müssen deutlich besser sein als heute. Wer da mit einer Verwaltermentalität rangeht, wird scheitern.

Das klingt jetzt vielleicht hart, aber das ist die Realität. Denn einen Zeitungsausträger brauchen wir wirklich nur so lange, wie es Zeitungen und Zeitschriften gibt, die frei Haus geliefert werden. Hast du schon mal an einer Selbstbedienungskasse bezahlt, an der du die Produkte selbst einscannen konntest? Das wird wohl schon bald Usus sein. In New York gibt es sogar bereits Supermärkte, in denen du nicht mal mehr die Kreditkarte zücken musst. Du bezahlst automatisch mit einer App, wenn du den Laden verlässt – ohne Kasse, ohne Schlange, ohne Personalaufwand. Am Flughafen werden nur noch sehr wenige Bordkarten von Menschen kontrolliert, meistens übernimmt das ein Scanner. Teilweise werden sogar Pässe gescannt. Und der Megatrend Mobilität bringt Carsharing und selbstfahrende Fahrzeuge mit sich und macht Taxifahrer dadurch obsolet. Inzwischen haben Roboter an vielen Stellen auch bereits das Putzpersonal ersetzt.

Aus Alt wird nicht einfach Neu

Und schon sind wir wieder bei der Versorgungslücke. Dass diese Jobs wegrationalisiert werden, heißt leider nicht, dass es keine Menschen mehr gibt, die auf diese Jobs angewiesen sind. Es bedeutet aber, dass diese Menschen diese Jobs bald nicht mehr finden werden.

Jetzt sagst du vielleicht: Anstelle der Jobs, die wegfallen, entstehen doch zahlreiche neue. Das stimmt. Und die kennen wir heute teilweise noch gar nicht. Diejenigen Menschen aber, die »alte« Berufe ausüben, passen nicht in die neuen. Ein Lkw-Fahrer transformiert nicht einfach zum Big-Data-Manager. Aus einem Supermarktverkäufer wird nicht im Handumdrehen ein Quantum-Machine-Learning-Analyst. Sogar ein hochspezialisierter Finanzberater, man könnte meinen, sein Job wäre sicher, konkurriert heute mit ausgeklügelten Algorithmen. Auch er mutiert nicht einfach zum Edge-Computing-Master.

Wir haben also zu viele Leute, die in Positionen arbeiten wollen, die auch Roboter besetzen können, und zu wenige Leute, die für die neuen Jobs ausgebildet sind. Das sieht man aktuell zum Beispiel im Onlinemarketing sehr deutlich. Der Bedarf an Profis für diesen Bereich ist unfassbar hoch. Ich spreche von Leuten, die es wirklich richtig draufhaben. Es gibt aber generell noch wenige Anbieter und noch viel weniger seriöse und gute.

Nicht jeder kann die neuen Jobs machen.

ÜBRIGENS: Der Vorstandsvorsitzende von VW, Herbert Diess, sagte im Juni 2019 in einem Interview bei Markus Lanz[30] sinngemäß, dass zwar von den 650.000 weltweiten Arbeitsplätzen wahrscheinlich keiner verlorengehe, weil es Chancen für weiteres Wachstum gebe, zum Beispiel im Dienstleistungssegment. Allerdings bedeute Elektromobilität den Verlust von Arbeitsplätzen in Deutschland. In der Fertigung würden rund 20 Prozent wegfallen. Ein Teil ließe sich jedoch über den demografischen Wandel abbauen.

Findest du, ich gehe hier ganz schön hart mit der Arbeitswelt von heute ins Gericht? Glaub mir, das tue ich nicht. Es gibt einfach immer mehr klare Indizien dafür, dass die Fähigkeit zur Selbstständigkeit in der Zukunft für dich sehr wichtig wird. Denn viele Konzerne über Branchengrenzen hinweg werden massiv Stellen abbauen. Diese Arbeitsplatzkürzungen führen zu eruptionsartigen Veränderungen am Arbeitsmarkt. Und die Menschen, die ihre Jobs verlieren, können sich finanziell nicht mehr wie bisher durch Nebenjobs auffangen.

> Der Arbeitsmarkt verändert sich radikal. Dadurch werden die Menschen verstehen, dass sie sich mental verändern müssen – sie haben keine andere Option. Es geht nur noch ums Timing.

Während die festen Arbeitsplätze immer weniger werden, ist heute schon sicher, dass die Anzahl der Gründer und Selbstständigen dramatisch steigen wird. Das Wichtigste ist aber, dass Menschen anfangen, selbstständig zu denken, ihre Selbstständigkeit in allen Bereichen ausbauen und ihr bisheriges Sicherheitsdenken loslassen. Je früher du dich also auf eigene

Beine stellst und eigene Einkommensströme generierst, desto besser. Das heißt, du musst dich, um nicht nur zu überleben, sondern auch gut über die Runden zu kommen, hauptberuflich oder zumindest nebenberuflich selbstständig machen.

Die Zukunft gehört den Experten

Grundsätzlich geht es darum, deine Eigen- und Selbstständigkeit zu finden. Beruflich sollte dir das besonders schnell gelingen Denn hier geht's ums Geld, also ums nackte Überleben, die Verantwortung für dich selbst, deine Familie und die Gesellschaft. Dabei kannst du dich an folgender Grundregel orientieren:

Biete den Menschen als Selbstständiger etwas, was sie nicht googeln können.

Denn was nützt es uns anderen, wenn du uns Antworten gibst, die wir mit einfachen Mitteln oder einer kurzen Recherche selbst finden können? Du musst in deiner Selbstständigkeit einen Mehrwert finden, den du anderen liefern kannst. Hier bietet die Digitalisierung ungeahnte Möglichkeiten und erleichtert die Durchführung immens. Du siehst, es steckt eine Chance in vielem, was wir fürchten.

Ein Beispiel: Während der Ausgangs- und Kontaktbeschränkungen, mit denen wir während der Coronakrise zu kämpfen hatten, mussten Unternehmen – egal welcher Größe – reagieren. Unter anderem war Heimarbeit, die sich viele vorher selbst nicht zugetraut hatten oder die Unternehmen aus vielerlei Gründen bisher nicht einrichten wollten, plötzlich in vielen Fällen die einzige Möglichkeit, um überhaupt arbeiten zu können. Das hat langfristige Konsequenzen. Und zwar nicht nur schlechte. Im Gegenteil. Wir haben gemeinsam den Beweis angetreten, dass ein anderes Arbeiten möglich ist, auch wenn wir es uns so nie hätten vorstellen können. Wir alle haben deutlich erkannt, wie schnell und flexibel wir umdenken können, wenn wir müssen. Die Fragen, die du dir stellen musst, lauten: Welche Chance bietet mir dieses Wissen? Und was fange ich jetzt damit an?

Überleg dir zum Beispiel, worin du Experte bist. Denn die Zeit der Generalisten, die alles ein bisschen können, ist definitiv vorbei. Das Wissen und die Fähigkeiten von Generalisten finden wir überall, sie können leicht von anderen Menschen oder sogar von Maschinen ersetzt werden. Deshalb gehört die Zukunft ganz klar den Experten, die etwas besonders gut können, was die meisten anderen nicht können. Damit sind sie nicht so schnell ersetzbar.

In vielem, was wir fürchten, steckt eine Chance.

Wie müssen wir unser Denken umprogrammieren?

Du siehst also, wir stehen alle in der Verantwortung zum Umdenken – und sind damit wieder mittendrin in der mentalen Revolution. Dir ist inzwischen klar, dass wir echte Sicherheit dadurch erreichen, dass wir uns selbstständig machen und uns selbst verschiedene Einkommensquellen generieren. Kurzum, wir müssen unser eigenes Ding machen. Noch nie gab es dazu so viele Gelegenheiten wie heute, noch nie war es so einfach wie jetzt.

Dieter Bohlen zum Beispiel hat sich kurzerhand seinen eigenen kleinen TV-Sender »gebaut«. Jetzt sagst du vielleicht: »Klar, der hat ja auch genug Kohle für so etwas, aber wie soll ich das denn machen?« Ganz einfach – mit Instagram. Das ist sogar kostenlos. In einem Interview im Podcast der Online Marketing Rockstars[31] sagte Dieter Bohlen dazu sinngemäß, er habe irgendwann aufgehört, sich auf »die Medien« zu konzentrieren, um seine Meinung nach außen zu transportieren. Denn auf das, was von anderen verbreitet wird, habe er nur wenig Einfluss. Selbst wenn er beweisen könnte, dass etwas verfälscht wiedergegeben wurde, wären die falschen News in der Welt.

Also verbreitet er seine Meinungen und seine Haltung über einen eigenen, kostenlosen Instagram-Account. Dort folgen ihm aktuell 1,5 Millionen Leute. Damit hat er mehr Reichweite als mancher Fernsehsender und kann jeden Tag sagen, wie er die Dinge sieht. Er ist nun unabhängig von Medien und deren Berichterstattung. Das entspricht einem allgemeinen Trend: Menschen wollen sich unabhängiger machen – nicht nur von Medien. Die Konsequenz: eine Revolution des Arbeitsmarktes.

Denk kurz zurück an die Parabel der Orangen aus dem Kapitel »Welt im Wandel«. Was konntest du aus der Geschichte mitnehmen? Die Bedeutung von Eigenverantwortung, von echtem Interesse und der Bereitschaft, auch mal über den Tellerrand zu schauen. Genau das sind Schlüsselkompetenzen für den Arbeitsmarkt der Zukunft! Wir kleben dann nicht mehr an einem Posten oder einem Schreibtisch, sondern wollen gemeinsam ein Ziel erreichen, von dem wir auch gemeinsam profitieren. Denn Eigenverantwortung heißt nicht, kein gemeinsames Ziel zu haben, sondern dass jeder in seinem Bereich die Verantwortung für das Ziel selbst trägt. Merkst du, wie anders sich das anfühlt?

Die mentale Revolution im Arbeitsmarkt wird auch eine Entwicklung von der Gewinnmaximierung hin zur Wertschöpfung beinhalten. Bisher haben wir immer versucht, maximale Rendite aus den Märkten, den Menschen, den Böden, der ganzen Welt herauszuholen. Das ist die Perspektive einer alten Wirtschaftskultur. Heute und morgen brauchen wir genau das Gegenteil. Wir benötigen eine Wertschöpfungsorientierung, also eine Wirtschaft, die möglichst viele Werte erschafft. Wir müssen stets mehr hineingeben als wir rausziehen.

Der Wirtschaftsteilnehmer der Zukunft kümmert sich um sozialen und ökologischen Nutzen, um in einer Postwachstumsgesellschaft bestehen zu können. Dafür nutzt er das Potenzial der Gemeinschaft und legt den Fokus auf Freiheit und Entfaltung einer Produktivität, die nicht nur wenigen, sondern allen zugutekommt. Soziale Gerechtigkeit und nachhaltige Produktion und Konsum müssen Hand in Hand gehen.

ÜBRIGENS: Ein leider sehr tragisches Beispiel dafür, dass Systeme, die auf Gewinnmaximierung Einzelner ausgerichtet sind, nicht mehr funktionieren, ist das weltweite Gesundheitssystem. Zu Zeiten der Covid-19-Pandemie wurde in einigen Ländern deutlich, was zum Beispiel ein Sparkurs in Krankenhäusern für die Bevölkerung in einer Notsituation bedeuten kann. Oder blicken wir in die USA, die ein unfassbar teures, hauptsächlich privates Gesundheitssystem haben. Viele Menschen haben dort noch nicht einmal eine Krankenversicherung. Klar, dass sich diese Menschen nicht so schnell auf ein Virus testen lassen, wenn sie im Falle einer Infektion die Kosten nicht stemmen könnten.

Ich möchte hier keine politischen Statements abgeben. Am Beispiel der Gesundheitssysteme lässt sich jedoch besonders deutlich zeigen, dass die unbedingte Gewinnmaximierung kein Modell ist, das für die Zukunft unserer Gesellschaft funktionieren wird.

Wir brauchen ein Solidarsystem, in dem weniger allgemeines Wissen und mehr Spezialisten eine Rolle spielen.

Um das zu erreichen, müssen wir mehr uns stärker spezialisieren und unsere Talente und Fähigkeiten viel besser ausarbeiten. Wir dürfen nicht mehr 08/15-Studiengänge, -Ausbildungen und -Berufe anbieten und absolvieren. Auch das gehört zur mentalen Revolution. Wir müssen uns selbst fragen, wer wir sind, was uns einzigartig macht und in welchem Bereich wir eine eigene, außergewöhnliche Kompetenz und Expertise erwerben wollen.

Schule praxisnah

Das schaffen wir aber langfristig nur, wenn wir kommende Generationen dafür ausbilden. Wenn wir, wie bisher, Kindern in der Schule nur beibringen, wie sie Bewerbungen schreiben, bleiben wir ein Land der Bewerber. Stattdessen zeigen wir ihnen besser, wie sie ein Unternehmen gründen oder einen Businessplan schreiben. Denn dann werden wir zum Land der Selbstständigen und Unternehmer. Als Bewerber werden wir die Herausforderungen der Zukunft nicht meistern – auch im Hinblick auf Europa. Denn um weltweit bestehen zu können, darf Europa kein Bewerberkontinent bleiben, sondern muss ein Unternehmerkontinent werden.

Zeigen wir Kindern, wie sie Unternehmen gründen.

Andere Kulturkreise waren da bereits schneller. Die USA haben beispielsweise einen unfassbar starken Mittelstand. Woran liegt das? US-amerikanische Schüler lernen bereits früh, wie sie Businesspläne schreiben und wie sie am besten vor Menschen sprechen. Fähigkeiten, die ein erfolgreicher Unternehmer braucht. Das Unternehmer-Mindset der US-Amerikaner ist stark ausgeprägt. Wir Europäer verfügen zwar über ein hohes Maß an Bildung, können beim Mindset aber nicht mithalten.

An Ideenreichtum mangelt es uns nicht. Wusstest du, dass Deutschland zu den Ländern gehört, in denen die meisten Patente angemeldet werden – zum Beispiel in der E-Mobilität?[32] Umgesetzt werden diese Patente dann aber woanders. Kaum einer wird bezweifeln, dass wir in der E-Mobilität noch stark hinterherhinken. Das darf uns nicht in allen Branchen so gehen! Dazu ein passendes Zitat aus einem Tweet von Unionspolitiker Friedrich Merz, der das Format »G7-Treffen« gerne überholen möchte: »Grundsätzlich steuern wir [...] auf die Frage G2 oder G3 zu: USA und China, mit oder ohne Europa.« Um weiterhin weltweit wettbewerbsfähig zu bleiben, müssen wir also dafür sorgen, dass es G3 wird und wir als Europäer unseren eigenen Platz zwischen den Kräften finden, ohne uns von dem einen oder anderen erpressen zu lassen.

KURZ GESAGT:

1. Ein selbstständiges Mindset ist das neue »Sicher«. Nur wer eigenständig arbeitet und auch selbst Verantwortung für sein Handeln und seine Entscheidungen übernimmt, bleibt langfristig wettbewerbsfähig – egal ob selbstständig arbeitend oder im Angestelltenverhältnis.

2. Zahlreiche Jobs, die heute noch alltäglich sind, wird es morgen nicht mehr geben, weil sie von »Robotern« erledigt werden. Dafür wird es andere Jobs geben, deren Namen wir heute zum Teil noch nicht mal kennen.

3. Wir müssen uns weg vom Generalisten und hin zum Spezialisten entwickeln. Das gilt sowohl für die Ausbildung als auch für die Ausführung im Job.

4. Wir brauchen schon in der Schule eine Unternehmerausbildung statt einer Bewerberlehre, damit unsere Kinder zu Selbstständigen und Unternehmern erzogen werden. So lange das Schulsystem das nicht hergibt, müssen sich die Menschen diese Ausbildung selbst aneignen.

Misserfolgsvermeider oder Erfolgssucher?

Als **Misserfolgsvermeider** ruhst du dich auf deiner bisherigen Lebens- und Berufserfahrung aus. Du neigst dazu, dich nicht aus deiner Komfortzone zu bewegen. Sollen doch die anderen über den Wandel nachdenken. Fürs Mitdenken wirst du schließlich nicht bezahlt. Entwicklungen am Arbeitsmarkt beobachtest du zwar mit Sorge, dich selbst weiterzuentwickeln oder weiterzubilden ist aber nicht so dein Ding. Du bleibst lieber im »sicheren« Hafen des Angestelltenverhältnisses. Da weißt du, was du (noch) hast und wann du abends nach Hause kommst. Als Misserfolgsvermeider hast du Erwartungen. Unter Umständen wartest du dein Leben lang darauf, dass dein Arbeitgeber oder der Staat etwas unternimmt und dir neue Wege baut.

Als **Erfolgssucher** traust du dich, mehr Verantwortung für deine Arbeit und dein Leben zu übernehmen. Du klebst nicht an einem Posten oder einem Schreibtisch, sondern weißt, dass das Ende der Wachstumsgesellschaft erreicht ist und du danach nur erfolgreich sein kannst, wenn du selbstständig denkst, handelst und arbeitest. Du baust dir deine eigenen Wege und weißt, wie wichtig Wissen und Expertise sind, die man nicht eben mal so »googeln« kann. Daher spezialisierst du dich und machst dich durch echtes Fachwissen und stetige Weiterbildung unentbehrlich.

Die Revolution des Erfolgs – Auflösung einer Illusion

> *Entweder ich finde einen Weg oder ich mache einen.*

HANNIBAL, KARTHAGISCHER STRATEGE UND FELDHERR

(CA. 247–183 V. CHR.)

Experten diskutieren heute noch darüber, ob der zu den berühmtesten Feldherren der Antike gezählte Hannibal Barkas diesen Satz, im Original »Aut inveniam viam aut faciam«, tatsächlich gesagt hat. Für das, was ich dir in diesem Kapitel zeigen möchte, spielt das aber gar keine Rolle. Gehen wir also einfach mal davon aus, es wäre ein Zitat von ihm. Denn viel wichtiger als seine Worte ist sein Handeln, das genau die Haltung des Satzes widerspiegelt. Mit diesem Mindset hat er die Macht des Römischen Reiches im Zweiten Punischen Krieg ins Wanken gebracht. Hatte man ihm das zugetraut? Viele erklärten ihn sicher für verrückt, als er, wie es in Überlieferungen heißt, mit rund 50.000 Soldaten, 9.000 Reitern und 37 Kriegselefanten die Alpen überquerte. Doch so legte er den Grundstein für zahlreiche Niederlagen der Römer. Auch wenn Karthago den Krieg letztendlich verlor – Hannibal wurde nach Hause zitiert –, musste er nicht seinen Kopf für die Niederlage hinhalten, sondern schuf in Karthago noch die Basis für Reformen, die dem durch Reparationszahlungen an Rom wirtschaftlich geschwächten Staat rasch wieder zu ökonomischen Aufstieg verhalfen.[33]

Bist du ein Ja-, Nein- oder Vielleicht-Mensch?

Was Hannibal auszeichnete, war ein echtes Erfolgsmindset, von dem sich viele heutzutage eine Scheibe abschneiden können. Er war ein ausgeprägter Ja-Mensch, der Herausforderungen nicht abgelehnt, sondern darin Lösungen gesucht und diese umgesetzt hat. Warum ist das wichtig? Weil du, um erfolgreich zu sein, wissen musst, welchem Menschentyp du entsprichst. Ich frage dich also: Bist du ein Ja-, Nein- oder Vielleicht-Mensch? Schau dir dafür die drei Typen einmal genauer an.

> Hannibal war ein ausgeprägter Ja-Mensch.

1. Der Ja-Mensch

Diese Menschen gehen grundsätzlich mit einem »Ja« durchs Leben. Sie nehmen Situationen an, unabhängig davon, ob diese Chancen oder Probleme darstellen. Ihre Einstellung: »Alles kommt zur rechten Zeit.« So finden sie in allem immer auch etwas Gutes.

Die Fähigkeiten der Ja-Menschen:
- Sie suchen Chancen und nutzen sie auch.
- Sie nehmen alles, wie es kommt, und arbeiten damit – ob unangenehm oder angenehm. In allem finden sie etwas Gutes.
- Sie lernen viele Menschen kennen, sind gute Netzwerker und bewegen viel.

Die Risiken der Ja-Menschen:
- Sie sagen zu oft Ja und sind deshalb ständig damit beschäftigt, viele Bälle gleichzeitig in der Luft zu halten.
- Sie machen zu große Versprechungen, die sie am Ende oft nicht halten können.
- Da sie stets »Ja, das erledige ich für dich« oder »Ja, das schaffe ich« sagen – selbst wenn es eigentlich fast unmöglich ist –, sind sie schnell überfordert und Burn-out-gefährdet.

Das Grundmotiv der Ja-Menschen ist Anerkennung. Sie funktionieren über Leidenschaft, steuern aber dadurch auch schnell in die Überforderung. Ein Ja-Mensch glaubt, dass er allen angenommenen Verpflichtungen nachkommen kann. Das klappt aber in den seltensten Fällen und führt deshalb in den »Under-Delivery-Modus«: Der Ja-Mensch liefert weniger, als er selbst oder die anderen von ihm erwarten. Um das zu vermeiden, müssen Ja-Menschen auch das Neinsagen und das Abwägen lernen, sich Bedenkzeit erbeten und sich klar machen: Ein Nein zu einer Sache ist ein Ja zu einer anderen, und ein Nein zu einer anderen Sache ist oft ein Ja zu mir selbst.

An Festtagen wie Weihnachten oder Ostern kannst du Ja-Menschen besonders gut erkennen: Sie sind diejenigen, die trotz des größten Stresses immer wieder die Pflichten des Gastgebers oder Organisators für die ganze Familie übernehmen – weil sie denken, das müsste so sein. Eine klassische Anerkennungsfalle. Wir wollen nicht herzlos wirken, weil wir harmoniebedürftig sind und Konflikte scheuen oder weil wir nicht als faul oder überfordert gelten wollen. Hinzu kommt, dass wir uns, wenn wir alles in die Hand nehmen, unersetzbar fühlen. Der Haken: Gehörst du zu diesem Typ Mensch, bekommst du an Festtagen nie die Ruhe, die du eigentlich brauchtest, wenn du wenig Zeit, wenig Lust und vor allem wenig Energie hast. Das Ergebnis: Du bist gestresst, die Familie ist genervt und die Anerkennung, die du eigentlich haben möchtest, bleibt dir verwehrt. Stattdessen erntest du Unmut und Streit.

Ja-Menschen tappen in die Anerkennungsfalle.

Die Lösung: Lerne, Nein zu sagen, und gewöhne dein Umfeld Stück für Stück an dieses Nein. Dann werden die Grenzen, die du einmal gesteckt hast, akzeptiert und zukünftig kannst du sie auch noch ausweiten. Das funktioniert natürlich nicht nur an Feiertagen. Wer es schafft, der möglicherweise beleidigten Familie abzusagen, der kann auch im Job und im Alltag klarer und selbstbewusster Grenzen ziehen, wo immer sie nötig sind. Das ist gut für deinen Energiehaushalt – und für die Stimmung auf der nächsten Familienfeier, auf die du wieder Lust hast.

2. Der Vielleicht-Mensch

Wie das Wörtchen »vielleicht« bereits suggeriert, ist der Vielleicht-Mensch ein Typ, der sich nicht wirklich entscheiden kann. Er hält sich sehr gern alle Türchen offen und tut sich schwer damit, einen Weg einzuschlagen und diesen dann auch durchzuhalten.

Seine Grundmotivation ist Angst vor Ablehnung und davor, etwas falsch zu machen. Verlustängste spielen dabei eine große Rolle. In der Regel fühlen sich diese Menschen auf der Denkebene der Bewahrung wohl. Ihr Schlüsselsatz: »Alles hat seine Vor- und Nachteile.«

Die Fähigkeiten der Vielleicht-Menschen:

- Sie sehen immer beide Seiten einer Medaille und wollen von allem das Beste mitnehmen.
- Sie sind diplomatisch und kooperativ.
- Sie sind einfühlsam und überzeugungsstark.

Die Risiken der Vielleicht-Menschen:

- Sie werden in nichts von dem, was sie tun, außergewöhnlich gut, weil einfach immer zu viel parallel läuft.
- Sie sind innerlich oft stark zerrissen und nicht bereit, einen Preis für möglichen Erfolg zu bezahlen.
- Sie verzetteln sich schnell, weil ihnen der Fokus fehlt.

Vielleicht-Menschen findet man unter Selbstständigen eher selten bis gar nicht. Sie sind die klassischen Angestellten mit einem 40/45-Stunden-Job. Falls sie sich doch selbstständig machen, dann höchstwahrscheinlich nur nebenberuflich, weil sie sich nicht klar zu den Risiken der Selbstständigkeit bekennen können. Damit machen sie sich aber mehr Stress als nötig und kommen nie richtig voran.

> Vielleicht-Menschen gehen keine Risiken ein.

3. Der Nein-Mensch

Wenn du einem Menschen begegnest, der Distanz sucht und sehr klar zu seinen meist negativen Aussagen steht, hast du es höchstwahrscheinlich mit einem Nein-Menschen zu tun. Dieser Typus folgt einer klaren Regel: »Wenn ich nichts wage, gehe ich auch kein Risiko ein.« Im Umkehrschluss bedeutet das aber, dass diese Menschen so von Angst getrieben sind, dass sie zwar viel Negatives, aber auch viel Positives aus ihrem Leben ausschließen. Sie schauen nicht über den eigenen Tellerrand.

Die Fähigkeiten der Nein-Menschen:

- Vordergründig haben sie mit weniger Problemen zu kämpfen, weil sie Probleme entweder durch ihr Neinsagen vermeiden oder sich nicht weiter mit ihnen beschäftigen.
- Sie sind sehr klar in ihren Ansichten und Aussagen.

Die Risiken der Nein-Menschen:

- Sie haben nur wenig Bindung zu anderen.
- Sie verpassen viele Chancen, die sich ihnen bieten.
- Echte Weiterentwicklung findet nicht statt.

Das Leben von Nein-Menschen ist häufig eintönig und erfährt kaum Entwicklung. Aufgrund fehlender Herausforderungen lernen sie nichts Neues. Sie laufen Gefahr, ein isoliertes, verbittertes und frustriertes Leben zu führen.

> **ÜBRIGENS:** Nein-Menschen sind das Paradebeispiel für Misserfolgsvermeider. Ihr Glas ist immer halb leer, weil sie sich erst gar keine Option zum Weiterkommen einräumen. Die Welt des Misserfolgsvermeiders steckt voller Gefahren und er ist nicht gewillt oder gar in der Lage, Risiken einzugehen. Deswegen fegt er auch gern die Ideen anderer einfach so vom Tisch.

Alle für einen!

Grundsätzlich vereinst du immer alle drei Typen in dir. Den Nein-Menschen kennen wir als inneren Kritiker, der Grenzen setzt, der Vielleicht-Anteil in dir sorgt dafür, dass du Dinge sorgfältig abwägst, und der Ja-Mensch ist der Visionär in dir. Wir brauchen alle drei Anteile. Doch einer dominiert immer gegenüber den anderen. Welcher das ist, daran kannst du arbeiten.

Du vereinst alle drei Typen in dir.

Um maximal erfolgreich zu sein, solltest du rund 60 Prozent Ja-, 20 Prozent Vielleicht- und 20 Prozent Nein-Mensch sein.

Für den maximalen Erfolg, also für dein Weiterkommen, benötigst du Visionen, die Fähigkeit abzuwägen und echte Entscheidungsstärke. Denn Gelegenheiten bieten sich jedem von uns immer wieder. Wir müssen unsere Chancen dann aber auch nutzen.

Ausrede oder Glücksache?

Wer Chancen nutzt und eine echte Erfolgsstory hinlegt, über den sagen die anderen gern: »Na, da war aber auch eine gehörige Portion Glück dabei.« Glück hat jeder von uns hin und wieder, und das gehört auch dazu, wenn wir erfolgreich sein wollen. Viele benutzen aber das Glück der anderen als Ausrede dafür, dass sie die Gelegenheiten, die sich ihnen bieten, nicht erkennen und nutzen.

Ohne Glück schafft es keiner von uns,
- ein erfolgreiches Unternehmen aufzubauen,
- im Sport einen großen Titel zu gewinnen,
- eine wunderbare Partnerschaft mit seinem Traumpartner zu führen,
- finanziell erfolgreich zu sein.

Es gibt viele Faktoren, die dabei eine Rolle spielen – einige davon liegen nicht in unserem Einflussbereich. Was wir aber beeinflussen können, ist, unser Glück zu erkennen und zu nutzen.

Doch schon das Wahrnehmen dieser Gelegenheiten fällt vielen schwer. Wir sind oft zu problemorientiert und fokussieren uns hauptsächlich auf Negatives. Dabei verpassen wir dann oft die guten Gelegenheiten. Denn der Volksmund hat schon recht, wenn er sagt:

> *Das Geld liegt auf der Straße.*

Viele Gelegenheiten, Geld zu machen, kommen von selbst auf uns zu, ohne dass wir viel dafür tun müssen. Dasselbe gilt aber auch für viele weitere Chancen, bei denen wir nur zugreifen müssten, wenn wir sie denn erkennen würden. Wir leiden aber an »Unaufmerksamkeitsblindheit«[34], wie die Psychologie das nennt. Wir sehen nur das, wofür wir aufmerksam sind. Für alles andere sind wir blind und nicht aufnahmefähig. Unsere Haltung zum Leben spiegelt sich in dem wider, was wir wahrnehmen. Dadurch bestätigst du dir dein Weltbild immer wieder selbst. Wenn du denkst, du hast nie Glück oder wirst vom Pech verfolgt, finden sich immer wieder Gelegenheiten, die das untermauern. Wenn du dich also nicht auf deine Chancen konzentrierst, kannst du sie auch nicht sehen, und wenn du sie nicht siehst, kannst du sie nicht nutzen. Klingt logisch, oder?

Um Gelegenheiten zu sehen, musst du also zunächst an der Ausrichtung deines Fokus arbeiten. Mindestens genauso wichtig ist es dann aber auch, zuzugreifen, wenn das Leben dir das Glück vor die Füße wirft. Doch selbst daran scheitern noch einige. Egal wie perfekt der Pass ankommt, sie schießen den Ball einfach nicht über die Linie.

Der deutsche Schriftsteller und Kabarettist Fred Endrikat hat dazu passend formuliert:

> *Glück ist, wenn Gelegenheit auf Bereitschaft trifft.*

Denn nicht die Gelegenheit, sondern die Bereitschaft, sie zu nutzen, ist entscheidend für Erfolg. Bist du bereit dafür?

Die drei Ebenen des Erfolgs

Was wir alle gemeinsam haben, ist die Suche nach Erfolg, völlig unabhängig davon, auf welcher gesellschaftlichen oder beruflichen Stufe wir zurzeit stehen. Doch so unterschiedlich wir vom Typ her sind, so verschieden definieren wir auch Erfolg. Was du für dich als Errungenschaft ansiehst, mag für deinen Nachbarn gar nichts wert sein. Keine Sorge, das ist völlig normal. Schließlich setzen wir uns ja auch nicht alle die gleichen Ziele. Stell dir mal vor, wie langweilig das wäre. Ich habe übrigens auch meine ganz eigene Definition von Erfolg:

Erfolg ist, wenn du dein persönliches Ziel verfolgst. Nicht, wenn du es erreichst.

Das Spannende ist der Weg zum Erfolg.

Im Grunde ist der Weg zum Erfolg ja das, was wirklich spannend ist, und es sind die kleinen Zwischenerfolge, die dich glücklich machen. Es geht also um persönliche Entwicklung und Wachstum und nicht vorrangig darum, am Ziel anzukommen. In den letzten Jahren habe ich herausgefunden, dass es drei verschiedene Erfolgsebenen gibt. Diese gilt es zu verstehen, um das im Leben verwirklichen zu können, was du wirklich willst.

1. Die Ergebnisebene

Wie beim Sport gibt es auch im Leben verschiedene Spielstandsanzeigen für deinen Erfolg. Zum einen deinen Kontostand: Er zeigt an, wie gut du die Spielregeln des Lebens und des finanziellen Erfolgs verstanden hast. Weitere Spielstandsanzeiger sind

- die Qualität deiner sozialen Beziehungen,
- dein Körpergewicht,
- deine gesundheitlichen Werte,
- dein Wohlbefinden,
- deine Fitness,
- dein Selbstvertrauen.

Menschen identifizieren sich sehr häufig nur mit den Ergebnissen. Das jeweilige Ergebnis ist der Ausdruck ihres Erfolgs. Ich finde aber, das ist zu kurz gedacht. Stell dir vor, du möchtest einen Kuchen nach einem Rezept aus vielen verschiedenen Zutaten backen. Ist der Kuchen erst fertig, ist dieses Ergebnis nur ein Teil des Erfolgs. Nur, weil er fertig geworden ist, heißt das noch lange nicht, dass dir das Backen auch Spaß gemacht hat!

An diesem Beispiel siehst du sehr schön, dass dir die Ergebnisebene zwar wichtig sein sollte, dass sie aber nur eine Komponente von Erfolg darstellen kann. Am besten überlegst du dir im Vorfeld ganz genau, an welchem Ergebnis du deinen Erfolg messen möchtest. Beim Kuchenbacken zählt auf jeden Fall die Freude am Backen dazu. Natürlich geht es auch um den Geschmack und zum Teil sicher auch um das Aussehen. Das Auge isst schließlich mit. Für jemanden, der sehr gesundheitsbewusst lebt, spielt die richtige Auswahl der Zutaten ebenfalls eine große Rolle. Hast du einfach nur großen Hunger, dann ist die Menge ein zentrales Kriterium. Das ist klar, oder?

Woran möchtest du deinen Erfolg messen?

Reden wir wieder von finanziellem Erfolg: Den definierst du am besten im Vorfeld über konkrete Zahlen. Wenn du dich auf Zahlen festlegst, machen diese deinen Erfolg tatsächlich messbar.

2. Die Gefühlsebene

Auch wenn Zahlen und Fakten sicher ein guter Gradmesser sind, es gibt auch unsichtbare Erfolge – oft emotionale. Das richtige Gefühl im Leben zu haben, trägt wesentlich zu unserem Erfolg bei. Ein Beispiel: Viele Menschen beherrschen das, was sie tun, objektiv sehr gut. Ihre Umsätze steigen konstant, sie verfügen über genug Geld, sie nehmen überflüssige Pfunde ab, sind im Sport erfolgreich oder sie führen seit zehn oder 15 Jahren eine harmonische Ehe. Das lässt vermuten, dass, wenn die Zahlen stimmen, auch das Ergebnis stimmt. Dem ist aber nicht so, für echten und dauerhaften Erfolg reicht das nicht unbedingt aus. Denn Zahlen sagen nichts darüber aus, ob auch das Gefühl passt.

Erfolg kann sehr unglücklich machen.

Wenn zum Erfolg nicht das passende Gefühl hinzukommt, entsteht großes Unglück. Ich habe schon oft in Unternehmen, aber auch im Sport erlebt, dass Menschen, wenn sie große Ziele erreicht haben, beim Überqueren der Ziellinie nicht mehr euphorisch waren, sondern nur noch erleichtert. Das nennt man Erfüllungsmelancholie. Wenn aber Erleichterung das einzige Gefühl ist, das du erlebst, wenn du ein Ziel erreichst, ist das fatal. Dann bist du nur froh, dass es vorbei ist. Im Endeffekt führt das dazu, dass Menschen nicht im Prozess bleiben, sondern sagen: »So was tu ich mir nicht mehr an.« Dann hören sie auf, sich weiterzuentwickeln. Sie haben zu viel Schmerz erlebt.

Am Ziel nur erleichtert? Das ist fatal!

Wenn das Erlebnis nicht passt, stimmt auch das Ergebnis auf Dauer nicht.

Das »Wie« wird auf der Gefühlsebene geprägt. Der Erfolg, den Zahlen definieren, kann zwar vorhanden sein, er wird aber vermutlich nicht andauern, wenn die Gefühle nicht dazu passen. Im Gegenteil. Dein Zusammenbruch ist dann vorprogrammiert. Ich gehe sogar so weit und behaupte: Wenn dein Gefühl auf dem Weg zum Ergebnis nicht stimmt, macht dich das Ergebnis nicht glücklich.

Die einfache Erklärung: Jedes Ergebnis hat einen Preis. In irgendeiner Form musst du dich anstrengen. Wenn diese Anstrengung sehr hoch ist und sie dir keine Freude bereitet, wendest du ein hohes Maß an Energie auf, ohne etwas dafür zurückzubekommen. Du bezahlst den falschen oder einen viel zu hohen Preis für das Ergebnis.

Stell dir vor, du arbeitest jedes Wochenende durch, um monatlich auf einen bestimmten Umsatz zu kommen. Dein einziges Ziel, auf das du dich fokussierst, ist diese Summe. Das kostet dich aber mehr als den reinen

Stundenaufwand. Woche für Woche wirst du unglücklicher, weil du keine Zeit mehr mit deiner Familie verbringen kannst. Die sind traurig, weil der Partner, der Vater oder die Mutter immer nur arbeitet. Am Ende hast du wahrscheinlich aufgrund des hohen Energieeinsatzes dein finanzielles Ziel erreicht. Wenn du ganz viel Pech hast, bezahlst du dafür aber mit dem Verlust deiner Familie.

Erfolg ohne Erfüllung ist Misserfolg.

Wir Menschen suchen nicht nach einem Erfolgswert, sondern nach einem Erfolgsgefühl. Wenn dieses Gefühl nicht stimmt und wir die Gefühlsebene vernachlässigen, ist das Erfolgsergebnis sogar kontraproduktiv.

3. Die Prozessebene

Auf der Prozessebene definierst du die Art und Weise, also das, was du tun kannst, um die gewünschten Gefühle zu erschaffen und am Ende das gewünschte Ergebnis zu erreichen. Stell dir vor, du begibst dich auf eine Erfolgsreise. Auf dieser Reise ist das Ergebnis dein finales Ziel. Die Gefühlsebene spiegelt die Art von Erlebnissen wider, die du auf dieser Reise haben möchtest. Auf der Prozessebene definierst du die Art deiner Reise.

Es geht um deine Erfolgsreise.

Ich spreche hier von strategischen Mitteln wie die Entscheidung darüber, ob du zu Fuß gehst, die Bahn nimmst oder doch lieber fliegst. Du klärst ab, ob du eine Pauschalreise buchst oder lieber einen Individualtrip. Was sind die einzelnen Etappen deines Weges? Welches Material und welche Fähigkeiten benötigst du dafür? Das alles beschreibt den Prozess.

Wahrer Erfolg entsteht nur durch die Kombination aller drei Erfolgsebenen.

Ich habe leider die Erfahrung gemacht, dass viele Menschen sich nur mit dem Ergebnis beschäftigen – oder auch viel zu sehr mit der Gefühlsebene, weil sie einfach nur glücklich sein wollen. Das ist aber zu kurz gedacht. Wenn die Prozessebene stimmt, das heißt, wenn du den richtigen Prozess initiierst und in die richtige Richtung gehst, dann stimmt vielleicht unterwegs das Ergebnis oder auch das Gefühl noch nicht, aber du befindest dich trotzdem auf dem richtigen Weg.

Mach dir also klar: Am Anfang müssen weder die Ergebnisse gut sein noch musst du dich bereit fühlen. Mach einfach mal, leg los und schau, wo es hinführt. Wenn du diesen Weg gehst und dabei das entsprechende Lebensgefühl erhältst, dann sind die drei Ebenen im Einklang und du bist näher dran, auch dein gewünschtes Ergebnis zu erzielen. Erfolg bedeutet auch, dass nichts so bleiben kann, wie es bis jetzt war.

Ich halte mich an dieser Stelle wieder an ein Zitat des geschätzten Götz Werner:

> *Erfolg heißt Erfolg, weil er Folgen hat.*

Das hat er mir gesagt, als ich ihn einmal interviewen durfte. Wenn man Erfolg hat, muss das also dazu führen, dass er Folgen zeigt. Ich habe genauer nachgefragt, was das heißen soll. Götz Werner antwortete: »Nichts kann so bleiben, wie es war. Denn wenn ich heute Erfolg habe, heißt das ja, dass ich die Fragen von gestern richtig beantwortet habe. Wenn ich morgen Erfolg haben möchte, muss ich die Fragen richtig beantworten, die sich mir heute und morgen stellen.«

Offensive als Schlüssel
für ein erfolgreiches Leben

Du weißt bereits, dass ich aus dem Profisport komme. Dort spielt es eine große Rolle, ob du dich in der Offensive oder in der Defensive befindest. Wer offensiv agiert, steuert selbst, wer defensiv agiert, wird gesteuert und kann nur reagieren. Das lässt sich auch auf unser Leben anwenden. Deshalb zeige ich dir, wie du dich für deinen persönlichen Erfolg in die Offensive begibst.

Ängste attackieren

Offensiv zu handeln, bedeutet im Sport, anzugreifen – zu attackieren. In deinem Leben ist es wichtig, dass du deine Ziele, aber auch deine Ängste attackierst. Jeder hat Angst – zu stolpern, zu scheitern, zu fallen und vieles mehr. Fakt ist, wir fallen alle mal hin. Entscheidend ist dabei aber die Richtung. Ich rate dir, wenn du fällst, dann fall nach vorne. Nimm den Schwung mit, steh wieder auf und lauf weiter. Viele Menschen laufen lieber weg, verstecken sich und bemühen sich, nie Fehler zu machen. Doch auch dabei scheitern sie, machen Fehler und fallen hin, weil einfach jeder im Leben immer mal wieder mit Rückschlägen kämpft oder Fehler erlebt.

> Wenn du fällst, fall nach vorn.

> **Dein Erfolgsziel:** Beweg dich beim Fehlermachen vorwärts und geh in die Offensive – greif an!

Angst durch Intensität bezwingen

Wenn Sportler oder Teams Angst bekommen und unsicher werden, haben sie nur eine Möglichkeit: Kontrolle über dieses negative Gefühl zu bekommen. Deshalb gehen sie in die Offensive und greifen an. Das heißt nicht, dass sie blind nach vorne rennen und den Gegner umhauen. Nein, sie tun das, was sie zu tun haben, und gestalten den Prozess intensiver. Gestalte also jeden deiner Prozesse intensiver. Um beim Beispiel Sport zu bleiben: Laufe intensiver oder, beim Fußball, passe mit mehr Fokus, Mut und Konsequenz. Setze das um, was du am Ende haben möchtest. Denn die einzige Möglichkeit, um Ängste zu überwinden, ist, das zu tun, wovor du Angst hast.

Dein Erfolgsziel: Attackiere deine Ängste mutig. Denn wenn du deine Ängste eroberst, kannst du auch deine Ziele erobern.

Offensive: Hol dir, was du willst!

Viel zu viele Menschen leben immer noch nach dem Prinzip Hoffnung. Das bedeutet, sie versetzen sich in eine Opferrolle – beten und bangen. Hoffnung lässt dich passiv werden. Was du für Erfolg brauchst, ist aber Aktivität, also genau das Gegenteil. In der Offensive holst du dir das, was du willst. Du hörst auf, dich an das Universum zu wenden und darauf zu warten, dass dir etwas geschenkt wird, weil du es deiner Meinung nach verdient hast. So einfach ist es nämlich nicht. Deshalb bin ich auch kein Freund des reinen positiven Denkens. Denn das führt zu Passivität.

Dein Erfolgsziel: Denke positiv, vergiss dabei aber nicht, auch positiv zu handeln.

Steck deine Aktivität in den Erfolg.

Das geht nur in der Offensive. Hol dir den Erfolg und gestalte ihn. Denn Erfolg ist kein Ziel oder Zustand, sondern eine Gewohnheit oder eine Ansammlung verschiedener Aktivitäten. Du kannst selbst bestimmen, was du fühlen möchtest. Willst du dich ärgern, steckst du deine Aktivität ins Ärgern. Du merkst sicher selbst, was das für eine Verschwendung wäre. Oder du sagst, ich bin erfolgreich, und steckst deine Aktivität in diesen Erfolg – egal ob im Privat- oder Berufsleben, ob finanziell oder emotional.

Selbstbestimmt statt fremdgesteuert

Ganz wichtig: Es nützt überhaupt nichts, wenn dir Coaches oder Berater etwas sagen. Sie können natürlich Inspiration geben. Aber machen musst du schon selbst.

Dein Erfolgsziel: Übernimm Verantwortung für dich und alle Belange deines Lebens.

Genauso wenig wie ein Coach oder Berater deine Probleme für dich lösen kann, wird ein Arzt, Heilpraktiker oder Therapeut dich gesund machen, wenn du nicht selbst die Verantwortung für dich und dein Leben übernimmst. Hol dir dabei gern Unterstützung. Das ist nicht nur legitim, sondern auch wichtig. Du musst aber selbst in die Offensive gehen, um die Reise des Lebens aktiv erfolgreich zu gestalten und zu genießen.

Scheitern und daraus lernen

Keiner fällt als Meister vom Himmel. Du wirst nur Meister deines Erfolges, wenn du genügend Misserfolge verbuchen kannst. Deine größte Herausforderung wird es sein, die Konditionierung, die du in deiner Schulzeit erworben hast, wieder abzulegen. Denn in der Schule werden wir für unsere Fehler bestraft durch Nachsitzen, schlechte Noten, Sitzenbleiben … Wer im Geschäftsleben Fehler macht, wird, solange er dieselben Fehler nicht wiederholt, erfolgreich wachsen.

> **Dein Erfolgsziel:** Scheitere im großen Stil, damit du näher dran bist, dich zu einer echten Erfolgspersönlichkeit zu entwickeln.

Es gibt unzählige Beispiele von Menschen, die wahnsinnig erfolgreich waren, zuvor aber krachend gescheitert sind. Unter ihnen Namen wie Walt Disney, Henry Ford oder Ludwig van Beethoven. Sie alle scheiterten, bevor ihnen der Durchbruch gelang.

> **Die Größe eines Menschen bemisst sich an der Größe an Problemen, die ihn *nicht* umwerfen!**

Frag dich mal, was die eben genannten Personen gemeinsam haben. Richtig! Sie alle ließen sich nicht beirren. Frei nach dem Motto: Hinfallen, aufstehen, Krönchen richten, weitergehen. Halte dir das vor Augen, wenn du selbst in einer schwierigen Lage steckst. Vielleicht kannst du etwas nicht erfolgreich zu Ende führen, weil du einfach noch nicht genug gescheitert bist? Grundsätzlich stellt sich ja nicht die Frage, ob du irgendwann einmal scheiterst, sondern nur wann und wie heftig. Und viel wichtiger: Wie reagierst du darauf?

Lass dich von Misserfolgen nicht beirren.

ÜBRIGENS: Ich bin auch schon krachend gescheitert. Im Alter von 22 Jahren war ich emotional und beruflich gebrochen, mein bester Freund und meine Mutter starben, meine Beziehung ging durch viel eigenes Zutun in die Brüche und trotz eines stattlichen Erbes führte ein grober Fehler dazu, dass ich rund 200.000 Euro Schulden hatte. Gleichzeitig musste ich meine Tenniskarriere an den Nagel hängen. Kurzum, ich befand mich in einer wirklich beschissenen Situation. Gleichzeitig war dasselbe Jahr aber die Geburtsstunde meines Unternehmens. An einem persönlichen Tiefpunkt angelangt, habe ich beschlossen, in die Eigenverantwortung zu gehen und Unternehmer zu werden. Warum? Weil ich es leid war, anderen oder den Umständen die Schuld dafür in die Schuhe zu schieben, dass es mir schlecht ging. Ich wollte mich nicht mehr selbst bedauern. Also schmiss ich mein Studium hin, schlug den Eintritt in die Steuerkanzlei meines Vaters aus und machte mein ganz eigenes Ding. Mit viel Erfolg.

Hab den Mut, zu scheitern, an immer wieder neuen Problemen und Herausforderungen. Dadurch lernst du und wirst resilient, wenn es darauf ankommt.

Erfolg in der Zukunft

Um zu verstehen, wie du nicht nur heute, sondern auch morgen noch erfolgreich sein kannst, schaust du dir am besten mal das Wort »Erfolg« genauer an. Seit dem 17. Jahrhundert setzen wir es meist mit dem »Erreichen von Zielen« gleich. Das Wort entstammt aber dem Altgermanischen »volgen«, was so viel bedeutet wie hinterhergehen, nachgehen, sich nach jemandem richten. Die wichtigste Frage lautet daher: Wer folgt eigentlich wem?

Bisher gaben andere vor, was Erfolg ist.

Wenn wir Erfolg weiterhin wie bisher definieren, folgen wir Zielen, die von anderen, der Gesellschaft oder dem Umfeld gesetzt wurden, und denken, wir sind erfolgreich, wenn wir diese Ziele erreicht haben. Das ist dann so, als ob sich zwei Leute gegenübersitzen und angeben: »Mein Haus, mein Auto, mein

Boot … « Du kennst den alten Werbespot der Sparkassen vielleicht noch? Der Erfolgreichere der beiden folgte den Anweisungen seines Anlageberaters. So funktionierte Erfolg bisher.

Heute und besonders morgen darfst du, um erfolgreich zu sein, nicht mehr anderen nachlaufen, auch keinen gesellschaftlich vorgegebenen Zielen. Du musst damit aufhören, das nachzumachen, was andere vorgeben.

Wer in der Zukunft erfolgreich sein möchte, darf nicht mehr nachmachen, sondern muss vormachen.

Ich sage nicht, dass du dich nicht an anderen Erfolgsmenschen orientieren sollst. Du darfst ihre Methoden aber nicht kopieren, sondern nur modellieren. Denn jeder Mensch muss seine eigene, ganz individuelle Erfolgs-DNA entdecken, also die Art und Weise, wie er ganz persönlich Erfolg erreichen kann.

Du musst also deine ganz persönlichen Ziele *verfolgen*. Erfolgreich zu sein, heißt übrigens nicht, dass du all diese Ziele auch erreichen musst. Im Gegenteil, wenn du alle deine Ziele erreichst, waren sie höchstwahrscheinlich zu klein. Deshalb kannst du dir deine Ziele ruhig sehr, sehr hoch setzen. Denn das, was deinem Erfolg wirklich gefährlich werden kann, sind nicht große Ziele, die du nicht erreichen kannst, sondern zu kleine Ziele, die du zu leicht erreichst.

Die beiden NLP-Experten und Autoren Joseph O'Connor und John Seymour haben mal gesagt: »Probleme sind Ziele, die auf dem Kopf stehen.« Ich sage: »Ziele sind Probleme, die auf dem Kopf stehen.« Ich will damit sagen, sie sind künstliche Probleme, die uns einen Handlungsauftrag vermitteln. Wir sollen unser Verhalten verändern, besser, neu, intensiver an der Zielerreichung arbeiten und aufhören, uns selbst zu unterschätzen.

Ziele sind Probleme, die auf dem Kopf stehen.

Ein Beispiel: In meinen Seminaren führe ich gern ein kleines Experiment durch. Dafür hole ich mir einige Teilnehmer auf die Bühne und frage sie: »Was glaubst du denn, wie viele Liegestütze du schaffst?« Sie sagen dann zum Beispiel 30 oder 20. In 100 Prozent aller Fälle geben die Leute eine Zahl an, von der sie ganz sicher sind, dass sie sie wirklich erreichen. Ich gebe ihnen aber ein neues Ziel, zum Beispiel 120 oder 130. Natürlich schießt den Leuten dann das Blut ins Gesicht, weil sie denken: Das schaffe ich nie! Um ehrlich zu sein: Sie selbst, ich und alle im Publikum wissen, dass sie das nicht schaffen können.

Dann schalten wir Musik an und die Teilnehmer machen, angefeuert von mir und dem Publikum, ihre Liegestütze. Ich führe diese Übung seit nunmehr zehn Jahren durch. Bis auf einen einzigen Fall hat sich noch nie jemand überschätzt. Alle haben sich unterschätzt. Wenn einer sagte, er schafft 30, machte er in der Realität 33 oder 35, manchmal sogar noch mehr. Und der, der 20 gesagt hat, machte 30 oder sogar 40. Die Leute schaffen immer mindestens 10 Prozent mehr, als sie denken, manchmal sogar 50 oder 60 Prozent mehr. Ich habe sogar schon 100 Prozent mehr erlebt.

Was sagst du? Wie viele Liegestütze schaffst du? Vielleicht fünf? Oder zehn? Probiere es doch mal aus! Ich wette mit dir, du erreichst mehr, als du dir zutraust – wahrscheinlich sogar deutlich mehr.

> **ÜBRIGENS:** Erfolg braucht nicht nur positives Denken, sondern auch selektives negatives Denken. Wie funktioniert das praktisch? Du hast dein Ziel im Blick. Super! Nun überlegst du dir, welche Probleme auf dem Weg dahin passieren könnten und wie du darauf reagieren kannst. Es handelt sich also um ein lösungsorientiertes negatives Denken. Mit diesem Erste-Hilfe-Paket bringt dich auf deinem Weg zum Erfolg so schnell nichts ins Stolpern.

Mach dir allerdings eine Sache klar, falls du einmal bei mir auf der Bühne die Liegestütze-Übung machen musst, aber auch in jeder anderen Situation, in der du oder andere deine Ziele hoch angesetzt haben: Aufgeben ist immer eine Option! Sonst wirst du Opfer des sogenannten Concorde-Effekts.

Aufgeben ist immer eine Option.

Erinnerst du dich noch an die Concorde? Das war dieses unglaublich laute Überschallflugzeug, das eng, unbequem und zusätzlich auch noch wahnsinnig kostenintensiv war. Sein Vorteil: Innerhalb von rund dreieinhalb Stunden konnte von Europa aus New York erreicht werden. Das war für manchen Geschäftsmann und manche Geschäftsfrau attraktiv. Allerdings waren die Tickets sehr teuer und trotzdem flog die Concorde meist in den Miesen. Sie war ein reines europäisches Prestigeobjekt, das auch der Steuerzahler ordentlich mitbezahlen musste. Viel zu lange hielten Air France und British Airways an dem defizitären Flieger fest, nutzten dann aber die Gelegenheit, als 2003 die Passagiere ausblieben, um den Flugverkehr einzustellen.

Manchmal ist Loslassen einfach viel besser, als um jeden Preis durchzuhalten. Wenn die Kosten für etwas höher sind als der Nutzen, ist das Erlangen von Prestige, wie im Falle der Concorde, eben nur ein Pyrrhussieg. Allerdings ist es im umgekehrten Fall auch nicht sinnvoll, seine Ziele zu niedrig anzusetzen. Denn ob ein Erfolg tatsächlich ein Erfolg ist, definiert sich immer durch den Preis, den wir für ihn bezahlen müssen. Pyrrhus verlor der Sage nach bei seinen Siegen über die Römer zu viele Männer. Der Preis für die Siege war ihm zu hoch. Dich kosten niedrige Ziele scheinbar nicht viel. Aber du verzichtest auf eine Menge, weil du dein Potenzial nicht entdeckst und damit auch nicht ausschöpfst. So wirst du nie erfahren, was alles an Fähigkeiten und Fertigkeiten in dir schlummert. Das ist meiner Meinung nach ein hoher Preis.

Leider setzen wir uns jedoch keine Ziele, die zu groß sind, um sie erreichen zu können. Unsere Angst hindert uns daran immer wieder, weil unser Blick zu sehr auf das Ergebnis schielt, anstatt einfach loszulegen. Niedrig angesetzte Ziele sind aber ein Erfolgsrezept aus der Vergangenheit.

Der Erfolg eines Menschen wird in Zukunft abhängig sein von dem Grad an Unsicherheit, mit dem er gut leben kann.

Es ist ganz normal, dass du bei Schritten, die du zum ersten Mal gehst, unsicher bist. Es geht gar nicht anders. Schließlich passiert heutzutage so schnell so viel Neues. Ich habe ja bereits geschrieben, dass Sicherheit eine reine Illusion ist. Versuche also gar nicht erst, danach zu streben, sondern lerne, Unsicherheiten auszuhalten und Entscheidungen zu treffen, auch wenn du dir nicht sicher bist, ob es die richtigen sind. Das ist die Kunst, die es dir ermöglicht, auch in Zukunft erfolgreich zu sein.

Triff Entscheidungen, auch wenn du unsicher bist.

Gefahren des Erfolgs

Erinnerst du dich noch an diese wunderbare WM 2014? Die deutsche Fußballnationalmannschaft schmiss Gastgeber Brasilien spektakulär mit einem Sieben-zu-eins-Erfolg im Halbfinale raus und wurde gegen Argentinien schließlich Weltmeister, und mit ihr ganz Deutschland. Und dann kam 2018 – schwache Spiele sorgten für das Ausscheiden des amtierenden Weltmeisters bereits in der Vorrunde. Wie konnte das passieren?

Ich glaube, es lag daran, dass der große Erfolg von 2014 nicht genug analysiert wurde. Jede Niederlage wird bis ins kleinste Detail auseinandergenommen. Aber der Erfolg und die Gründe für den Erfolg nimmt man zu spät oder gar nicht unter die Lupe. Ein Fehler, wie ich finde. Den begehen viele und sehen damit gar nicht, welche Gefahren in jedem Erfolg lauern. Natürlich dürfen wir Erfolge feiern. Aber mindestens genauso wichtig ist die Antwort auf die Frage: Warum waren wir erfolgreich?

Erfolg muss man auch verarbeiten lernen.

In Krisenzeiten und bei Misserfolgen arbeiten wir immer sehr bereitwillig an uns. Dann neigen wir auch dazu, uns einen Coach an unsere Seite zu holen. Viel besser wäre es aber, wenn du dir dann eine Hilfestellung suchst, wenn es dir gut geht. Wir sollten in guten Zeiten in uns investieren – nicht, weil wir es müssen, sondern weil wir es wollen.

Die größte Gefahr für deinen Erfolg von morgen ist dein Erfolg von gestern.

Jeder Erfolg birgt eben nicht nur Chancen, sondern auch Gefahren. Viel zu schnell werden wir blind für unsere Schwächen, aber auch für unsere Stärken. Läuft doch – wozu also Energie für die Analyse aufwenden? Weil wir Erfolge sonst nur verwalten und jede Innovationskraft unterdrücken. Das führt auf Dauer zu Energielosigkeit und am Ende zu Misserfolgen, wie ihn die amtierenden Weltmeister 2018 bei der WM in Russland erlebt haben.

Wir sollten in guten Zeiten in uns investieren.

1. Ich wandle die Aussage von Fred Endrikat ein wenig ab und sage: Erfolg entsteht, wenn Gelegenheit auf Bereitschaft trifft. Gelegenheiten bieten sich jedem immer wieder. Du musst diese Chancen aber auch nutzen.
2. Wir alle können Erfolg lernen, indem wir lernen, die drei Menschentypen Ja-, Nein- und Vielleicht-Sager, die jeder in sich vereint, im richtigen Verhältnis zu gewichten. Das beste Verhältnis für Erfolg sind 60 Prozent Ja- und jeweils 20 Prozent Nein- und Vielleicht-Mensch.
3. Du bist dann erfolgreich, wenn du dein persönliches Ziel verfolgst. Nicht, wenn du es erreichst.
4. Wahrer Erfolg entsteht nur, wenn wir die Ergebnis-, Gefühls- und Prozessebene miteinander kombinieren.
5. Die Analyse unseres Erfolgs von heute sorgt dafür, dass wir auch morgen noch erfolgreich sein werden. Denn wer sich stattdessen auf seinem Erfolg ausruht, wird bald keinen Erfolg mehr haben.

Misserfolgsvermeider oder Erfolgssucher?

Als **Misserfolgsvermeider** unterforderst du dich meistens, damit du erst gar nicht Gefahr läufst, dich zu überfordern und zu scheitern. Weil deine Angst vor dem Scheitern so groß ist, orientierst du dich primär an Ergebnissen und willst möglichst alles richtig machen. Dabei ist Scheitern eine der wichtigsten Zutaten, um erfolgreich zu sein. Du bist aber lieber ein Komfortzonen-Junkie, der sich, aus Sicherheitsgründen, zu enge Grenzen setzt und bei zufälligem Erfolg nicht in die Analyse geht.

Als **Erfolgssucher** bist du bereit, die Illusion von Sicherheit aufzugeben und Unsicherheit in hohem Maße auszuhalten. Du triffst auch dann Entscheidungen, wenn du nicht sicher weißt, welche Konsequenzen sie haben werden. Als Erfolgssucher startest du also, bevor du dich bereit fühlst. Auf dem Höhepunkt deines Erfolges gehst du in die Analyse, um auch morgen noch erfolgreich zu bleiben.

Mindset – Die Kunst, uns mental zu programmieren

> Die größte Schwierigkeit der Welt besteht
> nicht darin, Leute zu bewegen, neue
> Ideen anzunehmen, sondern alte zu vergessen.

JOHN MAYNARD KEYNES, ENGLISCHER ÖKONOM (1883–1946)

Wollen wir den Worten dieses klugen Mannes glauben – und das tue ich –, ist die große Herausforderung gar nicht so sehr, neue Ideen zu entwickeln, sondern vielmehr, diese auch in die Tat umzusetzen. Genau hier kommt dein »Mindset« ins Spiel. Wahrscheinlich hast du den Begriff schon Tausende Male gelesen oder irgendwo aufgeschnappt. Aber so ganz klar ist dir nicht, was genau er bedeutet.

Was bedeutet Mindset konkret?

Wir können den Geist einstellen – wie ein Uhrwerk.

Schauen wir uns den Terminus mal an. Er kommt aus dem Englischen und setzt sich aus »Mind«, zu Deutsch »Geist« oder »Verstand«, und »Set«, zu Deutsch »einstellen«, »festlegen«, zusammen. Man könnte den Begriff zum Beispiel mit Denkweise, Einstellung, Mentalität, Gesinnung, Haltung, Lebensphilosophie, Orientierung oder Weltanschauung übersetzen. Könnte man – alle diese Begriffe sind einigermaßen passend, aber keiner trifft es zu 100 Prozent. Das trägt dazu bei, dass wir den Begriff »Mindset« als etwas schwammig empfinden.

Also jetzt mal Tacheles: Was bedeutet Mindset denn nun wirklich? Wörtlich übersetzt: »den Geist einstellen«. Hier wird es interessant. Das richtige Mindset ist also die richtige Einstellung für den Geist. Ich freu mich gerade sehr über die deutsche Sprache, weil sie hier so wunderbar deutlich ist. Denn »einstellen« können wir nicht nur im übertragenen Sinne – eine Einstellung zu diesem oder jenem Thema haben – verstehen, sondern auch ganz wörtlich nehmen: etwas einstellen, wie zum Beispiel ein mechanisch angetriebenes Uhrwerk.

Schau dir mal so ein Uhrwerk genauer an. Es besteht aus Hunderten von Teilen, die alle ganz exakt an der richtigen Stelle sitzen müssen, damit die winzigen Zahnräder und Federn perfekt ineinandergreifen können, sodass am Ende die Uhrzeit stimmt. Ein Uhrmacher stellt dieses Uhrwerk ein.

Genauso verhält es sich mit der Einstellung deines Geistes, also deines Mindsets. Du hast Unmengen von Möglichkeiten, wie du deinen Geist als »Uhrmacher« richtig einstellen kannst. Und es gibt Hunderte Stellschrauben, an denen du drehen kannst. Die musst du so einstellen, dass sie für dich arbeiten.

Haltung, Verhalten und Verhältnisse

Arbeitet dein »Uhrwerk« für dich, verfügst du über eine gesunde Haltung, die sorgt für ein gesundes Verhalten und das wiederum für gesunde Verhältnisse. Die Formel lautet also:

Je nachdem, wie deine Haltung (Schritt 1) ist, verhältst du dich, und dieses Verhalten (Schritt 2) führt zu deinen Verhältnissen, also Ergebnissen (Schritt 3).

Ich muss das an dieser Stelle so deutlich aufzeigen, weil die meisten von uns heute leider viel zu sehr an den Verhältnissen arbeiten und versuchen, diese zu reglementieren und zu justieren.

Das kann so nicht klappen. Denn wir gehen damit immer Schritt 3 vor Schritt 1 und Schritt 2. Ergibt keinen Sinn, oder? Schließlich gehst du ja auch nicht erst drei Stufen auf einmal hoch, um dann Stufe 1 und Stufe 2 zu erklimmen. Unser Mindset ist also deswegen so wichtig, weil wir in Schritt 1 zunächst die Haltung verändern müssen – die bestimmt unsere Kultur –, um unser Verhalten und damit unsere Verhältnisse zu verändern.

Klingt doch nach mentaler Revolution, findest du nicht auch? Ein Beispiel: Bist du mit deinem Job unzufrieden und gehst jeden Tag schon mit schlechter Laune aus dem Haus, weil du gar keine Lust darauf hast? Dann machst du deine Arbeit höchstwahrscheinlich nicht besonders gut, erledigst nur das Nötigste und sitzt viel Zeit ab, bis du endlich wieder aus dem Büro kommst. Das führt oft dazu, dass Vorgesetzte unzufrieden sind. Wenn sie nicht ausgezeichnete Führungskräfte sind, werden sie dir wahrscheinlich das Leben im Unternehmen nicht leichter machen. Die Konsequenz: Du hast noch weniger Lust auf deinen Job.

Nur die Verhältnisse zu ändern, bringt gar nichts.

Was kannst du tun, um aus diesem Kreislauf auszusteigen? Du kannst natürlich deinen Job wechseln. Ich vermute allerdings, dass das nicht viel an deinem Energielevel und deiner Begeisterung für die Arbeit ändern wird. Denn du hast dann lediglich an deinen Verhältnissen herumgedoktert, an den Symptomen gearbeitet. Selbst wenn du im neuen Job mehr Geld verdienst, geht die Wahrscheinlichkeit, dass sich deine Begeisterung für die Arbeit langfristig erhöht, gegen null. Es liegt nämlich nicht am Job oder am Geld. Es liegt an dir beziehungsweise an deiner Haltung. Du arbeitest für Geld in einem Job, der dich nicht erfüllt, um dir dein Leben zu finanzieren, das du nicht genießen kannst, weil du ja ständig wieder zur Arbeit musst.

Du verbringst also acht bis zehn Stunden täglich mit etwas, was dich nervt und unzufrieden macht, und hast noch nicht mal wirklich etwas davon. Das ist nicht nur traurig, es ist leider »normal« in unserer Gesellschaft. Denn wir lernen in der Schule nicht, wie wir glücklich werden. Alles fokussiert sich auf das Verhalten, das Kinder an den Tag legen. Sie sind zu faul, zu fleißig, zu vorlaut, zu leise und noch vieles mehr, und nur zu häufig wollen wir genau dieses Verhalten mit der Brechstange ändern. Wir gehen also Schritt 2 vor Schritt 1. Wir schauen auf Symptome, anstatt die Ursachen genauer zu betrachten.

ÜBRIGENS: Auch unser Gesundheitssystem arbeitet so. Es ist fast ausschließlich auf die Bekämpfung von Krankheiten ausgelegt, anstatt zunächst auf Prävention zu setzen, um, vereinfacht gesagt, das Immunsystem zu stärken und Krankheiten vorzubeugen.

Wenn wir Kinder bereits darin unterstützen, eine Haltung zu sich und zu anderen auszubilden, machen sie später als Erwachsene auch keine Arbeit, die sie frustriert. Sie verhalten sich bei der Wahl ihres Arbeitsplatzes aufmerksam und sorgen dafür, dass die viele Zeit, die sie beim Job verbringen, für sie auch wirklich erfüllend ist.

Du fragst dich jetzt vielleicht, warum es so wichtig ist, schon im Kindesalter die Bildung von Haltung zu unterstützen. Ganz einfach: Wir bekommen Haltung nicht in die Wiege gelegt. Sie wird unter verschiedensten Einflüssen und besonders stark durch die Erziehung gebildet. Wer seine Kinder dabei unterstützt, macht sie widerstandsfähiger, stärker und achtsamer im Umgang mit sich selbst und anderen. Diesen Bildungsauftrag haben wir alle, und zwar nicht nur für den Nachwuchs, sondern auch und besonders für uns selbst. Immer wieder verändert sich unsere Haltung im Laufe unseres Lebens. Und das darf und soll sie sogar.

Schule versus Weiterbildung

Kennst du aus der Schule noch das Phänomen, dass immer alle hinten sitzen wollten? Gefühlt galt einem in der letzten Reihe am wenigsten die Aufmerksamkeit der Lehrer. Und das war gut so, denn wir wollten ja nicht auffallen. Wer vorne sitzen musste, fühlte sich im Fokus, unter Beobachtung und fast schon bestraft. Inzwischen hat sich dieses Bild umgekehrt. Wer heute eine Weiterbildung besucht, zum Beispiel eines meiner Seminare, bezahlt mehr Geld dafür, um vorne sitzen zu dürfen. Diese Menschen haben begriffen:

Wer im Leben vorwärtskommen möchte, muss nach vorne wollen.

Warst du schon mal in einem Yogaraum? Egal, wie überfüllt der ist, in der Regel sind in den ersten Reihen noch einige Plätze frei. Obwohl Yoga ja alles andere als ein Wettbewerb ist und der Fokus ganz bei jedem selbst liegt, gibt es trotzdem immer wieder Menschen, die einfach nicht nach vorne wollen. Sie reihen sich weiter hinten ein, verstecken sich, weil sie Angst haben, nicht beweglich genug oder nicht schlank genug zu sein.

Ganz anders sieht das bei einem Konzert der eigenen Lieblingsband aus. Da wollen plötzlich alle so weit wie möglich vorne sitzen oder stehen, um so viel wie möglich vom Konzert mitzubekommen. Dafür sind sie auch bereit, mehr für die Tickets zu bezahlen.

Warum willst du nicht nach vorne?

Wie wäre es denn, wenn du für dich dieses System zumindest im Yogaraum einmal umkehrst und dich nach vorne legst? Vielleicht schaffst du es dann, dich stärker auf dich und deinen Körper zu fokussieren, und es gelingt dir, mehr Erholung, mehr mentale und körperliche Stärke aus dem Raum mitzunehmen. Das wäre ein echter Gewinn für dich und es zeigt, wie einfach du durch die Änderung deiner Haltung dein Verhalten und damit auch die Verhältnisse beeinflussen kannst.

Systemisch statt symptomatisch

Vor einigen Jahren war ein Mann bei mir Coaching. Er sah gut aus, war gebildet, ein guter Kerl. Er hielt sich aber für schwer vermittelbar und sagte mir, es gebe einfach keine richtige Frau für ihn. Der Beziehungsbereich schien sein einziges Problem zu sein – er hatte keine Schwierigkeiten, den Kontakt zu Frauen herzustellen, aber es gelang ihm offenbar nicht, dauerhaft mit ihnen eine Beziehung zu führen. Er war bereits zweimal verheiratet gewesen – die eine hatte ihn betrogen, die andere hatte sich von heute auf morgen von ihm getrennt. Eine dritte Frau wollte sich nicht so richtig für ihn entscheiden. Und so ging das weiter. Jede Frau hatte ein anderes Thema.

Ich habe ihn dann gefragt: »Wenn du die Geschichten deiner ganzen Bekanntschaften und Ehen und die Persönlichkeiten dieser Frauen wie ein Sandwich übereinanderlegen würdest, gäbe es da eine Gemeinsamkeit zwischen all diesen Frauen?« Er meinte, sie seien alle extrem unterschiedlich, bezogen auf Alter, Charakter und sogar Religion. Die eine war introvertiert, die andere extrovertiert. Er konnte keine Übereinstimmung erkennen. Also habe ich ihn vor einen Spiegel gestellt und gefragt: »Was siehst du?« Er sah sich – und damit die Antwort auf die Frage: Warum bekomme ich keine gute Frau? Denn die gemeinsame Komponente war er. Das soll nicht heißen, dass alles, was in den Beziehungen schiefgelaufen war, an ihm lag. Ich wollte damit auch kein Fehlverhalten seiner Partnerinnen entschuldigen. Aber das Problem war eindeutig er. Denn er hatte sie ausgewählt und sich für sie entschieden.

Bis dahin dachte er: Es gibt keine ideale Frau für ihn. Stattdessen hätte seine Frage lauten sollen: Warum bin ich kein idealer Partner? Als der Fokus dann auf ihn gerichtet war, gab es eine Lösung. Er wusste, was er zu tun hatte. Denn ein gut formuliertes Problem ist bereits die halbe Lösung. Bisher hatte er nur an der Oberfläche herumgedoktert, anstatt das Offensichtliche zu sehen. Er musste bei sich in die Tiefe gehen und sein Mindset verändern.

> Es kann helfen, den Fokus auf dich zu richten.

Oft brauchen wir für einen echten Mindsetwechsel aber Unterstützung. Scheitern zum Beispiel deine Beziehungen immer wieder oder hast du schon öfter aus für dich unerklärlichen Gründen einen Job verloren, könnte das an deiner Haltung liegen. Eventuell gerätst du immer wieder mit Vorgesetzten aneinander. Jetzt könntest du an deinen Verhältnissen arbeiten. Du könntest dir sagen:»Ich ordne mich niemandem unter! Die sollen mir nicht immer mit ihrem Blödsinn auf die Nerven gehen und mich einfach machen lassen. Sonst wechsle ich halt wieder den Job oder die Abteilung.« Oder du fragst dich:»Was kann ich an meiner Haltung gegenüber meinen Vorgesetzten ändern, damit sie meine Meinung und meine Entscheidung nicht ständig infrage stellen?«

Ein in diesem Zusammenhang interessanter Coachingansatz ist die systemische Aufstellung oder auch Systemaufstellung. Hierbei werden Beziehungen, also Verhältnisse zu anderen, aufgestellt. Es wird aber nicht versucht, die Verhältnisse anhand von Symptomen zu beeinflussen, sondern es geht um die Frage: Was muss ich an mir oder meiner Haltung ändern, um meine Beziehungen zu verändern? Jede Haltungsveränderung, die man selbst vornimmt, wird im ganzen System, also auch für jeden, der Teil des Systems ist, sicht- und spürbar sein. So veränderst du nur durch deine Haltungsänderung die gesamten Verhältnisse. Dann bist du Gestalter anstatt Aushalter und der Führungsspieler in deinem Spiel des Lebens.

ÜBRIGENS: Dieser Ansatz funktioniert nicht nur im Privatleben und bei der Betrachtung des einzelnen Menschen, sondern auch in Organisationen und Unternehmen. Eine Systemaufstellung kann daher sehr hilfreich sein, um das Mindset von Mitarbeitern und somit die Unternehmenskultur gemeinsam und nachhaltig zu verändern.

Mitspieler oder Führungsspieler?

Apropos Führungsspieler – der Mannschaftssport zeigt es wieder einmal sehr anschaulich: In jedem Team bist du Teil der Mannschaft und du selbst bist für deine Rolle im Team verantwortlich. Du musst dich also fragen: Will ich führen oder folgen? Bin ich Mitspieler, Ersatzspieler oder Führungsspieler?

Willst du führen oder folgen?

Wenn ich mit Sportmannschaften arbeite, kommt an dieser Stelle häufig der Einwand, ganz besonders von Männern, es könnten nicht alle Führungsspieler sein. Das sind zunächst einmal berechtigte Bedenken. Aber, ich muss es so hart sagen, die

Fragesteller haben das Prinzip des Erfolgsmindsets noch nicht verstanden. Sie gehen von einem veralteten Führungsprinzip aus, nach dem immer nur einer führt und die anderen folgen. Dabei kann eine Mannschaft viel mehr als nur einen Führungsspieler vertragen. Denn es geht gar nicht darum, wer wem was zu sagen hat. Jeder führt seinen Bereich mit seiner jeweils eigenen Kompetenz. Schließlich soll in einem Team nicht die Konkurrenz im Fokus stehen, sondern die Kompetenz der einzelnen Spieler. Hierarchie war gestern. Heute gilt, um es mit den Worten Götz Werners zu sagen:

> *Es wird nicht von oben nach unten*
> *geführt, sondern von innen nach außen.*

Philipp Lahm hat als Kapitän dieses System bei der Nationalmannschaft eingeführt. Der letzte hierarchische Kapitän war Michael Ballack. Lahm hat, als er die Armbinde übernahm, die Führungsstruktur verändert. Neben ihm als Kapitän haben Klose, Neuer, Schweinsteiger, Hummels, Boateng und andere auf ihre Art und Weise geführt – nach ihren eigenen Qualitäten. Dieses System war sehr erfolgreich und ist weit weg von einer klassischen Hierarchiestruktur und Konkurrenz.

Gemeinsam statt einsam

Seit langer Zeit setzen wir viel zu sehr auf das Prinzip Konkurrenz. Vielleicht ist dieses Prinzip tatsächlich in unserer DNA angelegt. Aber wo hat uns das hingeführt? Ganz ehrlich, hierarchisches und statusgetriebenes Verhalten führt dazu, dass wir kurz davor sind, unsere Welt in Schutt und Asche zu legen. Es bedarf allerdings großer Willenskraft, dieses alte Mindset von »einsam an der Spitze« in »gemeinsam stark« zu verändern. Wenn etwas hierarchisch ablaufen soll, darf das nur noch situativ sein. Das Highlander-Prinzip »Es kann nur einen geben« ist veraltet.

Anhand eines Gemüsegartens möchte ich dir zeigen, warum dieses Prinzip so sinnlos ist: Wenn du dir Gemüsebeete im Garten oder auf dem Balkon anlegst, ist es dein Ziel, eine ertragreiche Ernte einzufahren. Dafür säst du ziemlich viele Samen und hoffst, dass sich viele davon zu kleinen Pflänzchen entwickeln. Du benutzt gute Erde und schirmst die Beete, so gut es geht, von zu starkem Wind, Regen und anderen negativen Einflüssen ab.

Nach einer Weile wirst du bemerken, dass die Pflänzchen sich unterschiedlich schnell entwickeln. Die einen, die viel Licht und Nährstoffe bekommen, wachsen schnell und entfalten sich. Die anderen bleiben etwas zurück. Wenn du jetzt alle in genau diesem Verband stehen lässt, werden die Großen immer größer und die Kleinen gehen ein. Wenn du dich also nicht weiter um die Pflänzchen kümmerst, konkurrieren sie untereinander um Licht und Nährstoffe. Dabei gibt es Gewinner und Verlierer. Setzt du aber alle in eigene Töpfe oder sorgst für genug Abstand innerhalb der Beete, gibt es keine Konkurrenz mehr zwischen ihnen und sie gedeihen, weil sie sich ausreichend entfalten können. Somit wird dein Gemüseertrag höher.

Genauso verhält es sich mit Teams. Lässt man die Mitglieder zueinander in Konkurrenz treten, kämpfen sie gegeneinander, anstatt sich und ihre Stärken und Potenziale zu entfalten. Dabei bleiben meist diejenigen auf der Strecke, die nicht über genügend Durchsetzungsstärke verfügen. Und damit versickert all das, was diese »Leisen« mitbringen. Der Ertrag bleibt viel geringer als nötig und möglich. Was für eine Verschwendung!

Es darf nicht nur einen geben, es muss aber ein Gemeinsames geben.

Wenn eine Mannschaft auf dem Platz schlecht spielt, warum auch immer, dann stellt sich immer die Frage: Wer übernimmt die Verantwortung dafür, dass es besser wird? Das kann natürlich der Kapitän sein, muss es aber nicht. Am besten ist es derjenige oder sind es diejenigen Spieler, die am meisten Energie und das richtige Mindset mitbringen. Wenn sie es schaffen, ihr Mindset auf den Platz zu bringen, finden die anderen wieder zurück in ihre Kraft. Nur so gelingt es beispielsweise, dass Spiele auch kurz vor Schluss noch gedreht werden können.

Genauso wenig wie ein Spieler für eine ganze Mannschaft das Spiel gewinnen kann, kann auch kein Teammitglied für das ganze Team den Erfolg einfahren. Wir können die Herausforderungen von morgen nicht jeder für sich allein meistern. Wir brauchen das Gemeinsame. Vergiss also den Bullshit von der Konkurrenz und gestalte das Gemeinsame mit.

1. Mindset bedeutet, den Geist einzustellen und daraus die eigene Haltung zu entwickeln.
2. In der Schule hat man uns beigebracht, dass wir nach unserem Verhalten beurteilt werden. Dieses Mindset hat inzwischen ausgedient. Mit einem Erfolgsmindset ist klar, dass es auf unsere Haltung ankommt, wenn wir etwas bewegen wollen. An dieser Haltung können wir unser ganzes Leben arbeiten.
3. Das Erfolgsmindset eines Leaders im Sport, in der Wirtschaft oder auch im privaten Umfeld entwickelt sich immer mehr weg von einer hierarchischen Struktur von oben nach unten und hin zu einer multiplen Führung nach Kompetenz, die von innen nach außen strukturiert ist.

Misserfolgsvermeider oder Erfolgssucher?

Der **Misserfolgsvermeider** ist auf Hierarchien und Verhältnisse programmiert. Er versucht, in Strukturen, in denen von oben nach unten geführt wird, Symptome zu bekämpfen. Er versucht, seine Verhältnisse zu verändern, anstatt an seiner Haltung zu arbeiten.

Der **Erfolgssucher** stellt sich so ein, dass er sein Leben »führt«, weil er weiß, dass das Justieren der eigenen Haltung das Verhalten und folglich die Verhältnisse verändert. Ein Erfolgssucher gestaltet, anstatt nur auszuhalten, und ist damit Führungsspieler in seinem Leben.

TEIL 2

DIE MENTALE REVOLUTION MEISTERN

Höhere Standards – Wie wir unsere Ansprüche an uns selbst anpassen

*Ich habe immer Dinge getan, für die ich
noch nicht ganz bereit war. So wächst man.*

MARISSA MAYER, UNTERNEHMERIN UND EHEMALIGE YAHOO-CEO

Wusstest du, dass die meisten Menschen mit ihrem Status quo recht unzufrieden sind? Trotzdem haben einige sehr niedrige Ansprüche an sich selbst – bewegen sich also stetig im Durchschnitt oder Mittelmaß. Sie machen nur so viel, wie sie machen müssen, und verfolgen ihren Glaubenssatz: »Ein gutes Pferd springt nur so hoch, wie es muss.«

Von diesen Menschen unterscheidet sich Marissa Mayer, die du vielleicht noch als Yahoo-Chefin oder aus der Google-Führungsspitze kennst. Sie traut sich, Neues anzugehen, auch wenn sie noch gar nicht richtig bereit dafür ist. Ich habe eben mal recherchiert, weil mir gar nicht klar war, was sie heute macht. Ein bisschen still ist es ja schon um sie geworden, seit sie Yahoo verlassen hat. Sie ist zu ihren Informatikwurzeln zurückgekehrt und hat mit Lumi Labs[35] ein KI-Start-up in Kalifornien gegründet. Jetzt kannst du natürlich sagen, mit einem Vermögen von über einer halben Milliarde Dollar ist das auch kein Problem. Stimmt! Aber sie könnte sich auch ausruhen und nichts tun. Stattdessen wagt sie sich auf neues Terrain vor. Sie springt nicht so hoch, wie sie muss, sie springt immer wieder höher, weil sie nicht aufhört, persönlich zu wachsen.

Powerperformer statt Underperformer

Wir können nicht alle Marissa Mayer sein. Aber wir können uns an ihr orientieren. Warum tun das immer noch so wenige? Woher kommt unser Drang zur Zurückhaltung und damit auch unsere ständige Underperformance? Das liegt daran, dass wir unser ganzes Leben eine Art Katalog mit uns herumtragen, der voller Aufgaben steckt, die wir scheinbar alle erfüllen müssen – die meisten davon stammen noch nicht einmal von uns selbst, sondern von Eltern, Lehrern oder Politikern oder sie sind einfach gesellschaftlich so festgelegt und bisher zu wenig infrage gestellt worden. Dieser Katalog ist oft voller »Erledigungen«, die nicht unserer Leidenschaft oder unseren Talenten entsprechen. Also sorgen wir dafür, dass wir diese Aufgaben mehr oder weniger gut hinbekommen, weil die »anderen« das von uns erwarten. Dabei bleiben wir oft sogar unter unseren eigenen Ansprüchen zurück, weil wir einem weiteren Irrglauben aufsitzen: Es kommt nur darauf an, Ergebnisse zu erzielen.

Woher kommt unsere ständige Underperformance?

Um diese Ergebnisse auch ganz sicher zu erreichen, setzen wir uns meist niedrige Ziele. Wir glauben, dass wir dann mehr wert sind. Im Umkehrschluss fühlen wir uns wertloser oder gar komplett bedeutungslos, wenn wir die Ziele nicht erreicht haben. Wir denken, wir würden sonst scheitern. Und das wollen wir ja auf keinen Fall. Dafür wurden wir ja schon früher in der Schule bestraft, und zu Hause ernteten wir dafür manchmal sogar Liebesentzug. Scheitern verbinden wir also mit Schmerz.

Ergo, lieber kleinere Ziele und damit das Scheitern und die Schmerzen verhindern. Klingt logisch, oder?

Im Leben geht es aber nicht darum, Ziele immer zu erreichen, sondern darum, sich zu entwickeln und zu wachsen. Herauszufinden, was das Beste ist, was ich heute geben kann, und nicht, ob ich irgendein Ziel erreicht habe.

Erinnerst du dich noch an das Beispiel mit den Liegenstützen aus dem Kapitel »Die Revolution des Erfolgs«? Die Anzahl der Liegestütze, die die Teilnehmer meiner Seminare machen sollten, hatte ich immer immens hoch angesetzt. So hoch, dass klar war, dass die Leute das von mir gesetzte Ziel niemals erreichen können. Aber hätte ich das Ziel nicht so hoch gesetzt, hätten sie wahrscheinlich schon viel früher aufgegeben – wahrscheinlich sobald sie die Zahl, die sie zuvor selbst geschätzt hatten, erreicht hätten.

Große Ziele und hohe Standards, die sich daraus ergeben, sind nicht deshalb wichtig, weil wir sie erreichen müssen, sondern weil wir so über die eigenen Grenzen gehen und bildlich über uns hinauswachsen können.

Was willst du verändern?

Alle Jahre wieder, kurz vor Silvester, kommen die vielen Vorhaben und Vorsätze, die wir im Vorjahr nicht umgesetzt haben, aufs Tapet. Kennst du das auch? Hast du auch so einen (virtuellen) Zettel, auf dem du eigentlich nur jedes Jahr die Jahreszahl ändern musst, weil du es wieder nicht geschafft hast, abzunehmen, mehr Sport zu treiben, mehr Geld zu verdienen …? Die Liste ist natürlich variabel und individuell verschieden. Aber die Situation ist die gleiche. Wir fühlen uns wie Bill Murray in »Und täglich grüßt das Murmeltier«. Jeder Jahresbeginn läuft nach Schema F ab und jedes Jahr fühlen wir uns spätestens im Februar schlecht, weil sich schon früh abzeichnet, dass wir das, was wir uns vorgenommen haben, wieder nicht erreichen.

Jetzt kannst du sagen: »Shit happens!« oder: »Vorsätze sind dazu da, um gebrochen zu werden.« Klar, das ist auch eine Haltung. Es ist aber niemals die Haltung eines Gewinners. Tennisstar Gaël Monfils sagt hingegen:

> Ich lebe in dem festen Glauben daran, dass
> jeder Schlag mein gesamtes Leben verändern kann.

Wie meint er das? In seinen Spielen hat er sich immer nur auf die nächste Aktion konzentriert – auf den nächsten Schlag. Denn spielt er den gut, kann er den Punkt gewinnen. Gewinnt er den Punkt, kann er das Spiel gewinnen, den Satz, das Match, das Turnier, viele Turniere und damit sein ganzes Leben verändern.

Bleiben wir für den Moment bei den Neujahrsvorsätzen. Sie sind Ziele, die wir mit Willenskraft umsetzen können. Und weil wir sie so selten erreichen, schrauben wir sie eher für ein kurzfristiges Erfolgserlebnis nach unten als nach oben. So bleiben wir aber stets unter unseren Möglichkeiten, anstatt die Willenskraft zu stärken und damit weiterzukommen.

ÜBRIGENS: Willenskraft funktioniert wie ein Muskel, den wir trainieren können. Sie ist dementsprechend auch unspezifisch – funktioniert bei Vorsätzen, aber auch in vielen weiteren Bereichen. Zum Beispiel wenn du im Job dein Gehalt erhöhen willst, wenn du dich erfolgreich selbstständig machen möchtest oder auch wenn du grundsätzlich disziplinierter werden willst. Völlig egal, was du dir wünschst, mit mehr Willenskraft wird es leichter umsetzbar sein.

Finde also im ersten Schritt heraus, was du wirklich erreichen möchtest, und dann geht es darum, wie du deinem Ziel Schritt für Schritt näher kommen kannst. Zunächst kannst du deine Vorsätze überdenken und hinterfragen, ob all das, was du dir vornimmst, auch wirklich dir und deinen Wünschen entspricht. Versuchst du möglicherweise nur, Ideen anderer in die Tat umzusetzen und deren Bedürfnisse zu erfüllen?

Ich will dir nicht sagen: »Du kannst alles schaffen.« Das ist nämlich Blödsinn und leider immer noch eine sehr populäre Motivationslüge. Aber wenn du weißt, was du wirklich schaffen willst, mach dir Folgendes klar:

Dein Erfolg ist abhängig von der Qualität deiner Gewohnheiten und täglichen Routinen.

Hast du deine Vorsätze und Wünsche überprüft und weißt du sicher, dass sie aus dir heraus erwachsen sind? Dann fang an, an deinen Routinen zu arbeiten. Wenn du nur eine umsetzt, dann sollte es dein Miracle Morning sein.

Dein Miracle Morning

Wahrscheinlich hast du den Begriff »Miracle Morning«[36], den der amerikanische Coach und Autor Hal Elrod in seinem gleichnamigen Buch geprägt hat, schon einmal gehört oder gelesen. Es geht beim Miracle Morning um die richtige Morgenroutine. Bei Elrod ist es eine magische Stunde. Aber so viel Zeit brauchst du für deinen persönlichen Miracle Morning gar nicht einzuplanen. Schon die erste Viertelstunde deines Tages kann dein ganzes Leben verändern. Du brauchst also täglich nur 15 Minuten, um deine persönliche Entwicklung voranzutreiben und dein volles Potenzial zu nutzen. Denn die erste Viertelstunde beeinflusst die nächste Stunde, den Morgen, den Tag, die nächste Woche und langfristig dein ganzes Leben.

So könnten deine 15 Miracle Minutes aussehen:

15 Minuten am Tag beeinflussen dein ganzes Leben.

1. Wähle deine Emotionen

Die ersten fünf Minuten kannst du sogar noch im Bett verbringen: Dort rufst du dir zehn Dinge ins Gedächtnis, für die du dankbar bist. Denn Dankbarkeit ist bei Weitem die stärkste Emotion, die uns zur Verfügung steht, und die wirksamste gegen Angst, Trauer und andere negative Gefühle. Es können große und ganz kleine Dinge sein, die oft wechseln. Wichtig ist, dass du nicht einfach eine Liste herunterratterst. Spüre bewusst in die Situation hinein und warte auf die kleine Welle der Dankbarkeit, die über dich kommt und die du genießen solltest, bevor du zum nächsten Punkt übergehst.

2. Wähle deinen Fokus und deine Gedanken

Danach kannst du aufstehen und duschen gehen. Dabei visualisiere die Ziele, die du schon erreicht hast, und die, die du noch erreichen möchtest. Es ist wichtig, dass der Fokus darauf liegt, wo du hinwillst. Vielleicht geht es dir ja wie mir und du hast schon beim Duschen viele Ideen, was du tun kannst, um deinen Zielen näher zu kommen? Dann schreib dir diese Ideen im Anschluss auf. Wenn du dir ganz neue Ziele setzt, ist es ohnehin hilfreich, sie über ein oder zwei Wochen morgens und abends zehnmal aufzuschreiben, um sie wirklich zu verinnerlichen.

3. Aktiviere deinen Körper

Wie wäre es mit einem kleinen Workout? Dann weiß auch dein Körper, dass du aufgestanden bist und nicht mehr vorhast, dich wieder hinzulegen. Nach dem Motto:

Move your ass and your mind will follow.

Wer richtig trainieren will, sollte vielleicht erst hinterher duschen, aber eigentlich reichen einige Sit-ups, Liegestütze, Curls und ein leichtes Stretching. Dabei musst du nicht an deine Leistungsgrenzen gehen, das Training soll nicht wehtun oder in den Muskelaufbau gehen. Außerdem ist die

Reihenfolge wichtig: Dich zum Sport aufzuraffen ist wesentlich schwerer, wenn dein Kopf schon die Probleme wälzt. Daher kommt immer erst die Emotionskontrolle, dann der Geist beziehungsweise Fokus und dann erst die Aktion.

> **ÜBRIGENS:** Auch ich arbeite mit meiner persönlichen Miracle-Morning-Methode. Damit bin ich nach nur einer Viertelstunde emotional, mental und physisch bestens für einen glücklichen und erfolgreichen Tag gerüstet. Ich bin am Morgen beispielsweise oft dankbar dafür, dass ich finanziell unabhängig bin und dass ich im Laufe des Tages tolle Menschen treffen darf. Oder dafür, eine tolle Partnerin zu haben, ebenso wie eine schöne und warme Wohnung, dass ich gleich zum Bäcker fahren und dort kaufen kann, was ich will.

Die Routine ist das Geheimnis des Miracle Mornings.

Der Miracle Morning ist eine Routine. Auch wenn er dich am Anfang vielleicht noch Überwindung kostet, hältst du eine Weile durch, wird er zur Gewohnheit und so zum Teil deiner Persönlichkeit. Du gibst deinem Kopf morgens gleich eine klare Richtung vor, in die er denken soll. So beeinflusst du den gesamten Tag positiv. Dann klappt's auch mit höheren Standards und Zielen!

Unterwegs zu großen Zielen

Setzt du dir relativ kleine Ziele, heißt das, dass auch deine Standards niedrig sind. Denn ein Ziel ist handlungsleitend und führt dazu, dass Menschen einen bestimmten Plan aufstellen, um es zu erreichen. Sie arbeiten Aufgabe für Aufgabe ab, folgen Arbeitsgewohnheiten und Trainingsprozessen. Wir orientieren uns an der Masse, also dem Durchschnitt der Menschen, weil wir uns gerne vergleichen, damit wir unser sehr starkes Bedürfnis nach Zugehörigkeit befriedigen. Nach dem Motto: »Gleich und Gleich gesellt sich gern.«

Da aber Höhe und Qualität unserer Ziele die Qualität und Höhe unserer Gewohnheiten und Standards definieren, bleiben die meisten hinter den eigenen Erwartungen und Ansprüchen – und noch viel wichtiger – hinter ihren eigenen Möglichkeiten zurück. Dadurch haben wir einen riesigen Potenzialverlust im Leben der einzelnen Menschen, aber auch betriebswirtschaftlich gesehen in Unternehmen und für die ganze Gesellschaft.

ÜBRIGENS: Ich bin kein Fan davon, dass Menschen sich Zielpunkte setzen. Denn Zielpunkte kann man ganz leicht verfehlen. Viel besser sind Zielräume, die sich zwischen einem Minimal und einem Optimal bewegen. Da trifft man viel leichter ins Schwarze, und so lässt sich auch die Angst vieler Menschen vor Zahlen umgehen.

Meine Lieblingsmetapher in diesem Zusammenhang macht die Art der Zielsetzung, die in meinen Augen tatsächlich zielführend ist, deutlich. Ich unterteile Ziele in drei Kategorien:

1. Leuchtturmziele

Leuchtturmziele bieten dir langfristig Orientierung und weisen dir den Weg. Sie sind also eine Fernvision. Wir fahren diesem einen Leuchtturm entgegen, der uns aber nicht einen genauen Punkt weist, sondern eine Region oder ein Gebiet. Wir machen also keine Punktlandung, sondern eine Zielgebietslandung und definieren damit unser Lebensgefühl.

2. Inselziele

Inselziele sind Zwischenziele. Wir sitzen also in einem Ruderboot und fahren in Richtung Leuchtturm, der noch in weiter Ferne liegt. Auf dem Weg dorthin gibt es kleine Inseln, die man immer wieder ansteuert, um mal Pause zu machen oder ein Ruder zu reparieren. Das könnten zum Beispiel Jahresziele oder Monatsziele sein, die wir uns setzen. Die lassen sich klar definieren, mit einem Minimalziel und einem Optimalziel.

3. Ruderschläge

Um mit unserem Ruderboot zu den Inselzielen oder auch zum Leuchtturm zu gelangen, braucht es einige Ruderschläge. Die entsprechen unseren Gewohnheiten. Auch die müssen wir definieren. Frag dich also: Was ist die eine Sache, die ich jeden Tag tun muss, um dem Inselziel näher zu kommen? Und was passiert, wenn etwas dazwischenkommt? Vielleicht kann ich gerade mal nicht rudern, weil ich krank bin. Wie reagiere ich darauf? All das solltest du definieren.

Leider geht dieser wichtige Schritt der Zieldefinition bei den meisten nicht über das Schreiben einer To-do-Liste hinaus. Wer regelmäßig eine solche führt, weiß, dass immer eine Menge dazwischenkommen kann. Meistens steht abends noch was drauf, was man nicht geschafft hat. Was ist dann? In diesem Fall ist es wichtig, weder Frust noch Selbstzweifel zu säen. Im Gegenteil, wir sollten Alternativen finden, eine andere Aktivität definieren, die dir noch nützlich ist. Das bringt dich weiter.

Zu hohe Standards

Stell dir mal vor, alle Menschen würden plötzlich ihre Potenziale und Möglichkeiten voll ausschöpfen und ausleben, um sich zu verwirklichen, anstatt sich nur irgendwie durchzuwurschteln und nur so hoch zu springen, wie sie müssen. Was wäre das für ein Gewinn! Es gibt aber auch den umgekehrten Fall: Manche Menschen setzen zu hohe Standards bei sich selbst an. Das nennt man dann Perfektionsanspruch. Dabei ist Perfektion scheinbar der höchste Standard, der nie zu erreichen ist. Ich sehe das anders.

Perfektion ist ein extrem niedriger Standard.

In Wahrheit braucht man für ein perfektes Ergebnis stets perfekte Umstände. Selbst wenn du alles perfekt machen würdest – wenn das überhaupt möglich wäre –, selbst dann bist du noch von den Umständen abhängig. Sind die nicht auch perfekt, kann auch das Ergebnis nicht perfekt sein. Da sich unsere Perfektionsansprüche in der Regel auf das Ergebnis konzentrieren, ist Ärger vorprogrammiert.

Was macht das mit dir? Stell dir vor, du bist Sportler und rufst bei einem Wettkampf die beste Leistung deines Lebens ab. Vielleicht ist sie sogar nahezu perfekt. Wenn du am Ende trotzdem verlierst, ist der Frust groß, obwohl du dir selbst nichts vorzuwerfen hast. Das Ergebnis entspricht aber nicht deinen Wünschen. Wenn du also Perfektion von dir forderst, gibst du viel Macht an die Umstände ab. Du hast das Ergebnis, deinen Erfolg, nur bedingt selbst in der Hand. Und gleichzeitig überträgst du deinen Perfektionismus auch auf dein Umfeld. Dein Standard bleibt also niedrig, weil du immense Verantwortung an andere abgibst.

ÜBRIGENS: Je höher die Erwartungshaltung eines Menschen, desto größer der Spielraum für Enttäuschungen. Denn die eigenen Erwartungen sind viel zu stark an andere Menschen geknüpft, die dann schuld sind, wenn die Erwartungen nicht erfüllt werden. Es ist ganz einfach: Wer Erwartungen hat, der wartet auch ganz viel. Das steckt ja schon im Wort drin. Manchmal wartest du als Erwartender auch ganz vergeblich. Gibst du dann noch anderen die Schuld dafür, gibst du ihnen Macht.

Ändere daher deinen Perfektionsanspruch in einen Exzellenzanspruch ab. Denn der Standard der Exzellenz bezieht sich einzig und allein auf dich. Er liegt also ausschließlich in deiner Verantwortung.

Exzellenz statt Perfektion

Deine Devise sollte heute lauten: Einfach loslaufen, auch wenn du dich noch nicht bereit dazu fühlst. Warum? Weil du sonst vielleicht gar nicht losläufst. Wir neigen dazu, in allem, was wir tun, perfekt sein zu wollen. Dabei sollten wir lieber nach Exzellenz streben. Stichwort: Imperfect Action. Schon mal davon gehört? Es geht darum, zu starten, auch wenn du noch unsicher bist, Fehler zu machen, aus ihnen zu lernen und stets darauf zu achten, wo nachjustiert werden muss. Dann strebst du nach Exzellenz.

Imperfect Action: Lauf einfach los!

Vielleicht findest du, dass perfekt und exzellent doch irgendwie das Gleiche bedeuten. Weit gefehlt. Exzellenz sagt nur aus, dass etwas von überragender Qualität ist. Perfektion wäre das Ende jeder Fahnenstange. Der ehemalige britische Premierminister Winston Churchill hat einmal gesagt:

> *Perfektion ist Lähmung.* <

So siehts aus! Denn wer perfekt ist – wenn das überhaupt möglich wäre –, der kann nicht mehr wachsen und verharrt damit stets auf der Stelle.

Perfektionismus führt zwangsläufig zu Unzufriedenheit und Unglück. Das Streben nach Exzellenz hingegen führt an die Spitze der persönlichen Potenzialentfaltung, zu Lebensqualität und Erfolg.

Egal, ob du einen Perfektionsanspruch an eine Sache oder an dich selbst hast, bestenfalls wirst du dadurch richtig gut – aber niemals erfüllt und glücklich. Es gibt einfach nichts, was du dauerhaft »perfekt« machen kannst. Das Ziel zu haben, stets exzellent zu sein, ist hingegen realisierbar. Erfolg ist möglich und mit dem nötigen Fokus sogar wahrscheinlich, denn:

1. Perfektion liegt im Außen – Exzellenz kommt von innen.
2. Perfektion ist fest, starr und leblos – Exzellenz lässt Raum für Flexibilität, ist fließend und lebendig.
3. Perfektion ist standardisierbar – Exzellenz ist einmalig.
4. Perfektion ist für andere – Exzellenz ist für mich und für andere.

Wer perfekt sein will, wird also nie erfolgreich sein. Wer exzellent sein möchte, programmiert sich auf Erfolg. Wenn du also einfach losläufst, ohne dich dafür bereit zu fühlen, gehst du zwar in die Unsicherheit, aber du befindest dich auf dem Erfolgsweg mit der Option der stetigen Verbesserung.

Der Reality Loop

An dieser Stelle möchte ich dir den »Reality Loop« von Alexander Hartmann[37] vorstellen, den ich selbst noch erweitert habe. Er stellt den Kreislauf dar, in dem wir uns bewegen. Wo wir starten, ist im Prinzip egal, weil immer eins zum anderen führt.

Beginnen wir beispielsweise bei den **Glaubenssätzen**. Das sind meine mentalen Muster: das, was ich wahrnehme, wie mein Gehirn strukturiert ist und in welchen Gedankenmustern und Überzeugungen ich unterwegs bin. Glaubenssätze sind wie Brillen, die man aufhat – diese

Reality Loop

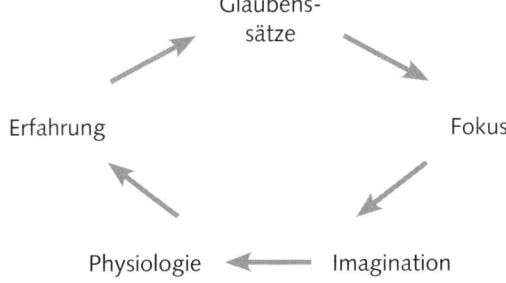

Brillen definieren, was man in der Welt sieht und was nicht. Die bereits erwähnte Unaufmerksamkeitsblindheit und die selektive Wahrnehmung hängen damit zusammen. Hier sind wir beim **Fokus** angekommen. Mit dieser Perspektive, diesem Fokus gehe ich durch die Welt. Dieser Fokus bestimmt meine innere und äußere Wahrnehmung. Denn mein Fokus erzeugt auch Bilder in mir, meine **Imagination** – die Vorstellungskraft oder ganz wörtlich das, was vor mir steht. Diese Imagination hat einen Einfluss auf meine **Physiologie**. Denn die inneren Bilder sind überwiegend die Sprache meines Unterbewusstseins. Sie setzen biochemische Prozesse in Gang – es werden bestimmte Botenstoffe wie Hormone im Körper ausgeschüttet, die dafür sorgen, dass ich mich anders fühle. Damit ändert sich auch meine körperliche Haltung und am Ende mein Verhalten.

Die Bilder und Vorstellungen, mit denen ein Mensch durch die Welt geht, verändern also seine Biochemie, seine Gefühle, seine innere Haltung und dann sein Verhalten. So kommuniziert ein Mensch, so führt, verkauft, erzieht ... ein Mensch. Wenn ich beispielsweise ein schlechtes Selbstbild (Imagination) in mir habe, führt das zu einer Physiologie, durch die ich mich schlecht fühle. Dann habe ich eine schlechte Haltung zu mir. Ich ernähre mich häufig nicht gut, gehe schlecht mit mir um. Kurzum, ich kümmere mich nicht um mich und meinen Körper. Oder, wenn ich von »den Menschen« oder »der Welt« ein schlechtes Bild habe, wird dieses innere Bild von meinem Körper umgesetzt und in die Außenwelt transportiert. Ich gehe also schlecht mit Menschen um, weil ich mich ihnen gegenüber emotional versperre, nicht mehr mit ihnen rede, unfreundlich, respektlos und so weiter bin.

Unsere inneren Bilder beeinflussen unser Leben.

Damit kommen wir zur **Erfahrung**: Wenn ich meinen Körper auf eine bestimmte Weise einsetze, führt das automatisch zu einem Feedback von außen. Das nennt man Ursache-Wirkungs-Prinzip. Ich bekomme also eine unmittelbare Erfahrung, eine Haltung. Diese Haltung produziert mein Verhalten und wie ich mich in der Welt bewege. Und diese Haltung erschafft dann wieder meine Verhältnisse.

Besser Leben mit dem Reality Loop

Wenn wir unser Leben verbessern und die Welt verändern wollen, brauchen wir höhere Standards. Um diese zu erzielen, können wir den Reality Loop nutzen. Denn wir brauchen höhere Standards auf allen fünf Ebenen.

Glaubenssätze: Positives und selektiv negatives Denken
Unsere Denkstandards und -gewohnheiten müssen besser werden. Es schwirrt einfach noch zu viel Blödsinn in unserem Kopf herum. Wir kümmern uns zu viel um Nebensächlichkeiten, denken negativ, zu viel an die Vergangenheit oder an die Zukunft.

Wir müssen unbedingt Kontrolle über unsere Gedanken bekommen – mit positivem Denken, aber auch selektiv negativem Denken, damit wir Glaubenssätze aufbauen können, die uns, unseren Zielen und unseren Lebensgefühlen zuträglich sind. Ferner müssen negative Glaubenssätze abgebaut werden, und zwar nicht nur über die reine Theorie, sondern über Erfahrung. Das geht beispielsweise mit der bereits erwähnten Methode Inner Programming.

Fokus: Die Macht der Bedeutung
Du musst wissen, worauf du dich fokussierst. Du musst also die richtige Entscheidung treffen, womit du dich beschäftigst – nicht nur, was du dir ansiehst, sondern auch, wie du diese Dinge interpretierst. Denn dem, was ich sehe, womit ich mich beschäftige, worauf ich mich fokussiere, kann ich eine neue Bedeutung geben. An dieser Stelle möchte ich gern den berühmten österreichischen Neurologen und Psychiater Viktor Frankl zitieren:

> *Zwischen Reiz und Reaktion gibt es einen Raum.* [38]

Die Freiheit des Lebens besteht nach meiner Philosophie darin, diesen Raum zu nutzen. Zwischen einem Reiz, den ich von außen bekomme, und meiner Reaktion kann ich mir Zeit lassen, um herauszufinden, was die Situation an Gutem mit sich bringt. Du musst gar nicht auf jeden Reiz wie eine Maschine reflexartig reagieren. Den Raum mit Bedacht zu füllen, lässt sich lernen. Ich kann meinen Fokus verändern, anstatt gleich den Richter zu spielen und über die Situation zu urteilen.

Du musst nicht reflexhaft auf Reize reagieren.

Zu urteilen bedeutet einen sehr niedrigen Standard. Warum? Weil man überhaupt nichts können muss, um zu urteilen. Wenn wir urteilen, gehen wir nur den leichtesten Weg. Wenn du dich stattdessen in die Schuhe des anderen begibst, handelst du nach der indianischen Weisheit »Verurteile nie einen Menschen, solange du nicht mindestens einen Tag in seinen Mokassins gelaufen bist«. Das bedarf einer Fokusänderung. Und die erfordert mehr Reife, mehr Fähigkeiten und damit einen höheren Standard. Du veränderst damit die Perspektive und gibst den Dingen eine neue Bedeutung.

ÜBRIGENS: In »Bedeutung« steckt das Verb, in Schuldeutsch Tunwort, »deuten«. Das heißt, wir müssen etwas tun. Denn nichts hat einfach so Bedeutung. Die muss man einer Sache, einer Situation oder einem Menschen erst geben. Das ist ein aktiver Prozess. Die Herausforderung der Zukunft wird sein, dass du hier einen höheren Standard, eine bessere Gewohnheit entwickelst, indem du die Fähigkeit erlernst, den Dingen eine neue Bedeutung zu geben – der Digitalisierung, der Robotisierung und anderen. Du kannst diese Entwicklungen als Katastrophe und Weltuntergangsszenario sehen oder als die große Chance begreifen, die sie wirklich darstellen. Das entscheidest du in dir selbst, du produziert deine Geschichte.

Imagination: Die Macht der Einbildung

Auch für die Imaginationsstufe brauchst du höhere Standards. Du darfst dir nicht so viel Blödsinn »einbilden« und solltest stattdessen die Kontrolle über deine inneren Bilder erlangen. Zum Beispiel musst du dein Selbstbild upgraden. Dafür ist es essenziell, dass du lernst, mit dir in Harmonie und

Frieden zu kommen, anstatt die ganze Zeit an dir herumzudoktern und dir einzureden, dass du nicht in Ordnung bist. Genauso verhält es sich mit deinem Bild von anderen Menschen, der Welt und der Zukunft. Lerne also, die Vorstellungskraft positiv zu nutzen. Jeder setzt sie täglich ein, aber leider oft negativ.

Wenn ich 100 Menschen frage, ob sie glauben, dass Visualisierung wirkt, dann sagen 100 Menschen ja. Wenn ich sie gleichzeitig frage, wer von ihnen in den letzten Monaten zehn bis 15 Minuten täglich genutzt hat, um zu visualisieren, heben nur sehr wenige die Hand. Das ist doch seltsam, findest du nicht? Wir wissen, dass Dinge funktionieren, trotzdem wenden wir sie nicht an.

Stattdessen legen wir den Fokus auf das, was nicht funktioniert. Wir nutzen unsere Vorstellungskraft für Horrorszenarien, anstatt die Bilder, die wir ohnehin produzieren, positiv zu gestalten. Das ist doch Irrsinn und eine echte Verschwendung von Potenzial. Findest du nicht auch? Wenn du deine Vorstellungskraft nicht für positive Bilder nutzt und diese dann lebst, wird es auch kein anderer für dich tun – zumindest nicht mit uneigennützigen Absichten. Die erfolgreichsten Unternehmen sind nicht unbedingt die mit den besten Produkten, sondern diejenigen, die es schaffen, die positivsten Bilder in den Köpfen der Menschen zu erschaffen. Das lässt sich auch verallgemeinern:

Nutzt du bereits die Kraft der Visualisierung?

Die erfolgreichsten Menschen sind diejenigen, die es schaffen, die positivsten Bilder im eigenen Kopf zu erschaffen, aber auch in den Köpfen von anderen.

Denn meine Imagination übertrage ich auch in die Köpfe anderer. Dadurch werde ich zum Vorbild – ein abschreckendes Beispiel oder eben ein leuchtendes.

Physiologie: Die Kunst der Subtraktion

Die Kunst des Lebens liegt zukünftig in der Subtraktion. Das gilt besonders für die Ebene der Physiologie. Hier kommt erneut meine Not-to-do-Liste ins Spiel. Erinnerst du dich? Wir kommen aus einer Welt der Addition, wir wollen immer noch etwas hinzufügen – eine weitere Aufgabe, mehr hiervon und davon. Wir wollen noch mehr erschaffen und erreichen. Damit sammeln wir Dinge an. Wir denken, wir müssten mehr Geld verdienen, um noch mehr haben zu können, weil wir glauben, dass Haben Sicherheit bedeutet. Aber wie sagt man so schön:

> *Ein reicher Mensch ist nicht einer,*
> *der viel hat, sondern einer, der wenig braucht.*

Wir müssen also loslassen, weniger machen. Sehr fokussiert auf das achten, was wirklich zu tun ist. Am besten, du identifizierst nach dem Pareto-Prinzip die 20 Prozent, die 80 Prozent des Ergebnisses ausmachen.[39] Was sind die wenigen Dinge, die du wirklich jeden Tag tun musst und die dich richtig vorwärtsbringen? Mehr Intensität und mehr Qualität sind hier gefragt.

Erfahrung: Die Kunst von Intensität und Tiefe

Erfahrungen sind die Ergebnisse. Und natürlich kann man gezielt Erfahrungen herbeiführen. Deshalb ist es auch hier wichtig, bewusst für hohe Standards zu sorgen. Wir brauchen intensivere und bessere Erfahrungen. Das müssen gar nicht so viele sein, aber dafür wertvolle. Ich bin immer wieder überrascht, dass Leute inzwischen Erfahrungen sammeln wie Briefmarken, anstatt wenige intensiv, emotional und herzlich zu erleben. Sie führen eine riesige Bucket-List über das, was sie gesehen, gehört, erlebt haben müssen, bevor sie 40 oder 50 sind, in Rente gehen oder sich im Grab umdrehen, weil sie einfach nicht alles geschafft haben. Was für eine Hektik! Dabei schlagen auch in Sachen Erfahrungen und Erlebnisse die Qualität und Intensität wieder die Quantität. Höher, schneller, weiter sind sehr niedrige Standards, denen wir zwar bisher gefolgt sind, die aber ausgedient haben. Die Standards von morgen sind tiefer, friedlicher, menschlicher.

Wir müssen loslassen, weniger machen.

1. Wir setzen uns gern kleine Ziele, um dazuzugehören, ein Teil der Masse zu sein und um unser empfindliches Ego zu schützen. Aber kleine Ziele bedeuten niedrige Standards. Dadurch bleiben wir stets unter unseren Möglichkeiten.

2. Um höhere Standards zu erreichen, helfen uns Routinen, wie der Miracle Morning, der uns schon am Morgen emotional und körperlich in eine gesunde Richtung schickt.

3. Wer den Reality Loop verstanden hat und ihn einsetzt, schafft höhere Standards auf allen Ebenen, auch ohne dem veralteten »Höher-schneller-weiter-Prinzip« zu folgen. Die Standards von morgen lauten: tiefer, friedlicher, menschlicher.

Misserfolgsvermeider oder Erfolgssucher?

Als **Misserfolgsvermeider** setzt du deine Ziele und damit auch deine Standards niedrig an, um nicht aufzufallen, nicht anzuecken und ein Scheitern um jeden Preis zu verhindern. Du fühlst dich gern der Masse zugehörig. Damit nutzt du aber niemals dein volles Potenzial und wirst somit nie so leben, wie du es dir wünschst.

Als **Erfolgssucher** weißt du, dass du dir Ziele nicht mit dem Fokus setzt, sie unbedingt erreichen zu müssen, sondern um persönlich zu lernen und zu wachsen. Du bestimmst deine Glaubenssätze selbst, anstatt dich von ihnen bestimmen zu lassen.

Glaubenssätze –
Wie wir alte
aufbrechen und
neue erschaffen

*Jeder, der nach seinen Möglichkeiten
lebt, leidet an einem Mangel an Fantasie.*

OSCAR WILDE, IRISCHER SCHRIFTSTELLER (1854–1900)

Wenn ich mir vorstelle, wie viel Empörung dieser Satz im viktorianischen England ausgelöst haben mag, muss ich wirklich lachen. Noch viel mehr als heute war der Alltag der Menschen damals von Regeln und Normen bestimmt. Das Bild, das ein Mensch nach außen hin abgab, war unglaublich wichtig. Wenn jemand aus dem Rahmen fiel, war er schnell gesellschaftlich geächtet. Bei Wilde war es vieles, vor allem seine Homosexualität, was den zunächst gefeierten Schriftsteller ins gesellschaftliche Aus katapultierte. Was uns zum Glück bis heute geblieben ist, sind seine Werke, in denen er der steifen und unflexiblen Gesellschaft den Spiegel vorhält. Ein echter mentaler Revolutionär im 19. Jahrhundert, nicht nur wegen seiner Art zu schreiben und sein Leben zu führen, sondern auch, weil er mit alten Glaubenssätzen aufräumte und neue hervorbrachte. Man schreibt ihm zum Beispiel diesen zu:

*Am Ende wird alles gut.
Und wenn es nicht gut ist,
ist es noch nicht das Ende.*

Dass Glaubenssätze so optimistisch sind, ist leider bis heute nicht die Regel. Stattdessen übernehmen wir oft solche, die schon unsere Eltern und Großeltern ausgebremst haben. Mit diesen alten Glaubenssätzen beschränken wir aber uns selbst und unsere Möglichkeiten. Dabei gibt es doch wirklich schon genug Aufgaben, Pflichten, Gesetze und Verantwortlichkeiten, die uns täglich einschränken. Du kannst sicher nicht auch noch Denkschranken gebrauchen! Und trotzdem nehmen wir so viel erlernte Unsicherheit mit in unser Leben, anstatt immer wieder Neues zu lernen. Nur wenn du Ziele außerhalb deiner Möglichkeiten setzt, hast du Chancen auf Wachstum und Weiterentwicklung. Du musst aber auch bereit sein, neue Erfahrungen zu machen und damit verbundene Schmerzen und Grenzüberschreitungen zu ertragen.

Ist das riskant? Na klar. Aber wenn du deine Ängste einmal beiseitelässt, ist dein Weg frei, ohne Ketten und Grenzen. Und Freiheit zählt doch zu unseren höchsten Gütern. Sie ist schließlich das Gegenteil von Angst. Viele Menschen leiden an der »Ich-würde-ja-so-gerne-Behinderung« oder dem »Es-geht-ja-nicht-weil-Komplex«. Da ist es doch kein Wunder, dass sie niemals über den eigenen Horizont hinauskommen. Hör also auf damit, dir selbst Schranken zu setzen, indem du dir und anderen unreflektierte Glaubenssätze predigst. Sag dir stattdessen lieber, was möglich sein soll. Dann findest du auch einen Weg, das möglich zu machen.

Weg mit Glaubenssätzen, die dich nur einschränken!

Positive und negative Glaubenssätze

Ich möchte nicht darüber urteilen, was »richtige« und »falsche« Glaubenssätze sind. Denn jeder Glaubenssatz ist eine Geschichte, die du dir selbst erzählst und auch anderen. Und für *jede* Geschichte, die du dir erzählst, wirst du einen Beweis in der äußeren Welt finden. Für die einen ist die Digitalisierung zum Beispiel ein Segen und dafür gibt es viele Gründe. Für andere ist sie ein Problem. Auch dafür lassen sich zahlreiche Belege finden. Jetzt ist es aber so, dass wir um die Digitalisierung nicht herumkommen, auch wenn einige das gern wollen. Ob du sie als Segen oder als Problem siehst, liegt hingegen in deiner Hand. Deshalb ist es so wichtig, dass du deinen Fokus richtig setzt.

Zum Thema Fokus mache ich in meinen Seminaren häufig eine Übung mit den Teilnehmern. Ich bitte sie, innerhalb einer Minute sieben weiße Dinge im Raum zu suchen. Also sehen sich alle nach weißen Dingen um. Nach Ablauf der Zeit frage ich sie dann, welche roten Gegenstände es im Raum gibt. Du kannst dir vorstellen, dass diese Frage die Teilnehmer überrascht. Die meisten sind damit überfordert, jetzt schnell etwas Rotes parat zu haben. Denn sie haben sich lediglich auf weiße Gegenstände fokussiert. Da werden die anderen Farben quasi unsichtbar. Woran liegt das? Menschen sehen nicht mit ihren Augen, sondern mit ihrem Gehirn. Genauer gesagt sehen die Teilnehmer bei der Übung mit den Augen Dinge, die sie jedoch nicht wahrnehmen, weil ihr Gehirn selektiv anders programmiert ist. Das ist die bereits erwähnte Unaufmerksamkeitsblindheit.

> **Pass auf, dass du das Positive nicht übersiehst!**

Genauso funktioniert das mit deinen Glaubenssätzen. Fokussierst du dich auf negative Glaubenssätze, übersiehst du schnell das Positive und umgekehrt. Wenn du zum Beispiel denkst, dass alle Menschen schlecht sind und dir Böses wollen, wirst du wahrscheinlich nicht sehen, wenn dir jemand etwas Gutes will, und wenn du es siehst, wirst du die gute Absicht dennoch anzweifeln.

Dein Glaube erzeugt deine Realität

Kennst du eigentlich die Glaubenssätze, die du so mit dir herumschleppst? Ich behaupte mal ganz kühn, dass die meisten gar nicht wissen, welchen emotionalen Ballast sie bei sich tragen. Sie werfen ganz leichtfertig mit Formulierungen wie »Ich bin halt schusselig« oder »Eine Rechenschwäche liegt bei uns in der Familie« um sich und fügen sich in ihr scheinbares Schicksal.

Als Außenstehender sieht man Menschen das oft an. Wenn dir jemand mit hochgezogenen Schultern und eingerolltem Rücken entgegenkommt, ist doch klar, dass derjenige nicht sehr positive Glaubenssätze im Gepäck hat, oder? Denn Glaubenssätze formen unsere innere Haltung, und die innere Haltung drückt sich außen durch Körperhaltung aus.

Bei uns selbst müssen wir hingegen erst ein wenig auf die Suche gehen, um diese Glaubenssätze zu identifizieren und zu begreifen, was sie mit uns machen. Du musst dir das so vorstellen: Wir befinden uns alle als Darsteller mitten in unserem eigenen Film. Regie und Drehbuch legen wir aber viel zu oft in die Hände anderer. Das geht in Hollywood, aber im Leben holt es dich irgendwann ein, wenn du die Zügel aus der Hand gibst und dich fremdbestimmen lässt.

Ein Beispiel: Eine Freundin von mir leidet an einer Schilddrüsenüberfunktion. Sie war mit den Beschwerden bei einem schulmedizinischen Endokrinologen und kurz darauf noch bei einem Heilpraktiker. Der Endokrinologe sagte: »Sie leiden unter Basedow – einer unheilbaren Autoimmunerkrankung.« Seine Erklärung: Ihre Oma hatte dieselbe Diagnose und das Leiden hat sich vererbt. Er machte ihr noch am ersten Tag der Behandlung klar, dass sie zwar jetzt erst einmal Medikamente nehmen könnte, die weitere Therapie wäre dann aber entweder das Abtöten der Schilddrüse durch Strahlung oder die operative Entfernung. Weil sie das so nicht stehen lassen wollte, ging sie zu einem Heilpraktiker. Seine Diagnose: »Stressbedingte Schilddrüsenüberfunktion.« Für eine Autoimmunerkrankung sah er keinen Beleg. Seiner Empfehlung folgend, nahm sie so lange wie nötig schulmedizinische Medikamente und ergänzte sie mit Medizin aus der Naturheilkunde. Das Ergebnis: Nach circa 1,5 Jahren waren alle Symptome verschwunden. Inzwischen sind schon Monate vergangen, seit sie unter ärztlicher Aufsicht die Medikamente abgesetzt hat, und die Symptome kamen nicht zurück.

Ich erzähle dir die Geschichte nicht, weil ich Schulmediziner und Heilpraktiker vergleichen oder bewerten möchte. Vielmehr geht es mir darum, zu zeigen, dass hier zwei konträre Glaubenssätze aufeinandergetroffen sind:

1. Glaubenssatz: »Es gibt keine Heilung, ich brauche einen Eingriff und muss für immer Medikamente nehmen.«
2. Glaubenssatz: »Das kriegen wir auch ohne Eingriff mit der richtigen Medikation und Ausdauer wieder in den Griff.«

Hätte meine Freundin dem Spezialisten geglaubt, ohne sich eine zweite Meinung einzuholen, wären die Chancen auf Heilung nicht so gut gewesen. Sie hätte sich von Anfang an damit abgefunden, dass sie von nun an zwar nicht sterbens-, aber unheilbar krank ist, und sich innerlich auf lebenslange Medikation und eine OP vorbereitet. Viele hätten das getan.

Denn ein weiterer Glaubenssatz, den wir oft schon als Kinder gelernt haben, spielt hier mit rein. Haben deine Großeltern und Eltern nicht auch schon zu dir gesagt: »Der Herr Doktor hat studiert, der weiß das«? Wie gesagt, ich möchte hier auf keinen Fall gegen die Schulmediziner wettern. Es spielt überhaupt keine Rolle, ob die Zweitmeinung von einem Heilpraktiker oder einem anderen Schulmediziner kommt. Dass viele sich aber gar keine zweite Expertenmeinung einholen, liegt am früh gelernten Glaubenssatz.

Sind deine Glaubenssätze hilfreich oder schädlich?

Du siehst, es ist wichtig, die eigenen Glaubenssätze auch mal auf den Prüfstand zu stellen. Um deine Glaubenssätze genauer zu erforschen, mach dir am besten eine Liste mit Sätzen, die beschreiben, wie du über dich denkst. Dann stellst du dir folgende drei Fragen:

1. Gibt mir dieser Glaubenssatz mehr oder weniger Energie?
2. Gibt mir dieser Glaubenssatz mehr oder weniger Möglichkeiten oder Handlungsoptionen?
3. Bringt mich dieser Glaubenssatz ins Tun oder ins Warten?

Das sind die drei Fragen, die für dich wirklich entscheidend sind.

Sind deine Glaubenssätze zeitgemäß oder überholt?

Es sind besonders alte beziehungsweise veraltete Glaubenssätze, die dich heute davon abhalten können, ein erfülltes und erfolgreiches Leben zu führen. Meist haben sie mit unserem Streben nach Sicherheit zu tun. Schon als wir Schulkinder waren, haben Eltern und Lehrer uns zum Beispiel beigebracht, dass wir eine Ausbildung machen sollen. »Wenn du was gelernt hast, bist du auf der sicheren Seite.« Oder: »Such dir einen sicheren Job.« Kennst du diese Glaubenssätze von früher noch? Ganz ehrlich, der sichere Job von heute sieht anders aus als der von gestern, und morgen kann er schon wieder anders heißen. Ich habe ja bereits im Kapitel »Arbeitswelt im Wandel« gezeigt, dass der Erfolgstrend eher weg von der Festanstellung geht und hin zur Selbstständigkeit – zumindest, was das Mindset angeht. Also funktionieren natürlich auch diese alten Glaubenssätze für unsere neue Situation nicht mehr.

Glaubenssätze von früher stimmen nicht mehr.

Sind deine Glaubenssätze innere Antreiber?

Trotzdem sitzen viele dieser früh eingebläuten Glaubenssätze tief und treiben uns sogar richtiggehend an. Hier spricht man in der Transaktionsanalyse[40] von den »inneren Antreibern«. Denn diese Glaubenssätze haben eine Wirkung, als ob jemand mit einer Peitsche in unserem Kopf wäre und ständig schreien würde:

1. **»Sei perfekt!«** Kennst du auch nur eine Person, die wirklich perfekt ist? Natürlich nicht!

2. **»Beeil dich!«** Dazu fällt mir wieder das Statement von Arnold Schwarzenegger ein: »Schlaf schneller!« Was für ein Bullshit. Als ob wir nicht schon gehetzt genug wären. Das kann doch nur nach hinten losgehen.

3. **»Mach's allen recht!«** Hast du das schon mal versucht? Dann bist du ganz sicher kläglich gescheitert. Denn der wichtigsten Person machst du es damit ganz und gar nicht recht: dir!

4. **»Streng dich halt mehr an!«** Dem liegt die Motivationslüge »Du kannst alles schaffen« zugrunde. Natürlich kannst du nicht alles schaffen – aber vieles. Wenn andere dir sagen, du sollst dich mehr anstrengen, ist das ganz schön anmaßend. Findest du nicht? Zum einen impliziert die Aussage, dass du dich nicht anstrengst, und zum anderen musst du deinen Ansprüchen genügen und nicht denen von anderen.

5. **»Sei immer stark!«** Klar, sei ruhig immer stark, egal wie es dir geht. Emotionen werden ja schließlich völlig überbewertet. Es ist doch auch Quatsch, dass wir um Menschen trauern. Ganz klar, wir müssen jede Situation einfach so aushalten, ohne Regung zu zeigen …

Beim letzten Antreiber krieg ich echt 'ne Krise. Was heißt das eigentlich: »Sei immer stark«? Und was ist, wenn du nicht stark sein willst? Wahre Stärke ist, auch Schwäche zuzulassen.

Das Nichtvorhandensein von Stärke ist nicht automatisch eine Schwäche.

Die gute Nachricht: Du kannst sowohl diese inneren Antreiber als auch andere negative Glaubenssätze wieder loswerden.

In sieben Schritten negative Glaubenssätze verändern

An dieser Stelle muss ich vorwegnehmen, dass ich hier nur die Theorie darstellen kann. Um Glaubenssätze wirklich und nachhaltig zu verändern, gehören die körperlichen Erfahrungen und Erlebnisse unbedingt dazu. Dafür solltest du schon ein Seminar besuchen. Am besten eines, auf dem viele Menschen mit dir lernen wollen. Denn diese Energie, die dort entsteht, kannst du allein nicht mal eben so erzeugen. So kannst du deine Glaubenssätze nicht nur erdenken, sondern auch erfühlen und erleben. Grundsätzlich gilt: Glaubenssätze lassen sich so verändern, wie sie entstanden sind. Das funktioniert so:

> Glaubenssätze kann man auch erleben.

Schritt 1: Erkenne deinen aktuellen Glaubenssatz

Deinen aktuellen Glaubenssatz kannst auf folgendem Weg herausfinden: Überleg dir, was du gern haben möchtest oder tun willst oder auch, was du loswerden möchtest. Das geht aber nicht, weil …

Dein Glaubenssatz ist das, was nach dem »weil« kommt. Es ist die Begründung deines Defizits. Vielleicht willst du ja für vier Wochen nach Australien, es geht aber nicht, weil du deine Kinder nicht allein lassen kannst, weil …

Der Glaubenssatz dazu wäre so etwas wie: »Ich bin eine Rabenmutter / ein Rabenvater, wenn ich meine Kinder für mehrere Wochen bei ihren Großeltern lasse.«

Oder im Job: »Ich kann meinem Chef kein Kontra geben, weil meine Meinung als Untergebene/-r nicht viel Gewicht hat.«

Verstehst du, worauf ich raus will? Um zu erreichen, wonach du dich sehnst, musst du zunächst die negativen Glaubenssätze erkennen, die dich daran hindern.

Schritt 2: Wo kommt dieser Glaubenssatz her?

Frag dich, ob das überhaupt dein eigener Glaubenssatz ist oder ob du ihn nur übernommen hast. Hat vielleicht früher jemand immer wieder diesen Satz gesagt? Wo hast du ihn gehört?

Wie war denn beispielsweise die Stimmung bei euch zu Hause beim Thema Geld? Gab es Sprüche wie »Geld verdirbt den Charakter« oder

»Geld macht nicht glücklich«? Ebenfalls beliebt ist diese allgemeine Lebensweisheit: »Nimm dich selbst nicht so wichtig!« Wer haut denn solche Binsenweisheiten raus? Leider immer noch zu viele. Wenn du weißt, wer dir deine Glaubenssätze eingeimpft hat, kannst du sie viel leichter loslassen. Denn in der Regel kennst du ja die Geschichte zum Menschen. Wenn du dich damit beschäftigst, wird dir schnell vieles klar.

ÜBRIGENS: Solche Sätze sind auch eine tolle Ausrede für Unternehmen, um Mitarbeiter nicht besser zu bezahlen. Geld macht ja nicht glücklich und motiviert folglich auch nicht.

Schritt 3: Welche Vorteile bringt mir dieser Glaubenssatz?

Auf einer Skala von eins bis zehn: Welchen Sekundärgewinn hast du durch den Glaubenssatz? Hat er auch angenehme Seiten? Glaubst du zum Beispiel Sätze wie »Man kann nicht alles haben« oder »Das ist alles gar nicht so einfach«, bringt das schon den ein oder anderen Bequemlichkeitsbonus mit sich. Wenn du nicht alles haben kannst, musst du auch nicht alles geben und alles versuchen. Außerdem: Geld macht ja nicht glücklich, das weißt du ja genau. Ich sag nur »niedrige Standards«.

Solche Glaubenssätze beschützen uns. Deshalb haben wir sie etabliert und wie eine Mauer als Teil unseres Glaubenssystems aufgebaut. Die Vorteile: Faulheit und ein gutes Gewissen dabei oder eine kleine Ausrede, wenn es gerade mal einen finanziellen Engpass gibt. Ist ja nicht so wichtig. Schön sind auch Sätze wie »Sich selbstständig zu machen ist gefährlich und unsicher«. Der Satz sorgt dafür, dass du dich als Angestellter sicher fühlst, auch wenn es nur eine Scheinsicherheit ist.

Schritt 4: Was entgeht mir aufgrund des Glaubenssatzes?

Nehmen wir hier auch wieder unser Beispiel »Geld macht nicht glücklich«. Was entgeht dir, wenn du diesen Glaubenssatz verankert hast? Und wie wichtig wäre dir das, was dir entgeht, auf einer Skala von eins bis zehn? Dir entgeht zum Beispiel finanzielle Freiheit und damit eine gehörige Portion Unabhängigkeit.

> **ÜBRIGENS:** Wenn du die Vorteile im dritten Schritt auf der Skala von eins bis zehn gleich oder nur minimal höher bewertet hast als die Dinge aus Schritt 4, die dir durch den Glaubenssatz entgehen, bist du noch nicht bereit dazu, deinen Glaubenssatz loszulassen. Nach dem Motto: »Lieber das bekannte Unglück als das unbekannte Glück.«

Schritt 5: Welchen Glaubenssatz müsste ich haben?

Um das zu tun oder zu erreichen, was du willst, was müsstest du glauben? Stell dir mal vor, du steckst in folgender Situation: Du bist in einem Unternehmen angestellt und hast das Gefühl, unterbezahlt zu sein. Du kannst aber nicht mehr fordern, weil du damit ja das Risiko eingehst, dich unbeliebt zu machen oder gar deinen Job zu verlieren, wenn deine Führungskraft einen schlechten Tag hat. Außerdem weißt du: »Geld macht ja auch nicht glücklich.«

Wie würde ein Mensch denken, der diesen negativen Glaubenssatz nicht hat? Vielleicht: »Geld macht mich frei« oder »Mit Geld kann ich viele Probleme lösen« oder »Geld macht mein Leben besser«. Klingt das nicht viel, viel besser? Und du hast mit solchen Glaubenssätzen sogar Spiel- und Aktionsraum. Jetzt hast du ein Ziel definiert, und du willst dich dahin entwickeln, weil der Schmerz durch den alten Glaubenssatz größer ist als der Gewinn.

Schritt 6: Radikales Durchbrechen des Handlungsmusters

In diesem Schritt geht es darum, was du tust, wenn der alte Glaubenssatz, nehmen wir der Einfachheit halber wieder »Geld macht nicht glücklich«, plötzlich wieder aufpoppt. Das ist deine Chance, aus dem alten Trott auszubrechen.

Stell dir vor, du sitzt noch in deinem unterbezahlten Job und bekommst ein Stellenangebot per E-Mail, bei dem du 30 Prozent mehr verdienen würdest. Der Nachteil: Du musst 30 Kilometer pendeln. Dein altes Gedankenkarussell geht wieder los, du fragst dich Dinge wie: »Was bedeutet das für meine Zeit mit der Familie? Die könnte dann etwas knapper bemessen sein.« In solchen Situationen spürst du sogar eine körperliche

Brich aus dem alten Trott aus!

Reaktion. Vielleicht schnürt es dir den Hals zu oder dein Puls rast ... Folgst du jetzt deinem üblichen Handlungsmuster, ist die E-Mail schneller gelöscht, als du »Piep« sagen kannst.

Kommst du in so eine Situation, in der ein alter Glaubenssatz sich bemerkbar macht und der Körper dich das spüren lässt, hast du eine wichtige Aufgabe: Handle komplett konträr zu deinem üblichen, erlernten Verhalten. Das ist dann so, als ob du einen Kratzer auf eine Schallplatte machst: Normalerweise fährt die Nadel in einer vorgegebenen Bahn. Ist aber ein Kratzer drin, springt die Nadel und kommt dadurch woanders auf. Sie findet eine neue Stelle. So muss das auch bei dir laufen. Du musst Kratzer in deinen üblichen Mustern erzeugen. Die können auch ganz klein sein, auch mit kleinen Kratzern gelingt dir eine radikale Durchbrechung deines üblichen Musters.

Im Falle der E-Mail mit dem Jobangebot bedeutet das, dass du genau das tust, was du sonst nicht tust. Du löschst die E-Mail nicht, sondern bittest zum Beispiel um ein persönliches Gespräch, um mehr zu erfahren, und erzählst deinem Partner zu Hause davon. Vielleicht findet der das Angebot ja klasse und ihr schmiedet gemeinsam einen Plan.

Mach dir klar, dass du damit etwas tust, was völlig in Kontrast zu dem steht, wie du dich fühlst. Hast du Angst, brauchst du dafür eine Kontrastemotion. Das könnte zum Beispiel Humor sein. Ich habe mal eine Führungskräfterunde in einem Unternehmen miterlebt. Einer aus der Geschäftsführung, immer derselbe, kam jedes Mal zu spät. Das hat den Geschäftsführer wahnsinnig gemacht. Im Gespräch mit mir fielen Sätze wie »Das ist so unverschämt« und »Der schießt grundsätzlich erst einmal gegen alles, er will mich provozieren«. Am liebsten hätte er ihn an Ort und Stelle zusammengefaltet. Er kämpfte mit seinem Glaubenssatz: »Das geht alles gegen mich.«

Du brauchst eine Kontrastemotion.

Ich habe ihm geraten, sein Kopfkino radikal zu durchbrechen und sich auf die Situation vorzubereiten. Statt sich aufzuregen, sollte er, während alle auf den Letzten warten mussten, vor versammelter Mannschaft seinen persönlichen Witz des Tages erzählen. Das klingt vielleicht seltsam, aber es hat funktioniert. Warum? Weil er nicht wie sonst die Wut still in sich hineingefressen hat und deshalb während der gesamten Sitzung schlecht drauf war. Stattdessen hat er sich und auch die anderen Teilnehmer erst mal zum Lachen gebracht. Damit hat er die ganze Stimmung im Raum verändert. Die anderen Teilnehmer haben sich plötzlich darüber gefreut, wenn der Kollege wieder einmal zu spät kam, weil es dann wieder einen Witz gab. Damit hat der Geschäftsführer etwas Negatives in etwas Positives umgewandelt. Du wirst lachen, der Zuspätkommer kam nach kurzer Zeit gar nicht mehr zu spät. Er wollte schließlich den Witz des Tages nicht verpassen. Außerdem hatte er das Gefühl, dass die anderen in seiner Abwesenheit über ihn lachen.

ÜBRIGENS: Kennst du das, dass du bei Kommentaren in den sozialen Medien manche Leute gern rückwärts einparken lassen würdest? So geht's mir oft. Jetzt könnte ich mich immer und immer wieder darüber aufregen und über dieselben Kanäle, sagen wir mal, meinem Unmut Luft machen. Mein Trick ist aber, stattdessen Musik anzumachen und rumzuspringen. Mit dieser Kontrasthandlung gebe ich mir gedanklichen Raum und erhöhe meine Chancen, etwas zu tun, was ich noch nie getan habe.

Schritt 7: Die Ritualisierung

Jetzt hast du einen guten Weg gefunden, alte Glaubenssätze aufzubrechen. Das musst du nur noch verankern, um dir immer wieder neue Optionen zu verschaffen. Und das geht am besten, indem du es sehr regelmäßig tust und so Routine darin gewinnst.

Du musst also sehr regelmäßig etwas tun, was gegen dein Gefühlsmuster läuft. Das kannst du an kleinen, alltäglichen Dingen üben und dich so auf scheinbar schwerwiegenderes Kontrasthandeln vorbereiten. Gib dir einfach stets verschiedene Handlungsoptionen. Aus einer Option wird eine zweite, eine dritte und so weiter. So erschaffst du neue Muster, befreist dich von der Sklaverei deiner alten Programme und entwickelst zusätzlich ein neues Programm. Das muss nicht immer alles sofort klappen. Geh einfach Schritt für Schritt mutig voran. Dann kannst du mit dieser Ritualisierung deine inneren Prozesse ein Stück weit revolutionieren.

Ein Beispiel: Ich habe vor einigen Jahren mit Lutz van der Horst gearbeitet. Der Mann hatte unglaubliche Höhenangst und ihm wurde die Aufgabe gestellt, vor laufender Kamera vom 10-Meter-Turm zu springen.[41] Als wir anfingen, war er kaum in der Lage, auf den Turm zu steigen. Schweißgebadet hielt er sich am Geländer fest. Es hat noch nicht mal zwei Stunden gedauert, da ist er ohne mit der Wimper zu zucken runter-gesprungen. Er hat sich Schritt für Schritt vom easy 1-Meter-Brett, übers 3-, 5- und dann 7,5-Meter-Turm bis zum 10-Meter-Turm vorgearbeitet. Sein Glaubenssatz vorher: »Ich kann das niemals.« Hinterher wäre er am liebsten aus 20 Metern Höhe gesprungen.

Für Lutz van der Horst, aber auch für dich ist es wichtig, dass du, wenn du dein Ziel erreicht hast, schlechte Glaubenssätze aufzubrechen und neue zu etablieren, diese Glaubenssätze auch am Leben hältst. Lass dich also von dir selbst und ganz besonders von anderen nicht manipu-lieren, wieder in die alten Muster zurückzufallen.

So schützt du dich vor Manipulation

Hast du schon einmal vom Overton-Fenster[42] gehört? Der Name geht auf den Erfinder des Konzepts Joseph P. Overton, einen amerikanischen Anwalt, zurück. Es bezeichnet einen Rahmen für politische Ideen, die im öffentlichen Diskurs als moralisch akzeptiert gelten. Dieses Fenster bewegt sich im Bereich zwischen »undenkbar« und »konform«, der auf einer Ach-se liegt, die in einer Richtung »mehr Freiheit« und in der anderen »weniger Freiheit« in Bezug auf staatliche Einflussnahme anzeigt. Das Prinzip wird weltweit, besonders im Zusammenhang mit Wahlen, aber auch bei sonsti-gen politischen Statements angewandt, besonders dann, wenn unpopuläre Entscheidungen anstehen. Es geht zum Beispiel darum, eine »radikale« Maßnahme durchzusetzen.

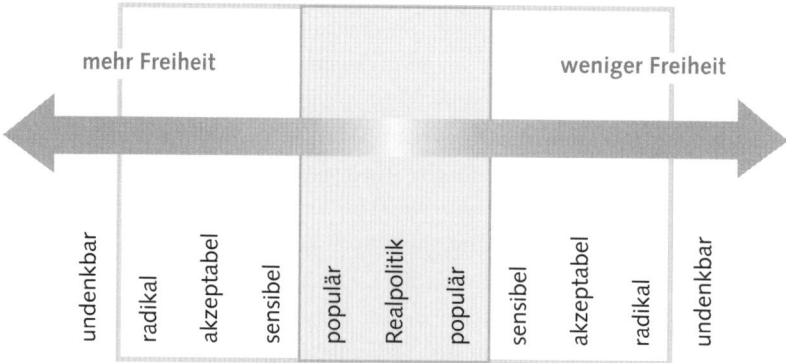

In der Regel ist der Schritt von »populär«, also für jeden Politiker erstrebenswert, bis »radikal« riesig. Aber nur so lange, wie eine Maßnahme auch tatschlich als radikal angesehen wird. Wunderbare Beispiele dafür, wie man »radikal« in »populär« verwandelt, liefert uns zum Beispiel Donald Trump ständig, unter anderem via Twitter. Er behauptet etwas, das zunächst einmal unglaublich klingt. Der Aufschrei ist dementsprechend groß. Dann rudert er ein bisschen zurück und schwächt ab. Und schon sind die Leute befriedet und das Fenster des Sagbaren hat sich erweitert.

Wir müssen aber gar nicht über den großen Teich schauen. In Deutschland haben wir ja die AfD, die scheinbar die ständige Erweiterung des Overton-Fensters ins Parteiprogramm aufgenommen hat. Du erinnerst dich doch sicher noch an Frauke Petry, die während der Flüchtlingsdebatte in Interviews die unsagbare Aussage traf, der Schusswaffengebrauch an den Grenzen sei als Ultima Ratio zulässig. Nachdem es ordentlich öffentliche Kritik gehagelt hatte, ruderte sie bei Facebook zurück und schrieb, dass keine Waffen gegen friedliche Menschen zum Einsatz kommen sollten. Man hätte nun glauben können, dass solche Äußerungen in der Öffentlichkeit nicht so gut ankommen, hätte auch der Letzte in der Partei verstanden. Beatrix von Storch jedoch trat nach und schloss sogar Waffengewalt gegen Frauen mit Kindern nicht sofort kategorisch aus. Und schon klang Frauke Petry nur noch halb so radikal wie vorher. Das Overton-Fenster des Sagbaren war erweitert worden.

Das Fenster des Sagbaren lässt sich erweitern.

Ich stelle dir dieses Prinzip hier vor, weil es ein hervorragendes Beispiel dafür ist, wie Menschen Schritt für Schritt umgepolt werden können. Überall im Internet und in den sozialen Medien kannst du das beobachten. Wie oft hast du schon den Satz »Das wird man doch wohl mal sagen dürfen …« gehört oder gelesen? Anfangs reagieren viele Menschen auf eine Äußerung noch mit Entsetzen. Andere trauen sich, dasselbe oder Ähnliches auszusprechen, und plötzlich wird etwas Unsagbares sagbar.

Nicht nur in der Politik, auch in anderen Bereichen der Gesellschaft funktioniert das. Nils Schumann, der für Deutschland in Sydney bei den Olympischen Spielen 2000 die Goldmedaille im 800-Meter-Lauf holte, forderte vor wenigen Jahren die Legalisierung von Doping. Er sagte zwar, er sei gegen Doping, machte aber auch klar, dass das Doping-Kontrollsystem nicht funktioniere. Wenn man etwas nicht kontrollieren könne, solle man es auch nicht kriminalisieren. Die (Sport-)Welt war wenig begeistert, obwohl klar ist, dass viele Athleten noch nicht einmal wissen, welche Mittel ihnen gespritzt werden. Die Legalisierung von Doping hatte das bislang nicht zur Folge. Aber wir führen inzwischen immer ernsthaftere Diskussionen über die Legalisierung von Drogen.

Auf diese Art und Weise lassen sich Paradigmen bei Menschen verändern. Das funktioniert wie Brainwashing. Ich habe aber eine gute Nachricht für dich:

Wenn andere Menschen dich manipulieren können, damit du so denkst, wie sie es für richtig halten, bedeutet das auch, dass du dich selbst manipulieren kannst, um so zu denken, wie du es selbst als richtig und gut empfindest.

Programmier dich selbst neu

Hier schließt sich der Kreis und wir sind wieder bei den sieben Schritten, mit denen du deine negativen Glaubenssätze umprogrammieren kannst. Prüfe nun Schritt für Schritt deine aktuell vorherrschenden Glaubenssätze. Was denkst du über deine berufliche Zukunft, über deine Lebensträume, über deinen Körper, deine Gesundheit, über dein Leben im Alter, über deine finanzielle Situation oder über Geld an sich? Was denkst du über deinen zukünftigen Erfolg, über die Menschen, mit denen du eng verbunden bist oder zukünftig verbunden sein möchtest? Was denkst du über Partnerschaft, über das andere Geschlecht oder über deine Möglichkeiten, die Welt positiv zu beeinflussen? Was sind die Sätze, die dir ganz spontan zu all dem in den Sinn kommen, wenn du darüber nachdenkst? Diese spontanen Sätze sind eben genau die Geschichten, Überzeugungen, Glaubenssätze, die du dir selbst immer wieder erzählst.

Für alle, die dich nicht dahin bringen, wo du hinwillst, gibt es die Sieben-Schritte-Strategie. Dabei wirst du feststellen:

Glaubenssätze aufzubrechen fühlt sich an wie Gotteslästerung.

Was meine ich damit? Du kannst auf alle Fälle mit viel Gegenwind rechnen – von dir selbst, schließlich wollen wir Menschen immer den Weg des geringsten Widerstands gehen, aber auch von anderen. Gerade unser Umfeld mag es oft nicht so gern, dass wir uns verändern. Dahinter stecken meist keine bösen Absichten. Wir sind nur so, wie wir sind, für unser Umfeld berechenbar. Ändern wir unsere Glaubenssätze, verändern wir uns. Gehst du deinen Weg trotzdem, wirst du immer wieder auf Unmut stoßen, der mit der Aussage einhergeht: »Du hast dich aber negativ verändert.« Es ist sicher nicht so gemeint, aber ich sehe diesen Satz als ein großes Kompliment an. Wahrscheinlich bist du unbequem geworden, weil du dich umprogrammiert hast und dich selbst an erste Stelle setzt. Klar, dass dein Umfeld darüber nicht glücklich ist.

Rechne mit Gegenwind, wenn du dich änderst.

Ein paar Worte zum Thema Sucht

Du fragst dich jetzt vielleicht, warum ich mit Sucht und Drogen um die Ecke komme. Was soll das Thema in diesem Buch? Ganz einfach: Wir sprechen hier darüber, dass wir alte Denkmuster aufbrechen müssen. Alt ist, dass wir Menschen und ihr Verhalten schnell beurteilen. Wir spielen gern Richter und teilen auf in »konform« und »nonkonform« – oder, bezogen auf Drogen, »erlaubt« und »nicht erlaubt«. Schauen wir uns die Welt an, wird aber deutlich, dass strenge Verbote nicht wirklich zur Verbesserung einer Situation geführt haben. Wir pumpen immer mehr Gelder in den Kampf gegen Drogen. Und trotzdem erleben wir immer noch einen Anstieg von Drogentoten und besonders Drogensüchtigen.[43]

Süchtig sind wir aber nicht nur nach illegalen Drogen, sondern auch nach Alkohol, Zigaretten, Medikamenten und, das möchte ich nicht außer Acht lassen, neuen Medien. Jetzt können wir nicht einfach das Trinken, Rauchen oder die exzessive Nutzung von Social Media verbieten. Eine gesellschaftliche Ächtung hat aber zum Beispiel beim Rauchen bereits eingesetzt. Fast überall ist der Glimmstängel inzwischen verboten oder Rauchen ist nur in abgegrenzten Bereichen möglich. Und auch die Tabakwerbung wird Stück für Stück verboten.

Hinter all dem steckt ein alter Glaubenssatz: »Verbote bringen Besserung.« Wenn es so einfach wäre, wäre es ja toll. Doch so funktioniert es nicht.

Ich plädiere statt für Verbote für Verständnis. Was meine ich damit? Drogenkonsum und Sucht entstehen immer nur dann, wenn ein Mensch nach etwas sucht. Und nein, auch wenn es so aussieht, das Wort »Sucht« kommt nicht von »suchen«, sondern von »siechen«, also krank sein. Trotzdem passt die Wortähnlichkeit gut: Warum leide ich unter einer Sucht? Weil ich nach etwas suche.

Wenn ein Mensch also süchtig ist, versucht er, durch einen Fluchtmechanismus etwas auszugleichen, und verfällt dadurch einer Droge. Wenn ich ein starkes emotionales Problem habe, wenn ich mich traurig fühle, wenn mein Leben sinnlos erscheint oder wenn ich einen großen Schmerz in mir trage, dann suche ich natürlich nach einer Linderung, einem »Medikament«, einer Lösung. Drogen haben in solchen Situationen den vermeintlichen Vorteil, dass sie eine schnelle Lösung bieten. Diese Lösung ist aber nur sehr kurzfristig und vor allem nicht echt. Im Endeffekt schaffen Drogen ja mehr Probleme, als sie lösen.

Um Drogen zu konsumieren, musst du nichts können. Das heißt, du musst nicht an dir arbeiten, und dementsprechend greifen viele Menschen zu verschiedenen Drogen – das kann Alkohol sein oder auch etwas Härteres. Oder sie flüchten sich in anders geartete Süchte wie Spielsucht.

Ich möchte auf keinen Fall sagen, legalisiert sofort alle Drogen. Aber ich halte es für sinnvoll, den Menschen mehr Freiheit im Umgang damit einzuräumen. Das muss aber in einem sehr kontrollierten Prozess ablaufen. Denn Menschen können (das sehen wir auch in der Wirtschaft) anfangs mit Freiheit nur schwer umgehen, weil sie das nicht gelernt haben. Und wenn jeder mehr oder weniger tun kann, was er will, treiben viele Unfug. Damit meine ich, sie tun Dinge, die weder ihnen noch anderen guttun oder nutzen.

Die meisten, die sich irgendwelche Freiheiten wünschen, zum Beispiel finanzielle Freiheit, können nicht mit dieser Freiheit umgehen, wenn sie sie dann haben. Dieses Phänomen kannst du häufig bei Lottogewinnern oder reichen Erben beobachten. Sind diese Menschen mental und emotional nicht gefestigt, gehen sie mit der neu gewonnenen finanziellen Freiheit meist katastrophal um. Sie können mehr oder weniger tun, was sie wollen, und brauchen nicht mehr aufs Geld zu schauen. Das führt dazu, dass sie sich Dinge kaufen, die sie gar nicht wollen. So ein Lottogewinn kann sogar sehr gefährlich sein und schaden. Denn wenn ein Gewinner das ganze Geld verprasst und gleichzeitig große Verpflichtungen aufbaut, bleiben hohe Schuldenberge zurück statt ein sorgenfreies Leben.

Wir müssen Menschen vom Verbot zum Verständnis führen.

Wir müssen lernen zu verstehen, wie Menschen sich mental und emotional stabilisieren können. Das Thema Legalisierung von Drogen muss also sehr dosiert und kontrolliert vonstattengehen. Wir dürfen nicht einfach jede Art von Drogen frei verfügbar machen. Aber ich plädiere klar dafür, dass wir unter medizinischer Kontrolle bestimmte Arten von Substanzen, die medizinisch nachweisbar heilende Wirkung haben, legalisieren.[44] Denn Verbote führen nur dazu, dass wir das Verbotene noch mehr wollen, weil wir unseren Fokus darauflegen. Das haben wir bereits als Kinder so gelernt.

KURZ GESAGT:

1. Erlernte Glaubenssätze halten sich hartnäckig, können aber sowohl von anderen als auch von einem selbst neu programmiert werden.
2. Nur weil die Gesellschaft einen Glaubenssatz predigt, muss er noch lange nicht wahr sein. Viele Glaubenssätze, die wir seit unserer Kindheit verinnerlicht haben, sind heute längst veraltet.
3. Das Aufbrechen von Glaubenssätzen funktioniert besser, wenn wir den Glaubenssatz gemeinsam mit anderen nicht nur erdenken, sondern auch erfühlen und erleben.
4. Glaubenssätze, die in Verboten fußen, erbringen nie den gewünschten Effekt.

Misserfolgsvermeider oder Erfolgssucher?

Als **Misserfolgsvermeider** lässt du dein Leben von negativen Glaubenssätzen steuern. Oft stammen die noch aus deiner Kindheit und wurden dir von anderen eingeredet. Nach dem Motto »Lieber den Spatz in der Hand als die Taube auf dem Dach« veränderst du nichts an deinem Welt- und Selbstbild, um bloß kein Risiko einzugehen.

Als **Erfolgssucher** erarbeitest du eine Strategie, um alte und negative Glaubenssätze aufzubrechen und neue nach deinen Wünschen zu erschaffen. Du bist bereit, für dein Ziel auch Schmerzen in Kauf zu nehmen, und neugierig auf all das, was dich auf dem Weg dorthin erwartet.

Energie – Wie wir sie in uns erzeugen und für uns einsetzen

> *Was einen Star ausmacht? Es ist entweder eine Art elektrisierender Spannung oder eine Art von Energie. Ich weiß es nicht genau. Aber egal, was es ist: Ich habe es!*

KATHARINE HEPBURN, US-SCHAUSPIELERIN (1907–2003)

Was die wunderbare Katharine Hepburn hier so selbstbewusst sagt, trifft den Kern: Energie ist der Schlüssel zum Starsein, also auch zu deinem Erfolg von morgen. Ich würde sogar so weit gehen, dass Erfolg in der Zukunft ein reines Energiespiel ist. Es gewinnt immer der, der mehr Energie mitbringt. Und der ist der Star von morgen.

Wovon hängt Energie ab?

Du fragst dich jetzt wahrscheinlich: »Woher kommt diese Energie eigentlich und wie kriege ich die?« Deine Energie hängt von vielen Faktoren ab.

Um auf den Punkt zu kommen, muss ich erst ein bisschen ausholen. Du hast ja inzwischen viel darüber gelesen, dass wir in sich sehr stark verändernden Zeiten leben. Das heißt, wir stehen vor einer großen Anzahl von Herausforderungen oder Problemen, die jeder bewältigen muss. Und du weißt ebenfalls bereits, dass unser Gehirn Veränderungen hasst, weil sie so anstrengend sind, also viel Energie benötigen. Erinnere dich, das Gehirn macht nur zwei Prozent des Körpergewichts aus, benötigt aber im Hochleistungsmodus, also wenn es Probleme lösen muss, bis zu 20 Prozent der gesamten Körperenergie. Im Klartext: Wir sind natürlich in der Lage, Probleme zu lösen und auch große Herausforderungen zu bewältigen. Dafür brauchen wir aber eine Ressource – Energie.

Um Probleme zu lösen, brauchen wir Energie.

Wenn du krank bist, dann fühlst du dich ganz schön schlapp. Auch das liegt daran, dass der Körper, um die Krankheit zu bekämpfen, eine Menge Energie aufbringen muss. Genauso wie der Körper sich auf die Bekämpfung der Krankheit konzentriert, seine Energie also am »Krisenherd« bündelt, läuft es im Leben und auch in Unternehmen, wenn sich die Energie auf eine bestimmte Herausforderung konzentriert.

Der Kollege Hermann Scherer hat eine eigene Formel dafür:

Leistung = Potenzial minus Störfaktoren

Um Probleme zu lösen, braucht es Leistung, und diese Leistung ergibt sich aus deinem Potenzial abzüglich aller Störfaktoren, die auftreten. Und diese Störfaktoren, die kannst du selbst maßgeblich beeinflussen.

Viele Menschen stellen sich einfach die falschen Fragen, die sie Energie kosten: »Kann ich das überhaupt schaffen?« oder »Bin ich gut genug dafür?« sind zwei ganz typische. Gefragt wird dabei nach dem Potenzial. Das ist aber der falsche Ansatz. Wir alle haben das Potenzial, ganz viel zu schaffen. Ich behaupte sogar, dass jede Herausforderung, die sich dir stellt, nicht dazu da ist, um dich zu blockieren oder zu zerstören, sondern dazu, dich wachsen zu lassen.

Nichts im Leben geschieht, um dich zu schwächen, sondern alles geschieht, um dich zu stärken.

Die Frage nach dem Potenzial stellt sich also nicht. Das ist vorhanden. Was aber nimmt uns die Möglichkeit, das vorhandene Potenzial voll auszuschöpfen? Denn das meiste Potenzial bleibt tatsächlich ungenutzt.

Erinnerst du dich, dass ich im ersten Teil des Buches geschrieben habe, Wissen ist totes Kapital und nur potenzielle Macht? Das steht konträr zum überholten Glaubenssatz »Wissen ist Macht«. Das Wissen, das wir haben, müssen wir aktivieren, um daraus Weisheit zu machen. Etwas fachlicher gesprochen: Wir müssen aus explizitem Wissen implizites Wissen machen. Kurzum, wir müssen mit unserem Wissen etwas tun. Es nützt dir ja nichts, wenn du weißt, was theoretisch zu tun wäre, das dann aber nicht umsetzt. Du musst also tun, was du weißt. Und genau dafür brauchst du Energie.

Wir müssen mit unserem Wissen etwas tun.

Das bringt mich zurück zu den Störfaktoren. Das sind all die Dinge, die uns Energie kosten: Ablenkungen, negative Menschen, negative Gedanken und noch vieles mehr, was Energie zerstört.

Ein Beispiel: Menschen, die sich ständig beschweren und Sätze benutzen wie »Das finde ich doof«, »Das nervt mich«, »Das stresst mich« schauen auf die Vergangenheit. Sie sind sogenannte Reklamierer. Klar, dass diese Leute zu wenig Energie haben, wenn Veränderungen anstehen. Reklamierer sind Menschen, die zum Beispiel gern über die heutige Zeit heute jammern und »die guten alten Zeiten« verklären. Denn früher war ja scheinbar alles besser. Die junge Generation stürzt mit ihrem Verhalten alles ins Verderben …

Mal ehrlich, wir haben heute doch viel weniger Probleme als früher. Wir haben alle genug zu essen, wir haben ein gut funktionierendes Gesundheitswesen und müssen nicht ständig in der Angst vor Kriegen leben – zumindest, wenn wir in Mitteleuropa zu Hause sind, aber auch in einem großen Teil der restlichen Welt. Ich frage dich also: Wann waren denn die guten alten Zeiten eigentlich?

Anstatt zu reklamieren solltest du besser ein Proklamierer sein und vorwärtsgewandte Ankündigungen machen mit »Ich will« und »Ich werde«. Dann gehst du in Richtung Zukunft und arbeitest nach vorne.

Da sind wir wieder beim Spiel mit der Energie. Wenn wir in der Lage sind, in einer Organisation genügend Energie zu erzeugen und gemeinsam fokussiert in eine Richtung zu bringen, und wenn wir genügend Energie in uns selbst erzeugen und handlungsleitend fokussieren, unser Wissen, also unser Potenzial mit dieser Energie kombinieren, dann entstehen Leistung, Fortschritt und die Fähigkeit, auch Herausforderungen, also Störfaktoren, zu meistern und Hürden locker-flockig zu überspringen.

Sei ein Proklamierer, kein Reklamierer!

Stell dir Potenzial wie Dynamit vor. Und die Energie ist das Feuer, das es zum Explodieren bringt. Leider nutzen viele Menschen ihr Dynamit nicht. Das Haus ist zwar bis unter den Dachboden voll davon. Aber im ganzen Haus brennt kein Feuer mehr.

Bei meinen Vorträgen in Unternehmen fällt mir dieses Problem immer wieder auf: Die Mitarbeiter sind gut geschult, Potenzial ist also fast immer genug vorhanden. Und trotzdem springt der Funke nicht über. Das Dynamit kommt einfach nicht zum Brennen. Woran liegt das? Es ist eigentlich immer ein Führungsproblem. Ich sehe es als absolute Leadership-Aufgabe, den Mitarbeitern Energie zu geben.

Stattdessen finden Veranstaltungen wie Jahrestagungen, Bilanzbesprechungen und Ähnliches statt, bei denen Mitarbeiter mit einer Flut an PowerPoint-Folien, womöglich in Schriftgröße sieben, bombardiert werden. Die Leute werden mit Zahlen, Daten und Fakten erschlagen. Das habe ich den letzten Jahren schon so um die 500- bis 600-mal erlebt. Damit wird die Energie der Leute abgetötet. Denn selbst wenn gute und wichtige Inhalte besprochen werden, befinden die Mitarbeiter sich nicht in einem Zustand, in dem sie diese Inhalte aufnehmen könnten – geschweige denn, dass sie nach der Tagung zum Beispiel ihr Verhalten ändern würden. Auf diesen Punkt gehe ich später im Kapitel »Führen und verkaufen« noch einmal detaillierter ein.

Wie erzeugt man Energie?

In der Regel buchen mich Unternehmen, um die Mitarbeiter bei Events wie den eben beschriebenen zu aktivieren. Ich soll also das Feuer entfachen, damit ihr Dynamit explodieren kann. Durch diese Aktivierung können die Mitarbeiter dann die vermittelten Inhalte auch umsetzen. Diese Unternehmen haben etwas Wichtiges erkannt:

Die Herausforderung der Zukunft ist eine Herausforderung des Energiemanagements. Wir müssen lernen, wie wir Energie erzeugen können.

Stell dir mal ein Koordinatensystem mit zwei Ebenen vor: Auf der horizontalen Ebene ist die Energiemenge, also wenig oder viel Energie, und auf der vertikalen die Energiequalität, also negative oder positive Energie, angegeben. Daraus ergeben sich vier Quadranten. Es gibt also Menschen oder Teams, die haben …

1. … sehr wenig Energie, und diese hat eine niedrige Qualität (links unten). Das ist der **Resignationsbereich**. Diese Menschen und Teams resignieren, sie geben also mehr oder weniger auf. Sie befinden sich in einer Abwärtsspirale.
2. … sehr viel Energie, und diese hat eine sehr hohe Qualität (rechts oben). Das ist der **Entwicklungs- oder Wachstumsbereich**. Hier geht's um High Performance. Es wird geleistet.
3. … sehr viel Energie, aber diese hat eine niedrige Qualität (rechts unten). Das ist der **Aggressionsbereich**. Diese Menschen oder Teams setzen ihre Energie ein, um gegen andere – den Wettbewerb, Kollegen, die Vergangenheit oder sich selbst – zu kämpfen. Hier ist viel Feuer unterm Dach, aber das führt nur zu einer destruktiven Leistung.
4. … sehr wenig Energie, aber diese hat eine hohe Qualität (links oben). Das ist die **Kuschelzone**. Unternehmen in diesem Qua-

dranten sind solche, in denen man sich die ganze Zeit lobt und liebhat. Hier herrscht ein Kuschelklima. Es ist eine sehr herzliche und liebevolle Gemeinschaft, die aber nicht unbedingt progressiv, leistungs- oder erfolgsorientiert ist. Die Mitarbeiter leben und arbeiten im Bewahrungsmodus.

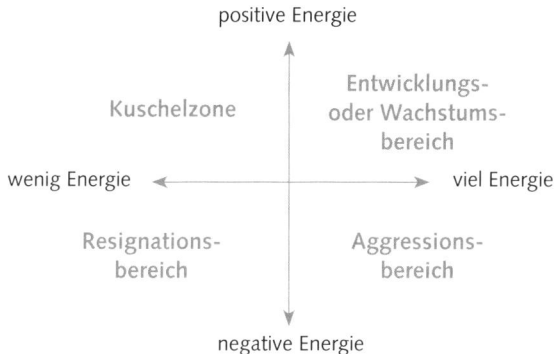

Deine Aufgabe ist es, in die Erfolgszone, also den Entwicklungs- und Wachstumsbereich mit viel positiver Energie, zu gelangen. Aber wie kommst du zum Beispiel vom Resignationsbereich aus dorthin? Indem du deine sechs Grundbedürfnisse nach Sicherheit, Abwechslung (Unsicherheit), Wachstum und Erfolg, Bedeutsamkeit, Verbundenheit und Liebe und Mitwirkung erfüllst (s. auch Kapitel »Wir brauchen eine Revolution«). Bei Menschen geht die Qualität, aber auch die Quantität von Energie immer dann flöten, wenn eines der Grundbedürfnisse nicht ausreichend befriedigt ist. Wenn also starke Defizite und Sehnsüchte vorliegen.

ÜBRIGENS: Bei jedem Menschen sind mindestens ein oder zwei dieser emotionalen Grundbedürfnisse besonders stark ausgeprägt, sie werden daher bei ihm höher gewichtet. Überleg dir doch mal, wie sich diese Rangfolge bei dir darstellt. Das lässt sich ganz einfach überprüfen: Lass die Bedürfnisse einzeln gegeneinander antreten. Stell dir also die Frage, welches der Bedürfnisse gewinnen würde. Das machst du mit allen und verteilst jeweils einen Punkt beim Gewinner. Hast du jedes gegen jedes antreten lassen, siehst du deutlich, welche Bedürfnisse bei dir am stärksten ausgeprägt sind.

Wenn Teams in einen starken Schmerz rutschen, herrscht meist bei einem oder mehreren Mitgliedern ein großes Defizit bei den Grundbedürfnissen. Deshalb befinden sie sich extrem in den Bereichen Aggression oder Resignation. Das Problem betrifft also die Energiequalität.

Hast du zum Beispiel ein Team, das stark über die Grundbedürfnisse Liebe, Verbundenheit, Zusammengehörigkeit und Familie funktioniert – ein sehr soziales Team also – und die Führungsetage reißt dieses Team ohne ersichtlichen Grund auseinander, ist das dem Energielevel sicher nicht zuträglich und die Aggression wird ansteigen. In der Aggression ist die Energie zunächst zwar noch immer sehr hoch. Hält dieser Zustand jedoch an, geht viel verloren.

Am Anfang rebellieren die Betroffenen in so einer Situation und wenden noch viel Energie für das Dagegenhalten auf. Gesellschaftlich gesehen gehen Menschen dann auf die Straße und demonstrieren. Doch hält dieser Zustand zu lange an, geht auch hier Energie flöten und die Menschen rutschen von der Aggression in die Frustration und oftmals danach in die Resignation.

Die Erfüllung der sechs emotionalen Grundbedürfnisse ist also der Schlüssel. Wir müssen herausfinden, bei welchen dieser Bedürfnisse uns die meiste Energie verloren geht, wenn sie nicht erfüllt werden. Das sind in der Regel diejenigen, die uns am wichtigsten sind. Wenn ich die kenne, kann ich mich um die Erfüllung kümmern und dadurch mein Energielevel steigern.

Die Erfüllung der Grundbedürfnisse ist der Schlüssel.

ÜBRIGENS: Im Spitzensport gewinnen auch nicht diejenigen, die am meisten Talent haben, sondern diejenigen, die in der Lage sind, ihre Energie im entscheidenden Moment am besten zu fokussieren und am meisten positive Energie zu erzeugen. Denk mal an Boris Becker zurück. Wie kein anderer konnte er seine Emotionalität, egal ob positiv oder negativ, auf dem Platz in positive Energie umwandeln. Anstatt sich vom Frust über verlorene Bälle leiten zu lassen und die freigesetzte Energie destruktiv einzusetzen, verwandelte er sie in mehr Leistung, indem er mehr von seinem zur Verfügung stehenden Potenzial freisetzte.

Steigerung der Energiemenge

Bisher habe ich hauptsächlich darüber gesprochen, wie wir die Qualität der Energie steigern können. Was ist aber, wenn du zu wenig Energie hast? Dann befindest du dich im Kuschelklima oder auch im Resignationsbereich. Das Erhöhen der Energiemenge funktioniert über diese drei Hebel:

1. Veränderung des körperlichen Zustands

Deinen körperlichen Zustand veränderst du, indem du die Aktivität steigerst. Im Wort »Emotion« steckt ja »motion«, die Emotion folgt also der körperlichen Bewegung. So können wir unsere Energie erhöhen, indem wir unseren Körper benutzen.

Wenn du Führungskraft bist, musst du dein Team etwas tun lassen, die Mitarbeiter in Bewegung bringen. Da helfen zum Beispiel gemeinsame Aktivitäten, Events oder Ähnliches.

2. Veränderung der Sprache

Die Art und Weise, wie ein Mensch mit sich selbst, aber auch mit anderen und über andere, zum Beispiel innerhalb seines Teams, über Kunden, über das Unternehmen, über Projekte und vieles mehr spricht, hat einen riesigen Einfluss auf sein Energielevel und seine Energiemenge. Das heißt, alle Sprachmuster, in denen wir kommunizieren, haben eine Wirkung auf unsere Energiemenge und die innerhalb eines Teams.

Ein anschauliches Beispiel ist der sogenannte Flurfunk. Das hast du doch sicherlich auch schon erlebt, wenn zum Beispiel an der Kaffeemaschine über den Chef, die Kollegen, die neue Telefonanlage oder Ähnliches gelästert wird. Diese Art der Sprache beeinflusst deine und die Energie deines Teams maßgeblich. Selbst wenn du dir diese Gespräche nur anhörst, verfehlen sie ihre Wirkung auf deine Energie nicht. Du kannst also sagen, dass die Energie eines Menschen und eines Teams von den Geschichten abhängig ist, die man sich erzählt und anhört.

Wie wir sprechen, beeinflusst unsere Energie.

Der Einfluss auf dein Energielevel fängt bereits beim Selbstgespräch an. Mit diesem Gespräch verbringst du schließlich einen Großteil des Tages. Wusstest du, dass der Dialog mit uns selbst täglich bis zu 50.000 Wörter umfasst?

Wenn ich sehe, dass Menschen über wenig Energie verfügen, weiß ich meist auch, was für innere Dialoge sie führen – auf jeden Fall keine positiven. Ich rate ihnen dann stets, sich zu überlegen, ob sie auch mit ihrem besten Freund so sprechen würden. Sicherlich nicht. Auch mit uns selbst sollten wir niemals negativ sprechen. Das beeinflusst nämlich auch unsere Biochemie negativ.

Das Schöne ist aber, dass du diesen inneren Dialog verändern kannst, indem du dir bewusst machst, was du über dich selbst, die Vorgesetzten, die Welt an sich und vieles mehr denkst. Dann veränderst du die negative Denkweise aktiv in eine positive. Damit kannst du auch deine Energiemenge steigern.

3. Veränderung des Fokus

Das Thema Fokus ist so wichtig, dass ich ihm ein eigenes Kapitel gewidmet habe. Mehr dazu findest du in »Fokus – Wie wir ihn richtig setzen, um intensiv voranzukommen«.

Energiemanager und Menschenexperte werden

Das Erzeugen von positiver Energie ist für unseren Erfolg so wichtig, dass wir alle versuchen sollten, bessere Energiemanager zu werden. Ganz besonders gilt das aber für Führungskräfte. Ein Team funktioniert eben immer nur dann, wenn das Energiemanagement der Mitglieder stimmt. Als Führungskraft solltest du deswegen deine Mitarbeiter wirklich kennen und wissen, welche ihre wichtigsten Grundbedürfnisse sind.

In Führungskräfteseminaren erfahre ich immer wieder, dass diese Erkenntnis für die Teilnehmer ziemlich schockierend sein kann. Ich habe sogar schon erlebt, dass eine Führungskraft aufgestanden ist und fassungslos sagte: »Wenn ich das so umsetzen soll, wie Sie das beschreiben, heißt das ja, dass ich jeden Tag überwiegend mit meinen Mitarbeitern sprechen muss!« Darauf gibt es meiner Meinung nach nur eine Antwort: »Ja, dafür werden Sie bezahlt.« Mit den Mitarbeitern zu sprechen kostet Zeit. Aber es lohnt sich.

Gute Führungskräfte können Energie managen.

Um wirklich führen zu können, müssen wir wissen, wie Menschen funktionieren – auch energetisch. Das sollten wir eigentlich schon in der Schule lernen. Bisher bringt uns das dort aber keiner bei. Die Maschinen, mit denen wir arbeiten werden, bekommen wir erklärt. Die Menschen aber nicht. Zum erfolgreichen Energiemanagement gehört beispielsweise, bei anderen zu erkennen, welche Grundemotionen die wichtigsten sind und welche Bedürfnisse am stärksten ausgeprägt sind. Wenn du das als Führungskraft wahrnimmst und so die richtigen Knöpfe drückst, kannst du viel positive Energie freisetzen. Drückst du den falschen, sorgst du möglicherweise für viel Schmerz.

Die Kunst der Führung ist es, Knöpfe konstruktiv zu drücken, sodass du damit die Menschen inspirierst. Welche Knöpfe das bei den Mitgliedern deines Teams sind, kannst du nur herausfinden, wenn du die Menschen beobachtest. Denn Menschen zeigen dir ihre Bedürfnisse, ohne dass du viel tun musst. Beobachten geschieht nicht nur mit den Augen, sondern auch mit den Ohren und den eigenen Emotionen. Das nennt man dann Empathie. Bist du empathisch, bist du auf dem richtigen Weg zum Menschenexperten.

Empathie macht dich zum Menschenexperten.

Dafür musst du aber Zeit mit Menschen verbringen. Denn wer selbst interessant sein möchte, muss sich für Menschen interessieren. Das gibt Energie und fördert damit die Leistungsbereitschaft und -stärke. Die Menschen im Unternehmen fühlen sich wahrgenommen. Ein wunderbarer Nebeneffekt: Mitarbeiter bleiben gern dort, wo sie für das, was sie sind, wahrgenommen werden, nicht nur für das, was sie leisten. Wird stattdessen, wie leider immer noch viel zu oft in Unternehmen, Druck erzeugt, um vorgegebene Zahlen zu erreichen, sinkt das Energielevel von Mitarbeitern und Teams eher ab. Dabei müssen wir aber klar unterscheiden: Es gibt schlechten Druck, aber auch guten.

Guter Druck oder schlechter Druck?

Ich bekomme immer wieder Kommentare in den sozialen Medien oder per E-Mail von Menschen, die sich wünschen, weniger zu »müssen«. Deshalb soll ich als Coach am besten das Wort aus meinem Sprachgebrauch streichen. Außerdem ist das Internet voller Sprüche wie »Einen Scheiß muss ich!« – tausendfach gesehen, gelikt und geteilt. Als ob das Wort »müssen« wirklich der Grund für all den Druck darstellt, den wir uns selbst machen und machen lassen.

Ja, wir stehen oftmals zu sehr unter Druck, und wir glauben auch viel zu oft, dass wir dieses oder jenes müssen. Gerade weil wir uns viel Müssen von anderen aufoktroyieren lassen, ist es Fakt: Müssen verhindert oft das Wollen.

Der Satz »Ich muss gar nichts« ist aber ein gefährlicher Glaubenssatz, den du nicht mit dir rumtragen solltest. Denn damit begibst du dich automatisch in eine Widerstandshaltung – du lenkst also deine Energie gegen etwas, anstatt sie für etwas einzusetzen. Und das willst du sicher nicht.

Ja, wir benutzen viel zu schnell die Formulierung »Ich muss« oder »Du musst«. Wie üblich macht hier aber die Dosis das Gift. Du darfst »Ich muss« niemals ausschließen, wenn du Ziele erreichen möchtest. Wenn du zum Beispiel abnehmen willst, dann musst du weniger essen und mehr Sport machen. Da führt kein Weg dran vorbei. Oder wenn du ein glückliches Lebensgefühl haben willst, musst du ein entsprechendes Umfeld haben, weil du ohne ein positives Umfeld niemals glücklich werden kannst. Wenn du zu viel Stress hast, musst du offenbar Dinge loslassen und lernen, Stress abzubauen. Du siehst, worauf ich hinaus will? Wenn du nicht bereit bist, auch einmal Druck auszuhalten, und das Wort »müssen« bei dir Druck erzeugt, wirst du mit Sicherheit noch viel leiden müssen.

Manchmal gibt es eben keine echte Alternative. Du könntest einfach beschließen, nicht schlank zu werden. Okay. Und du musst auch nicht glücklich werden. Doch wenn das deine Wünsche sind, dann musst du auch konsequent handeln. Denn wenn du ein Ziel definierst und an einem bestimmten Punkt im Leben dort ankommen willst, musst du etwas verändern. Das ist das Gesetz von Ursache und Wirkung. Wenn du dieses Gesetz ausschließt, dann lebst du gegen das Prinzip des Universums.

»Ich muss gar nichts« ist Realitätsverweigerung. Punkt. »Müssen« ist an sich kein negatives Wort. Wenn du »müssen« so unangenehm findest, überleg dir am besten, woher dein Widerstand gegen das Wort oder die

Formulierung kommt. Vielleicht hat dein Lifestyle bisher dazu geführt, dass du so empfindest? Aber genau das hält dich womöglich auch davon ab, das Leben zu führen, das du gerne haben möchtest.

Die Frage, die du dir stellen solltest, lautet: Handelt es sich um ein selbst gewähltes oder ein fremdbestimmtes Müssen? Das Müssen, das von außen kommt, führt dazu, dass wir uns getrieben fühlen. Von dieser Art des Müssens sollten wir im Leben Abstand nehmen. Wenn wir uns aber selbst Ziele setzen, ist es wichtig, dass wir selbst darüber entscheiden, was wir tun müssen, um sie zu erreichen. Dieses selbst gewählte Müssen hat durchaus seine Berechtigung.

> **Das Müssen, das du selbst wählst, bringt dich weiter.**

Wie du deinen Stress um 90 Prozent reduzierst, zeige ich dir hier in meinem Video:

Ein ungeliebtes Leben ist die Schleifspur jahrelang ungelebter Vorsätze, Ziele und Werte.

Deshalb sorge stets dafür, dass du die Energie generierst, die dich deine Werte leben lässt und dir die Chance gibt, deine Vorsätze umzusetzen und deine Ziele zu erreichen. Um am Ende noch mal auf Katharine Hepburn zurückzukommen: Generiere die Energie, die dich zum Star deines Lebens werden lässt.

KURZ GESAGT:

1. Viele Menschen stellen sich die Frage nach dem Potenzial. Das ist aber der falsche Ansatz. Denn in uns allen ist das Potenzial angelegt, ganz viel zu schaffen. Wir müssen stattdessen auf die Störfaktoren schauen, die unsere Energie auffressen, um diese aufzulösen und zu beseitigen.
2. Jede Herausforderung, die sich dir stellt, ist nicht dafür da, um dich zu blockieren oder zu zerstören, sondern dafür, dich wachsen zu lassen.

3. Die Zukunft wird stark von der Qualität des Energiemanagements geprägt. Das gilt sowohl für unsere eigene Energie als auch für die Energie, die Führungskräfte in Teams managen müssen. Um Menschen zu führen, muss man sie mit ihren Emotionen und Bedürfnissen kennen. Der Manager der Zukunft muss deswegen auch ein Menschenexperte sein.

4. »Müssen« ist per se kein schlechtes Wort. Aber unser Verhältnis dazu ist belastet. Kommt es von außen, setzt es uns schnell unter Druck und erzeugt damit einen Energieabfall. Das liegt oft daran, dass wir ein anderes Leben führen, als wir uns wünschen. Entscheiden wir uns aber selbst für das, was wir tun müssen, um ein selbst gewähltes Ziel zu erreichen, lässt sich dieser Druck in positive Energie verwandeln.

Misserfolgsvermeider oder Erfolgssucher?

Als **Misserfolgsvermeider** beschwerst du dich gerne, besonders über das, was dir scheinbar Energie raubt. Du bist in der Kuschelzone oder im Bereich der Resignation unterwegs und lässt dich von deinen negativen Gedanken und Worten, aber auch denen deines Umfelds so stark beeinflussen, dass du deine Werte, Vorsätze und Ziele zu schnell aus den Augen verlierst. Du lebst nach dem Motto: »Ich kann's ja eh nicht ändern.« Besser wäre, dein Potenzial mit positiver Energie zu aktivieren und dich auf das, was du schaffen willst, zu fokussieren.

Als **Erfolgssucher** beherrschst du dein Energiemanagement so gut, dass du es schaffst, all deine Emotionen in positive Energie zu verwandeln – ob positive Emotionen oder negative Emotionen. Du hast verstanden, wie wichtig die Ressource Energie ist, um heute und morgen das Leben zu führen, das du dir wünschst. Du schreitest mit guten Vibes und vorwärtsgewandten Ankündigungen in Richtung einer erfolgreichen Zukunft, bist überwiegend im Wachstumsbereich oder mit großen Schritten unterwegs dorthin.

Die Illusion von Sicherheit – Wie wir sie loslassen, um entspannt und flexibel zu handeln

*Wenn du glaubst, alles unter
Kontrolle zu haben, fährst du zu langsam.*

MARIO ANDRETTI, EHEMALIGER FORMEL-1-WELTMEISTER

Kennst du diesen Spirit, der oft in großen Firmen vorherrscht? Die trügerische Sicherheit. Ich würde bei vielen sogar von Trägheit, Blindheit oder Unbeweglichkeit sprechen. Denn der Glaube an Tradition und das Festhalten an alten Werten und Vorstellungen prägt noch immer viele Firmenkulturen. Immer wieder hört man Sätze wie: »Wir sind zu groß, um zu scheitern«, »Wir haben schon ganz anderes überstanden, das ist nur eine kleine Krise« oder »Uns gibt es doch gefühlt schon immer«. Ich habe schon so viele Entschuldigungen dafür gehört, warum in Unternehmen nichts verändert werden sollte. Es läuft ja alles – warum etwas ändern, was sich über Jahrzehnte und länger bewährt hat und mit dem man sich sicher fühlt? Deshalb fahren viele in Sachen Weiterentwicklung mit angezogener Handbremse oder eben nur so schnell, dass sie genau wissen, sie haben noch über alles die Kontrolle.

Aber wie in der Formel 1 so ist es eben auch in der Wirtschaft. Wer glaubt, alles unter Kontrolle zu haben, der fährt einfach zu langsam.

Zum einen habe ich, glaube ich, inzwischen deutlich genug gezeigt, dass der Wandel in einem unglaublichen Tempo eine Realität ist, an der keiner vorbeikommt. Zum anderen wissen wir, dass nie etwas genau so bleiben kann, wie es ist, weil das eben nicht Sicherheit, sondern Stillstand und damit Tod bedeuten würde. Wir müssen Unbekanntes erobern und deshalb das Risiko der Veränderung eingehen. Ich gehe sogar so weit und sage:

Wer nicht bereit ist, mit Unbekanntem zu leben und sich mit gewissen Risiken nach vorne zu wagen, wird endgültig scheitern.

Trotzdem sind viele Unternehmer selbst etwas träge. Die meisten wissen ziemlich genau, dass sie, solange sie unbeweglich sind, der Zeit hinterherhinken. Aber sie schaffen es einfach nicht, ihre Mitarbeiter auf eine Reise in die Zukunftsfähigkeit mitzunehmen. Da ist sie wieder, die Vollkaskomentalität, über die ich bereits gesprochen habe und auf der sich so viele Mitarbeiter ausruhen, wenn die Führung nicht stimmt.

Der Blick zurück

Ich erzähle dir dazu eine wahre Geschichte, die ich vor einigen Jahren erlebt habe. Ich wurde damals von einem großen deutschen Bankenverbund für eine Rede gebucht. Das Leitmotiv des Events: Zukunftskongress. Über ganz Deutschland hinweg gab es drei jeweils eintägige Veranstaltungen für Führungskräfte und Entscheidungsträger wie Vorstände, Abteilungsleiter, Großkundenberater etc. Pro Event waren circa 1.500 bis 2.000 Personen anwesend.

Das Ablauf war standardisiert: Vor mir war immer der Regionalleiter dran, und ich ging als zweiter Redner auf die Bühne. Mir fiel schon am ersten Tag auf, dass der Regionalleiter in 60 Minuten Vortrag 50 Minuten lang über die Bilanzzahlen des Vorjahres, also über die Vergangenheit referierte. Das fand ich bei einem Zukunftskongress schon etwas seltsam. Die restlichen zehn Minuten sprach er über die Gegenwart und darüber, dass sie eigentlich sowieso die Größten seien und die Zukunft toll werden würde.

Dann kam ich auf die Bühne und hielt meinen Vortrag »Veränderungslust«. Ich sollte die Leute mental auf die großen Veränderungen einstimmen, die in der Branche anstanden. Irgendwann während des Vortrags kam ich zu einer Folie, mit der ich zeigte, wie dramatisch sich die Geschäftsmodelle in der Welt verändert haben. Ich gab den Zuhörern ein paar interessante Beispiele: Netflix ist der weltweit größte Kinofilmanbieter, der (damals) kein eigenes Kino besaß. Airbnb gehört zu den größten Übernachtungsanbietern, hat aber kein eigenes Hotel. Facebook als eines der größten Medienunternehmen produziert so gut wie keine eigenen Inhalte, und WhatsApp, das zu den größten Telefondienstleistern gehört, besitzt keine eigene Infrastruktur.

Bis zu diesem Zeitpunkt gingen die Leute bei allen drei Vorträgen gut mit und die Stimmung im Saal war prima. Bis dahin hatte ich aber auch noch nicht über das gesprochen, was die Finanzbranche revolutionierte. Denn all die vorab genannten Firmen sind für das Bankenwesen nicht wirklich von Bedeutung. Also habe ich an dieser Stelle gefragt: »Wer von Ihnen kennt SocietyOne?« In drei Vorträgen bei knapp 5.000 Entscheidern einer systemrelevanten Bankgruppierung hob kein Einziger die Hand. Mach dir keine Gedanken, wenn du diese australische Peer-to-Peer-Kreditplattform ebenfalls nicht kennst. Vielleicht hast du ja schon von auxmoney gehört? Die haben ein ähnliches System. Für all die Entscheidungsträger der Finanzbranche, die mit fragenden Gesichtern vor mir saßen, war es aber ein Problem, einen der am stärksten wachsenden Finanzdienstleister, der bisherige Systeme revolutioniert, nicht zu kennen – einen echten Konkurrenten am Markt. Denn einen Gegner, den du nicht kennst, kannst du nicht besiegen.

Du kannst dir sicher vorstellen, dass diese Erkenntnis der Stimmung der Leute nicht gerade zuträglich war. Und erst beim dritten Vortrag kam der örtliche Regionalleiter hinterher zu mir und sagte: »Sie haben den Finger gut in die Wunde gelegt. Es gibt viel zu tun. Wir müssen weiterarbeiten.«

Weißt du überhaupt, wer deine Branche revolutioniert?

Rückwärtsgewandtes Bubble-Denken

Warum habe ich dir diese Geschichte erzählt? Weil sie ein deutliches Beispiel dafür ist, dass wir uns viel zu viel mit der Vergangenheit beschäftigen und nur mit uns selbst und unserer Blase. Dabei vergessen wir aber unsere eigene Entwicklung und als Unternehmen die Marktentwicklung. Wir befinden uns auf der Bewahrungsebene. Es geht um Machterhalt und Ähnliches. Aber genau von diesem Denken müssen wir uns lösen. Das gehört in die Kategorie »Erfolgsfaktoren der Vergangenheit«. Ich sag nur: Vollkaskomentalität. Die habe ich ja inzwischen schon ein paarmal erwähnt.

Für den Erfolg in der Zukunft müssen wir aber weg von dem, was gestern gut war, und aufhören, diese Werte und Tugenden zu verteidigen, um stattdessen auf das Morgen zu schauen. Um es sinngemäß mit den Worten von Götz Werner zu sagen: Wenn ich heute oder gestern Erfolg hatte, heißt das nur, dass ich die Fragen von gestern richtig beantwortet habe. Wenn ich morgen Erfolg haben möchte, muss ich erkennen, dass ich mir heute und auch morgen andere Fragen stellen muss, um den bisherigen Erfolg weiterzuführen.

ÜBRIGENS: Auch die Reaktionen auf eine Pandemie sind ein gutes Beispiel dafür, wie sich unsere Denkmuster ändern müssen. Wir dürfen, um in Krisensituationen Maßnahmen zu ergreifen, nicht auf die Erkenntnisse warten, die wir in einem Jahr haben werden. Denn dann werden wir nur sehen, was wir alles hätten tun müssen, aber nie getan haben. Wenn man immer nur das entscheidet, was man sicher weiß, entscheidet man irgendwann fast gar nichts mehr. Diese Politik der Vorsicht wirft uns aus meiner Sicht immer mehr zurück, statt uns in die Zukunft zu bringen.

Ziele, die begeistern und Angst machen

Die kanadische Eishockey-Legende Wayne Gretzky bringt es auf den Punkt:

> *Ein guter Eishockeyspieler spielt dort,*
> *wo der Puck ist. Ein großartiger Eishockey-*
> *spieler geht dorthin, wo der Puck sein wird.*

So sollte es auch bei allen Unternehmern und jeder guten Führungskraft sein. Denn für alle geht es darum, nach vorne zu gehen, anstatt nach hinten zu schauen. Aber natürlich ist vorne auch immer da, wo sich noch keiner auskennt. Denn da war ja bisher noch keiner. Gehst du also nach vorne, bringt das immer auch Unsicherheit mit sich.

Wir müssen uns also gewisse Ziele setzen, von denen wir noch nicht wissen, wie wir sie erreichen können. Dafür müssen wir aber das Sicherheitsdenken, die Vollkaskomentalität und unsere Versessenheit auf Pläne, Kontrolle und Ordnung loslassen, weil wir ansonsten unsere Lern- und Wachstumsgeschwindigkeit und damit unsere Entwicklung stark begrenzen. Deshalb brauchen wir Ziele, die uns begeistern, aber gleichzeitig auch Angst machen. Ziele, die uns motivieren und uns gleichzeitig aus der Komfortzone rausholen, weil wir uns mit ihnen noch nicht auskennen. Das sind gute Ziele.

Nach vorne gehen bringt Unsicherheit mit sich.

> **Wenn dir die Aufgabe, die du dir ausgesucht hast,**
> **keine Angst macht, ist sie zu klein.**

Eine Bestätigung für diese These habe ich ausgerechnet bei einer Doku über Hollywood bekommen. Die bekanntesten Schauspieler der Traumfabrik wurden darin gefragt, nach welchen Kriterien sie sich ihre neuen Rollen aussuchen. Alle gaben dieselbe Antwort: »Die Rolle macht mir Angst.«

Genau das passiert auch allen, die sich selbstständig machen: Sie haben Angst – vor dem Verlust der scheinbaren Sicherheit in der Festanstellung, vor dem Ausbleiben von Kunden, vor dem generellen Scheitern oder davor, den Anschluss zu verpassen. Natürlich kann all das wirklich geschehen, aber man kann dem vorbeugen – indem man aufmerksam bleibt und flexibel reagiert. Doch gerade in der Anfangszeit geht mit der Selbstständigkeit in der Regel so viel Arbeit einher, dass man dabei leicht vergisst, Entwicklungen zu beobachten. Viele sind dann ganz im Tunnel des Tagesgeschäfts und nehmen sich keine Zeit mehr für Screenings, Ideen- und Weiterentwicklung.

> **Wir sollten im Blick behalten, was um uns herum geschieht.**

Viel zu tun zu haben, vermittelt Selbstständigen das Gefühl von Sicherheit. Klar, dass sie dann nur selten daran denken, zu beobachten, was um sie herum geschieht, und sich zu fragen, wie sie sich in der Selbstständigkeit weiterentwickeln können. Das tun sie leider häufig erst dann, wenn die Krise bereits da ist. Das kann eine generelle Rezession ebenso sein wie eine Krise der Branche oder auch der ein oder andere Megatrend, der alles auf den Kopf stellt. Es wäre aber viel, viel besser und leichter, wenn wir stets auch das im Blick behalten würden, was um uns herum geschieht, um auch dann, wenn wir bereits gut zu tun haben, noch Neues, an immer wieder neue Situationen Angepasstes zu kreieren.

Krisen und neue Ideen

Sagt dir der Name Liebscher & Bracht etwas? Das sind die Ärztin Dr. med. Petra Bracht und der Schmerzspezialist Roland Liebscher-Bracht. Sie führen ein Gesundheitszentrum in Bad Homburg. So weit erst einmal nichts Außergewöhnliches. Spannend wird es, wenn man sich ihren YouTube-Kanal ansieht. Die beiden haben fast 900.000 Abonnenten und ihre Videos werden millionenfach geklickt. Was ist daran ungewöhnlich?

1. Die beiden sind nicht gerade im klassischen YouTuber-Alter und auch die Themen, die sie behandeln, zielen auf eine ältere Nutzergruppe ab.
2. Sie arbeiten in einer Branche, in der es, so mag man denken, fast ausschließlich auf den persönlichen Kontakt ankommt und in der man die Digitalisierung des Angebots nicht erwarten würde.

Liebscher & Bracht beschäftigen sich mit dem Körper und dem Loswerden von Schmerzen. Gemeinsam haben sie eine wirksame Schmerztherapie entwickelt. Ich möchte an dieser Stelle keine Werbung für eine spezielle Therapie oder für die beiden machen. Mir kommt es auf den revolutionär gedachten Ansatz an, den die beiden fahren: Neben dem normalen Praxisalltag stellen sie ihr Wissen über zahlreiche, detailliert erklärte Übungen auf ihrem YouTube-Kanal zur Verfügung. Gratis. Das, womit die beiden ihr Geld verdienen – ihr Wissen und dessen praktische Anwendung – gibt es bei YouTube für jeden völlig umsonst.

Jetzt fragst du dich vielleicht, warum Liebscher & Bracht das machen. Was haben sie davon? Viele würden sagen, sie machen sich mit ihrem Gratiscontent selbst überflüssig. Denn sie haben bereits Hunderte Videos über alle möglichen körperlichen Beschwerden produziert. Kurze, knackige Videos, in denen Herr Liebscher anschaulich erklärt, was los ist, und zwei, drei Übungen zeigt, die jeder einfach zu Hause nachmachen kann. Ich spreche hier aus Erfahrung. Denn ich hatte selbst schon körperliche Probleme, die ich nur damit weggekriegt habe.

Klar, dass man da erst mal denkt: Was ist denn das für ein absurdes Geschäftsmodell? Es ist das Geschäftsmodell der Lösung! Liebscher & Bracht haben sich gefragt, was die Leute brauchen, und einfache Lösungen dafür angeboten. Und sie haben vorhergesehen, dass der Puck auch bei ihrer Zielgruppe landen würde. Denn die niedrige Eintrittsschwelle begünstigt die Nutzung auch für eine mehr analog getriebene Zielgruppe.

Wertvolle Inhalte für null Euro? Ja, das funktioniert!

Der Effekt, den die beiden erzeugt haben, ist der Hammer. Wenn du selbst einen YouTube-Kanal besitzt, weißt du, wie schwierig es ist, eine hohe sechsstellige Abonnentenzahl zu erzielen. Stand Juni 2020 haben die beiden außerdem 147 Millionen Videoaufrufe generiert. Eine Onlineausbildung gibt es auch. Nebenbei haben sie sich durch die digitalen Produkte zu Topexperten in Sachen Schmerztherapie entwickelt, und das nur über den Bekanntheitsgrad.

Liebscher & Bracht haben sich also gefragt: Was brauchen die Menschen? Dann haben sie ihr Wissen und ihre Kenntnisse an die Öffentlichkeit gebracht, anstatt sie wie ein Geheimnis zu hüten und zu verteidigen. Warum sind sie damit so erfolgreich? Diese Frage kannst du dir leicht selbst beantworten. Hast du schon mal versucht, auf die Schnelle einen Termin beim Physiotherapeuten oder Osteopathen zu bekommen? Dann, wenn die Schmerzen akut sind, klappt das selten innerhalb kurzer Zeit.

Die beiden haben also vom Markt aus gedacht. Sie haben einen Engpass in der Bevölkerung mit ihrer neuen, digitalen Dienstleistung ausgeglichen. Das nennt man Engpasskonzentrierte Strategie oder kurz EKS[45]. Eine alte Lehre der Betriebswirtschaft wird auf diese Weise auf den Kopf gestellt. In der klassischen BWL ging man vom Produkt oder der Dienstleistung aus und budgetierte dann mit dem Marketingmix, um Produkt oder Leistung unter die Leute zu kriegen. Das Angebot wurde in den Markt geschoben in der Hoffnung, dass die Menschen schon kapieren, dass das, was ihnen da angeboten wird, toll ist und sie es unbedingt brauchen. Die EKS, die übrigens schon in den 1970er-Jahren entwickelt wurde, funktioniert genau umgekehrt: Wir haben kein Produkt, sondern schauen in den Markt, um die Schmerzpunkte der Menschen zu finden. Wo liegen ihre größten Bedürfnisse, Sehnsüchte und Wünsche? Die werden dann analysiert. Erst dann wird das Produkt oder die Dienstleistung entwickelt, als passgenaue Lösung für Probleme.

Die EKS geht von den Schmerzpunkten der Menschen aus.

So wie Liebscher & Bracht machen es auch viele Topunternehmen der Welt. Sie haben sich von dem, was bisher als Kompetenz angesehen wurde, wie Ausbildungen, Abschlüsse etc. gelöst und sind direkt in den Markt gegangen.

1. **Apple:** Anstatt sich zu fragen: »Braucht die Welt noch mehr Computer?«, hat Apple nicht nur die ersten Geräte gebaut, die ein besonderes und ansprechendes Design hatten, sondern auch über ein Image eine Community aufgebaut, zu der alle gehören wollten, die kreativ, cool und hip sein wollten. Nicht umsonst werden Apple-User auch Jünger genannt. Kannst du dich noch an die »Get a Mac«-Spots[46] mit Schauspieler Justin Long (aka Mac) und Autor John Hodgman (aka PC) erinnern? Schau rein, dann ist dir klar, worauf ich hinauswill. Aber die größte Stärke von Apple ist es sicherlich, immer wieder die Bedürfnisse der Kunden vorherzusehen: viel Musik für die Hosentasche (iPod), Computer, Kamera und Telefon in einem (iPhone) und vieles mehr.

2. **FIVERR:** Das israelische Unternehmen ist angetreten, um die Welt der Freelancer zu revolutionieren: weltweit Jobs bekommen, egal wo man sich gerade befindet, und das über eine Plattform, die alles abwickelt. Mit diesem Konzept zahlt FIVERR wie kaum ein anderes Unternehmen in das Lebenskonzept der

»Global Nomads« ein, die einen mobilen, globalen Lifestyle zelebrieren und von überall auf der Welt ihre Jobs erledigen wollen.

3. **YFood:** Für alle die Menschen, die sich aus Zeitmangel schlecht ernähren, bietet YFood eine Lösung: gesunde Drinks und Riegel, die ganze Mahlzeiten ersetzen können und dafür sorgen, dass der Körper auch unter Stress noch alle notwendigen Nährstoffe erhält.

ÜBRIGENS: Ein Topunternehmen muss nicht unbedingt ein großer Konzern sein wie Apple. YFood zum Beispiel ist noch ein Start-up, das bei »Die Höhle der Löwen« pitchte, um Unterstützung zu erhalten, und sie von Frank Thelen bekam. Die Firma ist deswegen in meiner Liste, weil sie, wie Liebscher & Bracht, erkannt hat, wo das Problem der Leute liegt – in diesem Fall darin, dass für gesunde Ernährung die Zeit fehlt. Dafür hat YFood eine Lösung gefunden. So machen das die Topunternehmen der Zukunft.

KURZ GESAGT:

1. Sicherheit ist trügerisch und gehört zu den Erfolgsfaktoren der Vergangenheit. Wir müssen unser Sicherheitsdenken revolutionieren und lernen, mit Unbekanntem und Risiken umzugehen.

2. Um auch in Zukunft erfolgreich zu sein, dürfen wir nicht stehenbleiben. Wir müssen stets einen Blick auf die eigene Entwicklung, aber auch auf die Entwicklung der Märkte und der Konkurrenz werfen. Denn wer seine Gegner nicht kennt, kann sie auch nicht besiegen.

3. Vorne ist immer dort, wo sich noch keiner auskennt. Genau dort findet in Zukunft der Erfolg statt, obwohl sich dort auch Risiken und Unsicherheiten befinden.

4. Anders denken und den Markt antizipieren sind zwei der wichtigsten Erfolgsfaktoren der Zukunft. So können die eigenen Produkte und Dienstleistungen Probleme lösen und damit echten Mehrwert bieten, anstatt mit altem Marketingwissen nur in den Markt gedrückt zu werden.

Misserfolgsvermeider oder Erfolgssucher?

Als **Misserfolgsvermeider** bist du stark an das Sicherheitsdenken der Vergangenheit gebunden. Du fühlst dich am wohlsten, wenn alles so bleibt, wie es ist. Risiken einzugehen ist nicht dein Ding. Stattdessen verlässt du dich lieber auf die guten alten Werte und Traditionen, die bereits in den letzten Jahren und Jahrzehnten funktioniert haben.

Als **Erfolgssucher** verfügst du über eine große Portion Neugier und Veränderungslust. Du hast längst erkannt, dass der Wandel keinen Stein auf dem anderen lässt. Anstatt die Trümmer aus dem Weg zu räumen und tatenlos darauf zu schauen, was vom Erfolg vergangener Tage noch übrig ist, möchtest du lieber mit diesen und neuen Steinen andere Wege bauen.

Fokus – Wie wir ihn richtig setzen, um intensiv voranzukommen

*Konzentriere dich völlig auf das, was du jetzt
gerade tust. Das Sonnenlicht kann kein
Feuer verursachen, wenn du es nicht fokussierst.*

ALEXANDER GRAHAM BELL, SCHOTTISCHER ERFINDER (1847–1922)

Ich bin in Sachen Fokus ganz der Meinung von Herrn Bell. So wie mit dem Sonnenlicht verhält es sich mit allem, was wir tun. In diesem Kapitel möchte ich aber noch viel tiefer in das Thema einsteigen und unter anderem die Frage beantworten: Worauf soll ich mich fokussieren?

Die zwei Welten

Wir alle leben gleichzeitig in zwei Welten – in einer äußeren und in einer inneren. Auf die äußere Welt beziehen sich unsere Interessen – unsere Wünsche, Erwartungen und Ziele. Ich nenne das den **Interessenbereich**. In Unternehmen sind das Dinge wie Marktanteil, Umsätze, Gehälter und wie Vorgesetzte oder Kollegen sich verhalten. Innerhalb dieses Interessenbereichs gibt es noch einen zweiten Bereich – den **Einflussbereich**. Im Einflussbereich liegt alles das, was ich selbst beeinflussen kann, zum

Beispiel mein Wissen, meine Kompetenz, meine Konzentrationsfähigkeit und meine Disziplin. Kurzum all das, was in mir ist. Das sogenannte Inner Game. Wie du weißt, komme ich ja aus dem Spitzensport. Da arbeiten wir viel nach dem Inner-Game-Prinzip, weil wir gelernt haben:

Wenn du das innere Spiel gewinnst, gewinnst du sehr häufig auch das äußere Spiel.

Um erfolgreich und glücklich zu sein, musst du also den Fokus auf deinen Einflussbereich legen. Dann hast du gute Chancen, auch den Interessenbereich zu dominieren. Und das funktioniert über zwei Grundprinzipien, die du dazu verinnerlichen musst.

1. Kontrolliere das Kontrollierbare

Das bedeutet: Kontrolliere das, was du kontrollieren kannst. Betrachtest du den Interessenbereich, merkst du schnell, dass dir der zentrale Faktor fehlt – die Kontrolle. Du kannst nicht kontrollieren, was außerhalb deines Einflusses liegt. Da ist es kein Wunder, dass dir all das, was du haben willst, was du aber nicht kontrollieren kannst, Angst macht. Und nicht nur Angst. Denn jede Art von negativem Gefühl entsteht, wenn dein Fokus primär im Interessenbereich liegt und nicht im Einflussbereich. Prüf das mal für dich selbst nach.

Denn du hast die Wahl: Entweder du schaust auf das, was du haben willst – mehr Geld vom Chef, die Benzinpreise sollen sinken, die Kinder fleißiger sein … Alles Wünsche, deren Erfüllung du nicht beeinflussen kannst, es sei denn, deine Kinder sind mit Süßigkeiten zu bestechen.

Oder du wendest deine Aufmerksamkeit all dem zu, was du tatsächlich beeinflussen kannst. Du kannst für den genannten Fall Süßigkeiten in großen Mengen einkaufen.

Im Ernst, ich mache das regelmäßig – nein, nicht Süßigkeiten kaufen, sondern meine negativen Gefühle analysieren. Wenn irgendeine Art von negativen Gefühlen bei mir aufkommt, zum Beispiel Wut, Ärger oder Trauer, stelle ich mir die Frage: Wo liegt mein Fokus gerade? Und ich stelle immer wieder fest, dass mein Fokus in solchen Momenten primär im Interessenbereich liegt. Das geht aber gegen meine Überzeugung: »Control the controllable.« Also versuche ich, meinen Fokus umzulenken.

Fokussiere dich auf das, was du beeinflussen kannst.

2. Wo die Aufmerksamkeit hingeht, fließt Energie

Oder auf Englisch: »Where attention goes, energy flows.« Diesen Satz hast du doch sicher schon öfter gehört. Das liegt daran, dass er so wichtig und gleichzeitig so wahr ist. Wenn meine Aufmerksamkeit mehr auf das geht, was ich kontrollieren kann – also auf den Einflussbereich –, dann wird dieser Bereich größer und stärker, weil ich an dem arbeite und das verbessere, was ich beeinflussen kann, wie zum Beispiel mein Wissen oder meine Kompetenzen.

Mein Denkmodell der zwei Welten zeichne ich inzwischen seit fast zehn Jahren bei Firmenvorträgen auf Whiteboards. Aber erst vor zwei Jahren habe ich seine Quintessenz im Detail begriffen:

Wenn der Einflussbereich immer größer wird, wird der Interessenbereich automatisch kleiner.

Warum ist das so? Wenn die Energie der Aufmerksamkeit folgt und somit der Einflussbereich wächst, schrumpft der Bereich für meine Interessen, Wünsche und Ziele, weil ich das, was in meinem Interessenbereich liegt, nach und nach in den Einflussbereich hineinziehe und damit kontrollierbar mache. Daher gilt:

Du bekommst Kontrolle über das, was du haben willst, wenn du aufhörst, zu kontrollieren, was du haben willst.

Das klingt wie ein Paradoxon, ist aber die Wahrheit. Und es zeigt, dass der Satz »Halte dir stets dein Ziel vor Augen« eine große Motivationslüge ist. Denn ständige Zielorientierung führt dazu, dass dein Fokus in einen Bereich geht, den du nicht kontrollieren kannst und der dir keine guten Gefühle bereitet. Das ist gerade in Sachen Motivation keine gute Voraussetzung. Ich sage nicht, Ziele sind unnötig. Sie sind wichtig, und auch eine selektive Zielorientierung ist ganz wunderbar. Aber dauerhafte Zielorientierung wird dir schaden.

Zu diesem Thema habe ich einen Bühnenvortrag gehalten, den Du Dir hier ansehen kannst:

Wie viel Kontrolle hast du?

Wir haben insgesamt nur 100 Prozent Fokus zur Verfügung. Wenn du einen großen Teil, sagen wir mal 80 Prozent, auf den Interessenbereich konzentrierst, bleibt nur wenig für das übrig, was du tatsächlich beeinflussen kannst. Wenn du aber Stück für Stück deinen Fokus auf den Einflussbereich richtest, wächst dieser Bereich immer mehr. Du erweiterst ihn stetig. Es befindet sich also immer weniger außerhalb deiner Kontrolle.

Klar ist, wir brauchen sowohl den Interessenbereich als auch den Einflussbereich. Der eine ist auch nicht besser als der andere. Ich möchte die Bereiche nicht bewerten. Aber ich möchte sie gern gewichten. Denn die Erfahrung zeigt, dass Menschen, Teams und sogar ganze Organisationen, die überwiegend schlecht drauf sind, zu 20 Prozent bei sich, also in ihrem Einflussbereich unterwegs sind, und zu 80 Prozent im Außen, also im Interessenbereich. Diejenigen, die gut drauf sind, haben das Verhältnis umgedreht. Sie fokussieren sich also zu 80 Prozent auf das, was sie kontrollieren können. Das hebt die Stimmung merklich.

Im Einflussbereich unterwegs zu sein hebt die Stimmung.

Ich gebe zu, das ist keine offizielle Studie. Aber diese Werte bilden meine Erfahrungen ab und sie zeigen:

Immer wenn ein negatives Gefühl auftaucht, ist man primär im Interessenbereich.

Worüber hast du denn in den letzten Tagen oder Wochen nachgedacht? Worüber hast du am meisten mit Menschen gesprochen? Fragen wie diese geben dir ein gutes Feeling dafür, wo du selbst stehst. Wenn du schlecht drauf bist, viel schimpfst und unzufrieden bist, dann fokussierst du dich zu stark auf den Interessenbereich und der lässt sich bekanntlich nicht kontrollieren. Dort kannst du also auch nicht ansetzen, wenn du deine Grundstimmung oder sogar deine Lebenseinstellung verbessern möchtest.

Ich habe dazu ein schönes Beispiel: Vor einiger Zeit habe ich mit Victoria Azarenka gearbeitet. Sie war einmal die Nummer 1 der Tennis-Weltrangliste. Dann wurde sie schwanger, bekam ihr Baby und schlitterte in einen üblen Sorgerechtsstreit mit ihrem Ex-Mann. Dadurch konnte sie nicht spielen, fiel auf einen Platz jenseits der besten 100 in der Weltrangliste. Dann wollte sie wieder anfangen. Ihr Ziel: Wieder Nummer 1 der Welt zu werden. Das ist ganz offensichtlich ein klares Ziel im Interessenbereich. Und wie eben im Interessenbereich üblich, gab es Faktoren, die sie nicht beeinflussen konnte, wie Probleme mit der Justiz, dem Ex-Partner etc. Die haben es ihr sehr schwer bis unmöglich gemacht, ihren Beruf auszuüben. Zeitweise durfte sie zum Beispiel nicht ins Ausland reisen. Und das ist im Tennis wichtig, wenn man Punkte sammeln möchte. Ihr Ziel rückte also in weite Ferne.

Es wird dich sicher nicht überraschen, dass sie in dieser Situation anfing, an sich zu zweifeln. Sie fragte sich: »Habe ich überhaupt irgendeine Chance, mein Ziel zu erreichen?« Dadurch kam sie psychologisch so aus ihrer Balance, dass sie nicht im Ansatz das Wettkampftennis spielte, zu dem sie eigentlich fähig war. Sie war nicht einmal in der Lage, ihre Leistung zu 50 bis 60 Prozent abzurufen. Also gewann sie nicht mehr. Ihr fehlte der Faktor Kontrolle. In unserer Arbeit habe ich ihr einen Weg gezeigt, wie sie wieder mehr Kontrolle über bestimmte Dinge erlangen konnte. Das führte innerhalb weniger Monate dazu, dass sie wieder in die Top 50 der Welt aufstieg – aber leider nur für die Zeit unserer Zusammenarbeit. In dieser Zeit hat sie ihre Leistungsfähigkeit erhöht, weil sie sich auf das fokussierte, was sie beeinflussen konnte.

Das Problem mit dem Gehirn

Ja, du liest richtig. Unser Gehirn beziehungsweise wie es tickt, ist ein echtes Problem für den heutigen Menschen. Es steht unserem Bedürfnis nach Glück im Wege. Denn die Natur hat das Gehirn nicht als Glücklichmacher konzipiert, sondern als effektiven Problemlöser. Und jedes Problem, das es lösen soll, beinhaltet immer auch eine Fragestellung. Um diese Frage kreist das Gehirn dann so lange, bis es eine Antwort findet. Bis zum bitteren Ende – ob uns das gefällt oder nicht.

Die Konsequenz: Unser Denken kreist damit um sehr viel Negatives, was schlechte Laune verursacht. Deshalb ist es so wichtig, dass wir richtig fokussiert sind. Denn stellen wir die falschen Fragen, bekommen wir von unserem Gehirn auch falsche Antworten geliefert. Ist doch klar, oder? Jede Frage, die in den Interessenbereich geht, also nach außen gerichtet ist und auf das abzielt, was die anderen tun müssten, aber auch jede

Das Gehirn ist ein Problemlöser, kein Glücklichmacher.

Frage, die in die Vergangenheit gerichtet ist, gibt keinen Handlungsimpuls. Sie bringt dich nicht in die Aktivität, sondern liefert nur Hoffnung. Und Hoffnung produziert Warten – darauf, dass andere etwas tun. Daraus wiederum entstehen dann Fragen wie »Warum passiert so was eigentlich immer mir?« oder »Warum bin eigentlich immer ich der Depp vom Dienst?« oder »Warum können die mich nicht endlich mal verstehen?«.

Diese Fragen sind zwar menschlich nachvollziehbar, aber sie geben dir keine Energie und keine Handlungsoptionen. Auf die Frage »Warum versteht mich keiner?« antwortet unser Gehirn dann zum Beispiel: »Das war schon immer so, in der Schule, bei deinen Eltern, bei deinen Freunden … Dich versteht eh keiner.« Wenn Menschen niemanden mehr haben, der ihnen sagt, was für ein Versager sie sind, sagen sie es sich eben selbst. Ganz schön ernüchternd. Aber noch mal:

Das Gehirn ist nicht dafür da, uns glücklich zu machen!

Unser Gehirn ist ein Rekorder, der alle unsere Erfahrungen aufgenommen und gespeichert hat. Daran liegt es auch, dass wir unter Hypnose viel aus der Vergangenheit wieder hochholen können. Es ist gespeichert, nur nicht mehr im Bewusstsein. Das Gehirn sucht die Antwort also in der Vergangenheit. Eine solche Antwort kann dazu führen, dass du dich danach tendenziell wie ein Opfer fühlst und dich auch so verhältst. Dann kommst du gar nicht mehr aus der Opferrolle raus und deine negative Haltung wird zur selbsterfüllenden Prophezeiung.

Damit wir diese Negativspirale nicht immer wieder erleben, müssen wir unsere Fragen analysieren und bessere Fragen stellen, zum Beispiel »Wie macht mich diese Situation besser?« oder »Was ist das Gute daran, dass …?« oder »Wofür brauche ich eigentlich mein Problem noch?«.

Eine gute Frage ist fokussiert auf unseren Einflussbereich, auf das Jetzt oder auf die Zukunft, und natürlich bringt sie dich ins Handeln. Du fängst dann etwas an, was dir guttut oder dich weiterbringt, oder hörst mit etwas auf, was schlecht für dich ist, wie zum Beispiel immer zu allem »Ja« zu sagen.

Wir müssen
bessere
Fragen
stellen.

Die Schlüsselfrage deines Lebens

Jeder Mensch hat eine Schlüsselfrage, die immer ein Haupt-Lebensthema betrifft, das ihn gerade umtreibt und in alle Lebensbereiche hineinspielt. Diese Schlüsselfrage stellen wir uns unbewusst den ganzen Tag. In Zeiten von Geldnot könnte sie zum Beispiel lauten: »Wie schaffe ich es, wieder mehr Umsatz zu generieren?« Doch leider ist sie selten so konkret. Deshalb ist es hilfreich und wichtig, zu wissen, wie deine Schlüsselfrage lautet und ob sie überhaupt positiv ist. Um die Schlüsselfrage zu erkennen, brauchst du Zeit. Du musst herausfinden, was du unbedingt vermeiden oder unbedingt erreichen möchtest.

Ich finde es immer wieder bemerkenswert, wie viele Menschen mit unbewussten Schlüsselfragen herumlaufen wie »Wie schaffe ich es, keine Fehler zu machen?«, »... dem Anspruch meiner Eltern zu genügen?«, »... geliebt zu werden?«. Als leistungssportlich erzogener junger Mensch lautete meine Frage früher immer: »Wie kann ich es noch besser machen?« Klar, dass diese Frage zu einer ganz krassen Erwartungshaltung mir selbst gegenüber geführt hat. Ich war ständig unruhig, weil ich immer das Gefühl hatte, ich könnte etwas noch besser, einfacher, genauer etc. machen. Diese Frage liegt zwar im Einflussbereich, sie gab mir aber kein gutes Gefühl. Denn sie war auf Leistung und Vergleich ausgelegt und führte zu einem Perfektionsanspruch.

Als mir das bewusst wurde, habe ich sie verändert in: »Wie kann ich es schaffen, es nach meinen eigenen Bewertungskriterien besser zu machen?« Warum »meinen eigenen«? Weil eigene Bewertungskriterien eine eigene Entwicklung voraussetzen. Das hat dazu geführt, dass ich mich von einer Ergebnisdenke, vom Vergleich mit anderen und dem Wettbewerb verabschiedet habe – ganz ungewöhnlich für einen Sportler, der eigentlich immer gewinnen will. Ich will seither aber nicht mehr wissen, ob ich besser bin als andere, sondern ob mir etwas Entwicklung bringt.

> Ich will nach meinen eigenen Kriterien besser werden.

Ich habe mich zum Beispiel zehn Jahre lang mit Händen und Füßen dagegen gesträubt, englischsprachige Vorträge zu halten. Das hat dazu geführt, dass ich circa 250.000 Euro nicht verdient habe, weil ich alle entsprechenden Anfragen ablehnte. Ich wollte es eben möglichst gut machen. Mein Anspruch war so hoch, dass ich es lieber ganz bleiben ließ, weil ich nicht sicher war, ob ich diesem Anspruch genügen würde. Inzwischen habe ich es ein paarmal gemacht. Sicher gibt es Leute, die besser auf Englisch Vorträge halten können. Aber es hat gut funktioniert. Ich habe mich elegant aus meiner Komfortzone entfernt und mich vom zielorientierten Denken zum Einflussbereichsdenken entwickelt. Das ist mentale Revolution.

Die Was-denken-die-anderen-über-mich-Behinderung

Ich möchte noch einmal auf das Thema Vergleich zurückkommen. Denn der Vergleich mit anderen ist ein großes Hindernis, dass wir uns selbst gern in den Weg stellen. Es ist so unglaublich anstrengend, wenn du dir ständig die Frage stellst, was andere über dich denken. Du kannst dein volles Potenzial nur dann ausschöpfen, wenn du versuchst, dich selbst zu überbieten, anstatt in Konkurrenz mit anderen zu treten. Ich zeige dir gleich drei Schritte, mit denen du das schaffen kannst. Vorneweg aber zunächst ein wichtiger Hinweis:

Du siehst andere nie so, wie sie wirklich sind, sondern so, wie du glaubst, dass sie sind.

Dass wir andere Menschen oft viel mehr bewundern als uns selbst, liegt einfach daran, dass wir uns besser kennen – inklusive all unserer Schwächen. Wir kämpfen jeden Tag ein Stück weit mit uns selbst und mit unserem inneren Schweinehund, den eigenen Ängsten, mit Selbstzweifeln, Fehlern und Unzulänglichkeiten.

Bei anderen sehen wir hingegen in unserer selektiven Wahrnehmung das, was sie besonders gut können – vor allem, wenn wir das selbst gern können würden. Es spricht auch gar nichts dagegen, dass du andere für etwas bewunderst oder von ihnen lernst. Denke aber nie, dass diese Menschen deshalb besser oder wertvoller sind also du!

ÜBRIGENS: Gerade erfolgreichen Menschen unterstellen wir oft, dass sie besonders stark sind, alles schaffen und toll aussehen und das Ganze auch noch mit Leichtigkeit. Diesen Zahn ziehe ich dir gern. Ich habe bereits mit vielen Profisportlern und Prominenten gearbeitet.

Je tiefer diese Arbeit ging und je ehrlicher die Gespräche wurden, desto klarer wurde mir, dass es bei ihnen oft noch chaotischer aussieht als bei den meisten von uns. Aber das nur zur Info. Wir wollen ja weg vom Vergleich.

1. Setz deine eigenen Standards

Um aus dem Vergleich auszusteigen, brauchst du eine eigene Skala und eigene Standards. Angenommen, du bist ein Fußballspieler oder eine Fußballspielerin in der 3. Bundesliga. Da liegt es natürlich nahe, dass du dich mit den besten Spielern aus der 3. Liga vergleichst und versuchst, ihr Level zu erreichen. Das Problem dabei ist wieder einmal das Prinzip:

Where attention goes, energy flows.

Du richtest deine Aufmerksamkeit auf den Vergleich, also auf andere Menschen anstatt auf dich. Wir sind aber nicht in der Lage, zwei Dinge gleichzeitig zu denken. In unserem Beispiel entgeht dir durch diesen Vergleich vielleicht sogar die Chance, dein Potenzial für das Spiel in der 1. Liga zu entdecken. Richte deine Aufmerksamkeit deshalb nicht mehr auf die anderen. Fokussiere dich auf dich selbst und setze deine eigenen Standards.

> Beim Vergleich richtest du den Fokus auf andere.

2. Optimiere deine eigenen Prozesse

Wenn du dich dabei ertappst, wie du auf andere schaust, lenke den Fokus geschickt um und frage dich:
- Was mache ich bisher gut?
- Was wäre mein Optimum?
- Was mache ich noch nicht gut und was wäre hier für mich das Optimum?

Dann wirst du feststellen, dass du in vielen Bereichen entweder mental oder im Hinblick auf Hartnäckigkeit und Konsequenz, Wissen, Fachkompetenz oder Einsatz noch nicht einmal bei 50 Prozent bist. Da geht also noch einiges!

3. Stell dir regelmäßig die richtigen Fragen

Ich stelle mir täglich die Fragen:

- Habe ich heute etwas dazugelernt?
- Bin ich besser geworden?

Von diesen Fragen kannst du alle anderen ableiten, die du dir stellen solltest, wenn du dich weiterentwickeln möchtest. Dabei ist es hilfreich, im Vorfeld zu definieren, woran du misst, ob du etwas Neues gelernt hast. Ein Entwicklungsziel könnte zum Beispiel sein, was du in drei Jahren für ein Mensch sein möchtest und was du dann können willst. Leg das Ziel für dich so konkret wie möglich fest, in einer detaillierten Beschreibung oder sogar messbar in Zahlen. Dann kannst du dir überlegen, was du dafür lernen musst, wo und wie du es lernen kannst.

Die Multitasking-Krankheit

Ein weiterer Aspekt, um den wir beim Thema Fokus nicht herumkommen, ist die Lüge von der Multitasking-Fähigkeit der Menschen. Ja, es ist absolut wahr, dass es Menschen gibt, die mehrere Dinge gleichzeitig können. Eigentlich sind das sogar alle. Die Frage ist nur, wie gut können sie diese Tätigkeiten gleichzeitig ausüben und macht es sie erfolgreich – oder doch eher krank? Meistens ist Letzteres der Fall. Woran liegt das?

Meiner Erfahrung nach scheitern Menschen und Teams aus drei Gründen:

1. Faulheit
2. Feigheit, Angst und Zweifel
3. Erschöpfung

Faulheit – oder nennen wir es etwas freundlicher Energiemangel – und die Energieräuber Feigheit und Angst sind oft Folgeerscheinungen von Multitasking. Einigen mögen diese Schwierigkeiten harmlos erscheinen. Aber es gibt sehr, sehr viele Menschen, die sich einfach nicht aufraffen können, etwas zu erledigen. Und zwar nicht, weil sie von sich aus faul sind, sondern weil sie sich faul verhalten. Das ist etwas völlig anderes. Ihnen fehlt schlicht die nötige Energie. Oftmals liegt das daran, dass sie erschöpft sind, weil sie über längere Zeit ihren Akku zu wenig aufladen.

Viele kriegen das ja schon bei ihrem Handyakku nicht hin. Wie soll das dann mit dem eigenen Akku funktionieren?

Ich versichere dir, das klappt nicht, solange wir ständig versuchen, 27 Baustellen gleichzeitig zu bearbeiten: im Job performen, die Haushaltskasse aufbessern, Schwestern oder Schwiegereltern versorgen, sich um den Partner kümmern, der Kanarienvogel hat Keuchhusten … All das bedeutet einen fetten Energieaufwand. Wenn du in Zeiten von Corona und geschlossenen Kitas und Schulen deine Kinder nonstop zu Hause hattest, dann weißt du genau, wovon ich rede. Wie viel Zeit für dich und das, was du machen wolltest, ist dir damals geblieben? Ich vermute, du bist abends erschöpfter ins Bett gefallen als sonst nach einem langen Arbeitstag. Das lag daran, dass du eine gute Mutter oder ein guter Vater sein wolltest, aber alle anderen Aufgaben, die du sonst täglich auf dem Zettel hast, auch noch erledigen musstest – gleichzeitig. Wie gut hat dein Multitasking geklappt?

Vielen fehlt schlicht die nötige Energie.

Aus vielen Studien[47] weltweit weiß man, dass Menschen, die Multitasking betreiben, Aufgaben nicht schneller erledigen. Im Gegenteil. Zum einen machen sie mehr Fehler, als wenn sie ihre Aufgaben nacheinander erledigen würden. Diese Fehler zu korrigieren kostet Zeit. Zum anderen verschenken sie auch wertvolle Zeit, weil sie zwischen Aufgaben hin- und herspringen und sich immer wieder neu fokussieren müssen.

Der wirklich entscheidende Faktor, warum Multitasking kein Erfolgskonzept darstellt, ist aber der Energieaufwand, den wir betreiben müssen. Bis zu 30 Prozent mehr kostet uns Multitasking. Wir benötigen also sehr viel mehr Körperenergie, die wir uns anderweitig wiederholen müssen. Außerdem sind wir beim Multitasken viel zu stark im Interessenbereich unterwegs. Wir hüpfen zwischen unseren Interessen hin und her und vergessen dabei, was wir selbst unter Kontrolle haben und tun könnten. Wir erledigen kaum etwas und wenn doch, dann zu einem zu hohen Energiepreis.

So kommen wir auch nie richtig in den Flow. Flow-Erlebnisse spielen im Sport eine große Rolle. Im Flow denkt ein Sportler nicht mehr über das Ergebnis und die Umstände nach – er vergisst alles um sich herum. Das können auch Nichtsportler erleben, es klappt oft dann, wenn man eine relativ gleichförmige Tätigkeit ausübt. Dann kommt das Gehirn in einen Autopilot-Modus, man könnte auch Stand-by-Modus sagen.

Ein Sportler im Stand-by-Modus ist sehr wach, aber seine Energie ist fokussiert und nicht dauernd abgelenkt. Dementsprechend ist er in einem solchen Zustand extrem leistungsfähig und kann eine hervorragende Performance zeigen. Ähnliches bewirken Flow-Erlebnisse bei allen anderen Aufgaben. Wir können über einen längeren Zeitraum ganz schwierige Dinge tun, ohne das Gefühl der Erschöpfung zu spüren. Denn unsere Energie ist dabei so fokussiert, dass das Erschöpfungsgefühl nicht eintritt. Ein Sportler geht aber direkt nach einer solchen Phase, in der die Energie gebündelt wurde, in eine Erholungsphase. In dieser Zeit muss er dann auch wirklich ruhen und sich die nötige Erholung gönnen.

Mit Multitasking kommst du nie in den Flow.

Betreibst du hingegen Multitasking, kommst du aber gar nicht erst in die Erholungsphase, weil dein Programm ständig weiterläuft. Das heißt, Multitasking ist gleichförmiges Chaos auf allen Ebenen. Es gibt ja ständig Probleme zu lösen und du erreichst nie den Wechsel zwischen Anspannung und Entspannung. Klar, dass dann irgendwann die völlige Erschöpfung eintritt.

Ich bin immer wieder sprachlos, dass Schülern und Studenten auch heute noch, aller Forschung und allem Wissen zu diesem Thema zum Trotz, erzählt wird, Multitasking sei eine Fähigkeit, die man braucht, um erfolgreich zu sein. In Wahrheit stimmt genau das Gegenteil: Fokus ist ein Erfolgsfaktor und eine Kernfähigkeit der Zukunft und steht völlig entgegensetzt zur Multitasking-Krankheit.

ÜBRIGENS: Der Mensch trifft 20.000 Entscheidungen täglich und bekommt 10.000 oder mehr Werbebotschaften vermittelt. Das alles auszublenden und ganz bei dem zu bleiben, was du selbst tun kannst, ist eine elementare Fähigkeit und erfordert viel Fokus.

Zu viel lenkt ab

Sportwissenschaftler der Deutschen Sporthochschule Köln haben herausgefunden, dass Fußballer innerhalb eines Spiels mit mehr Informationen bombardiert werden, als ihre Verarbeitungskapazität im Gehirn zulässt. Übermäßig viele Instruktionen durch den Trainer während des Spiels oder eines Trainings können deshalb dazu führen, dass sich ein Spieler vor allem auf deren Einhaltung konzentriert und andere Aktionen unterlässt, die er ohne diese Anweisungen fast schon automatisch ausgeführt hätte.

Die Quintessenz dieser Forschungsergebnisse: Training und Anweisungen sind gut, doch zu viele Anweisungen lenken die Spieler ab und nehmen ihnen die Kreativität im Spiel. Die Empfehlung der Forscher lautete deshalb, Lösungswege nicht nur vorzugeben, sondern sie auch von den Sportlern selbst liefern zu lassen.

Für Unternehmen gilt das Gleiche. Wer Mitarbeiter mit zu vielen Informationen überfrachtet oder wer seine Angestellten zu Tode schult, braucht sich nicht zu wundern, wenn diese Personen über kurz oder lang blind werden für andere wichtige Teilbereiche in der Firma. Der Blick fürs große Ganze geht allein schon aus neurobiologischen Gründen zwingend verloren, da die Mitarbeiter im Tunnelblick ihres Jobs sind und nicht mehr über den eigenen Schreibtischrand hinaussehen können. »Fachidiot schlägt Kunde tot.« Ein schöner Spruch meines geschätzten Kollegen Hermann Scherer. Und er hat recht damit, denn auf dem Auge für Menschengespür wird man blind, wenn die Aufmerksamkeit auf Bürokratie und Umsatzzahlen fixiert ist.

Die wichtigste Lernerkenntnis aus der Sportstudie ist, dass du das bereits beschriebene Phänomen der Unaufmerksamkeitsblindheit (s. Kapitel »Die Revolution des Erfolgs«) auch gezielt positiv für dich nutzen kannst. Denn indem du dich bewusst entscheidest, worauf du deinen gesamten Fokus und dein tägliches Handeln ausrichtest, zwingst du deine Aufmerksamkeit in genau diese Richtung. Das Geniale daran ist, dass daraus eine Blindheit für alles Nebensächliche resultiert. Du blendest automatisch Dinge aus, die nichts mit dem Kern dessen zu tun haben, worauf du dich konzentrierst. Störenfriede, Jammerlappen und Meckerziegen – also alle Energievampire – sind zwar immer noch da, aber je mehr du deine Aufmerksamkeit für die gewünschte Sache intensivierst, desto weniger nimmst du diese Menschen wahr.

> Bei zu viel Input geht der Blick fürs Ganze verloren.

Blind für den Wandel

Ganz eng verknüpft mit der Unaufmerksamkeitsblindheit ist die Veränderungsblindheit bzw. Change-Blindness: Mit dem falschen Fokus sind wir auch blind für Veränderungen, die sich abzeichnen. Wir nehmen die damit verbundenen Dynamiken nicht wahr. Wir erkennen teilweise noch nicht einmal, was sich bereits verändert hat, weil wir mit anderem beschäftigt sind.

Das ist natürlich ganz schön bitter für uns selbst – daran sind schon viele Beziehungen gescheitert. Der eine Partner hat sich weiterentwickelt und der andere war anderweitig beschäftigt und hat den Veränderungsprozess erst mitbekommen, als es bereits zu spät war. Aber für unsere Gesellschaft, in der Politik und der Wirtschaft kann diese Veränderungsblindheit dramatische Folgen haben. Diese Erfahrung machen oft Traditionsparteien, die den Fokus ihres Programms auf alte Werte statt neue Entwicklungen legen. Oder denk mal an die Brexit-Entscheidung der Briten – ein Sieg für alle, die noch immer vom Britischen Weltreich der Kolonialzeit träumen. Ein Verlust für die Generation Weltbürger, die Globalisierung und Öffnung als Chance versteht und die Vorzüge der EU genossen hat. Hier wurde die mentale Revolution der Bevölkerung blockiert.

Veränderungsblindheit kann dramatische Folgen haben.

Mehr als Konzentration

Du siehst also, Fokus bedeutet viel mehr als Konzentration. Unsere Aufmerksamkeit, unser Fokus, steuert nämlich die Qualität unseres (Er-)
Lebens. Leider schenken viele immer noch die meiste Aufmerksamkeit
den negativen Dingen, die ihnen begegnen oder passieren. Schaffst du
es, deinen Fokus anders auszurichten, änderst du nicht deine
Umstände, aber unter Umständen dein Leben und ganz bestimmt deine Lebensqualität.

Den Fokus neu ausrichten kann dein Leben ändern.

Wenn du Probleme und Hürden als Wachstumschancen
begreifst, wirst du Schicksalsschläge, die es immer wieder geben
wird, anders betrachten und vor allem – und das ist das Wesent-
liche – anders mit ihnen umgehen. Ich weiß, es ist schwer, sich
in jeder Situation auf das Gute, das sie beinhaltet, zu fokus-

sieren. Wenn du es aber versuchst, reicht das meist schon aus, um deine Emotionen positiv zu beeinflussen, deine Hürden zu überqueren und dein größtes Entwicklungspotenzial auszuschöpfen.

KURZ GESAGT:

1. Wir fokussieren uns häufig zu sehr auf das, was wir nicht beeinflussen können. Dabei sollte unser Motto lauten: Kontrolliere das Kontrollierbare. Dann legst du deinen Fokus mehr auf das Innen als das Außen. So steigen nach und nach deine Einflussmöglichkeiten.

2. Überprüfe regelmäßig, worüber du in den letzten Tagen und Wochen nachgedacht und gesprochen hast. Dann bekommst du ein Gefühl dafür, worauf du dich fokussierst. Liegt dein Fokus zu stark auf dem Negativen, lenke ihn auf das Positive um, damit du deinen Einflussbereich erweitern kannst.

3. Das Gehirn ist ein Problemlöser, kein Glücklichmacher. Für dein Glück musst du schon selbst sorgen, indem du deinem Gehirn die richtigen Fragen stellst. Es wird so lange an einer Antwort arbeiten, bis es dir eine Lösung präsentieren kann. Fragst du nach Themen, die in deinem Einflussbereich liegen, wirst du Lösungen bekommen, die dich weiterbringen.

4. Fokussiere dich nicht auf den Vergleich mit anderen. Mach dir klar, dass wir bezogen auf andere immer eine selektiv positive Wahrnehmung haben, wenn sie etwas Besonderes können, was wir vielleicht auch können wollen.

5. Multitasking ist niemals effizient, dafür aber sehr energiezehrend. Wir machen dadurch nachweislich mehr Fehler und verschwenden so unnötig Zeit.

6. Wer seinen Fokus auf die Aufgaben und Herausforderungen der Vergangenheit und der Gegenwart richtet, wird blind für die sich abzeichnenden zukünftigen Entwicklungen und Veränderungen. Daran scheitern zahlreiche Unternehmen, die Entwicklungen verschlafen.

Misserfolgsvermeider oder Erfolgssucher?

Als **Misserfolgsvermeider** fokussierst du dich ständig auf deine Interessen und Ziele. Du hast hohe Erwartungen an andere – an dein Umfeld, deine Chefs, die Politik – und vergleichst dich auch immer mit ihnen. Ferner versuchst du, mit vielen Aufgaben gleichzeitig zu jonglieren und als Multitasker die Welt zu erobern und scheiterst immer wieder genau daran.

Als **Erfolgssucher** fokussierst du dich auf das, was innerhalb deiner Kontrolle liegt, und damit auf deinen Einflussbereich, anstatt krampfhaft und langfristig an Interessen und Zielen festzuhalten, auf die du nicht direkt einwirken kannst. Du schaffst es, auch wenn es dir manchmal schwerfällt, dich innerlich so zu programmieren, dass du deine negativen Gedanken mit der richtigen Fragestellung in positives Erleben und Entwickeln verwandelst. Damit legst du deinen Fokus auf die Gegenwart und die Zukunft.

Führen und Verkaufen – Wie wir uns vom Fachexperten zum Menschenexperten wandeln

> *Ich verstehe nicht, warum die Menschen Angst vor neuen Ideen haben. Ich habe Angst vor den alten.*

JOHN CAGE, AMERIKANISCHER KOMPONIST UND KÜNSTLER (1912–1992)

Es ist mir ein Rätsel, warum sich ausgerechnet in den Bereichen Führen und Verkaufen, die für unsere Arbeitswelt so essenziell sind, alte Konzepte und Ideen so hartnäckig halten wie kaum sonst irgendwo. Dabei ist es doch längst offensichtlich, dass Strukturen, wie wir sie bisher kannten, besonders in Unternehmen nicht mehr funktionieren. Die Zeit klassischer Hierarchien ist ebenso zu Ende wie die von harten Befehlsgebern und buckelnden Befehlsempfängern. Wir brauchen überall Menschen, die bereit sind, selbst Verantwortung zu tragen und über den eigenen Tellerrand hinauszuschauen. Die erhalten wir aber nur, wenn sie sich entfalten können und nicht ständig »von oben« einen draufkriegen, wenn mal was schiefläuft.

Denn wann immer so etwas passiert, fühlen wir uns in unsere Kindheit zurückversetzt. Bist du auch schon mal aus dem Büro eines Vorgesetzten herausgeschlichen und wolltest dich am liebsten in die Ecke stellen und schämen? Das kann doch nicht sein! So ein Gefühl darf eine gute Führungskraft niemals vermitteln. Wer will schon als Erwachsener wie ein Kind behandelt werden? Du? Bestimmt nicht. Und ich auch nicht. Aber was ist die Konsequenz? Müssen wir nun alle Unternehmer werden? Ich sage: Ja! Natürlich sind nicht alle von uns geborene Leader. Aber auch diejenigen, die lieber im Hintergrund bleiben, wollen menschlich und individuell geführt werden und sie müssen sich vor allem auch selbst führen können.

Wer oder was ist ein Unternehmer?

Aber zurück zu unserem Thema. In diesem Kapitel geht es darum, wie Führungsarbeit zukünftig vonstattengehen sollte, um zu einem erfüllten Leben für alle zu führen. Auch hier kommt es wieder einmal auf dein Mindset an. Bist du bereit für das Mindset eines Unternehmers?

Ich sage, wir alle sind dazu bereit! Jeder Mensch sollte ein Unternehmer sein – ein Lebensunternehmer! Ein Unternehmer muss nicht der Chef eines Unternehmens sein, der Mitarbeiter hat oder gar an der Spitze eines Konzerns steht. Ein Unternehmer kann genauso auch ein Soloselbstständiger sein, der ganz allein mit seiner Tätigkeit unterwegs ist. Mir geht es mehr um das Mindset. Das kann auch ein Mitarbeiter haben, der unternehmerisch denkt und handelt, oder auch eine Mutter, die noch nie in einer Führungsposition in einem Unternehmen war, aber zu Hause für die Führung sorgt, vielleicht zwei Kinder großzieht und dabei einen großartigen Job macht. Alle, die selbst die Verantwortung übernehmen und in ihrem Leben etwas unternehmen, sind Unternehmer.

Jeder sollte Unternehmer sein!

In Deutschland haben wir aber leider zu viele Unterlasser, die nach dem Prinzip Hoffnung verfahren und lieber abwarten, anstatt selbst in die Offensive zu gehen. Sie versuchen, keine Fehler zu machen, anstatt Risiken einzugehen, sie versuchen, nichts falsch zu machen, anstatt auch mal etwas auszuprobieren, und das im Unternehmen und im Leben.

Wie muss der Unternehmer der Zukunft ticken?

Ich bin überzeugt davon, dass sich das Unternehmer-Mindset schon jetzt verändert und sich in der Zukunft noch drastischer verändern wird. Die Unternehmer der Vergangenheit werden mit ihrer alten Denke in Zukunft keine Chance mehr haben. Ein Unternehmer von heute muss diametral anders denken, fühlen und handeln. Alle Punkte, die ich dir hier zeigen möchte, sind dabei gleich relevant. Das ist wie bei einer Pflanze, wenn ein Wachstumsfaktor fehlt – sei es das Licht, ein Nährstoff, Wasser oder Sauerstoff. Das kannst du nicht durch Zugabe eines anderen Faktors ausgleichen. Fehlt also einer der Aspekte, über die ich hier schreibe, wird sowohl der betriebswirtschaftliche Unternehmer als auch der Lebensunternehmer mit massiven Problemen kämpfen müssen.

Das Unternehmer-Mindset betrifft nicht nur diejenigen, die im Organigramm ganz oben stehen. Alle Mitarbeiter brauchen dieses Mindset, und alle Menschen im Unternehmen müssen sich als Unternehmer begreifen. Das Unternehmen der Zukunft besteht nämlich nicht aus einem Unternehmer und seinen Mitarbeitern, sondern aus Verantwortungsträgern mit verschiedenen Verantwortungsbereichen. Diese entwickeln sich vom Mitarbeiter zum Mitunternehmer, und das Unternehmen wird zu einer Unternehmervereinigung. Und für diese Entwicklung brauchen wir eine komplett andere und neue Mentalität. Der Unternehmer Bodo Janssen hat einmal gesagt:

> *Wirtschaftlichkeit ist die Basis unserer Existenz, aber nicht der Sinn unseres Handelns.*

Wir brauchen also wirtschaftlichen Erfolg, er ist aber nicht unser Antrieb. Das zeigt sehr schön, dass es bei Unternehmern und Unternehmen um etwas anderes geht, wenn sie die neue Zeit verstanden haben. Der Unternehmer der Zukunft will nicht nur erfolgreich, sondern auch glücklich sein und glückliche Menschen hervorbringen. Er ist also nicht nur der Anwalt des Kapitals, sondern der Anwalt seines Glücks und des Glücks seiner Mitunternehmer, die mit ihm das Unternehmen führen – das kann die Reinigungskraft genauso sein wie der Fließbandarbeiter, der Programmierer oder die Führungsebene.

Wenn wir durch Corona etwas gelernt haben, dann doch, dass wir so wie bisher nicht weitermachen können. Wenn diese Krise auch nur etwas Gutes hat, dann die Erkenntnis, dass wir nicht zu unserer alten Realität zurückkehren sollten. Egal, wie sehr mich als Veranstalter von Weiterbildungsevents diese Krise auch getroffen und betroffen hat, ich will nicht mehr zum »Vorher« zurück. Wir müssen jetzt umzudenken. Der Unternehmer der Zukunft ist:

1. Agierer statt Reagierer

Er antwortet nicht nur auf das, was passiert, sondern agiert, bevor es eintrifft. Das bedeutet, er erschafft seine eigene Kultur, einen eigenen Markt, eine eigene Nische oder Branche, die nicht nur auf Trends und Gegenwind reagiert, sondern eigene Trends hervorbringt. Für seine Aktion braucht er keinen Einfluss oder Stimulus von außen und macht sich dadurch viel unabhängiger von politischem Geschehen, gesundheitlichen oder geschäftlichen Risiken.

2. Vertrauter statt Verkäufer

Er transformiert sich vom Verkäufer zum Vertrauten. Es geht nicht darum, mit Argumenten Leute zu überreden, sondern darum, Menschen so zu überzeugen, dass sie Vertrauen schöpfen. Entscheidend dafür ist, dass wir ihnen wirklich helfen, ihren emotionalen Engpass zu befriedigen. Was genau das bedeutet, warum verkaufen tot ist und wie das heute besser geht, darauf gehe ich später noch genauer ein.

Schaue dir hier mein ausführliches
Video zu diesem Thema kostenlos an:

3. Lebensunternehmer statt Geschäftemacher

Er versteht, dass es nicht nur ums Geschäft geht oder um Motivationslügen wie Work-Life-Balance, sondern dass das Arbeitsleben ein Teil des gesamten Lebens ist. Deshalb hat er Interesse am Leben seiner Mitarbeiter. Bei ihm stehen stets Menschen im Mittelpunkt und nicht das Geschäft.

Kurzum:

Der Unternehmer der Zukunft benutzt keine Menschen, um ein Geschäft aufzubauen, sondern er benutzt ein Geschäft, um Menschen aufzubauen.

Schau mal, ein Unternehmen ist ja eine Vereinigung. Darin steckt »Verein-ich-ung«, also der Zusammenschluss vieler Egos zu einem. Es muss eine gemeinsame Sprache, gemeinsame Ziele und Motive, gemeinsame Visionen und Träume und eine gemeinsame Wertekultur geben. Alle Unternehmen und auch Nationen, in denen dieses gemeinsame Füreinander entsteht, erschaffen wahre Meisterwerke und werden letztendlich selbst ein Meisterwerk. Und genau die werden wir jetzt und zukünftig brauchen.

4. Wertschöpfungsmaximierer statt Umsatzoptimierer

Ein Beispiel: Als die Coronakrise losging, haben viele, ohne nachzudenken, gleich Soforthilfe, Steuerstundungen und was sonst noch alles möglich war beantragt, ohne zu wissen, ob sie diese Hilfen wirklich brauchen. Bei manchen Unternehmen war das richtig und wichtig. Aber der Sofortreflex nach Soforthilfen zeigt das alte Denken »Wie können wir uns absichern?«. Ein altes Mindset! Ein revolutionäres Mindset mit der richtigen Fragestellung wäre hingegen: »Wie können wir so stark wachsen, dass wir nicht soforthilfeberechtigt sind?«

Wertschöpfung maximieren statt Kosten sparen ist die Zukunft.

Die Zukunft liegt nicht darin, Kosten zu sparen und Umsätze zu sichern, sondern Wertschöpfung zu maximieren. In der Unternehmerdenke der Zukunft kommt Hilfe von außen gar nicht vor. Deshalb arbeitet der neue Unternehmer daran, echte Werte für Menschen zu erschaffen. Dann sind sie ganz natürlich bereit dazu, dafür auch zu bezahlen. Ganz besonders in Krisensituationen darauf zu achten, was Menschen wirklich brauchen, ohne sofort auf Umsatzwachstum abzuzielen, das ist die Kunst, Unternehmen zu führen.

5. Leader statt Boss

Es mag sich erst mal nicht so anhören, aber zwischen Boss und Leader besteht ein großer Unterschied. Den möchte ich dir anhand einer Metapher erklären: Stell dir vor, du möchtest eine Bergwanderung unternehmen und hast einen Bergführer, der dich begleitet. Dieser Führer besteigt aber nicht den Berg mit dir, sondern sitzt mit einem Walkie-Talkie in der Talstation und erklärt dir den Weg mit all seinen Wegweisern und ungefähren Zeit- und Richtungsangaben. Inzwischen bist du auf über 3.000 Meter Höhe, dir ist saukalt und du weißt nicht so richtig, wo es langgeht. Aber keiner ist da, der vorausgeht, weil er schon mal dort war. Du wirst nur angeleitet. Ein Boss ruft dich nur an und fragt: »Was ist los mit dir? Warum bleibst du stehen? Geh weiter! Vorne geht's rechts lang. Beeil dich mal!« Er sagt dir also nur, wo es langgeht.

Der Leader hingegen macht es vor und geht voraus. Und er nimmt andere mit, anstatt sie vorzuschicken. Er trägt stets die volle Verantwortung, auch für die Fehler der Mitarbeiter – im Gegensatz zum Boss, der Verantwortung abwälzt und damit Schuld verteilt. Ein Leader denkt nicht in Schuld, sondern in Verantwortung. Er verlangt nie etwas von anderen, was er selbst nicht bereit wäre zu tun.

Die Aufgabe einer Führungskraft der Zukunft ist es nicht mehr, Menschen zu kontrollieren, zu belehren oder zu bestrafen. Und übrigens auch nicht, Mitarbeiter zu motivieren. Sorry, aber das ist alles Schnee von gestern. Wir sind nicht im Zirkus, wo es darum geht, Lebewesen zu dressieren.

Ein Topleader der Zukunft liebt seine Mitarbeiter mehr als seine Produkte.

Die Aufgabe eines wahren Leaders ist vielmehr vergleichbar mit der eines Gärtners. Es ist weder möglich noch nötig, eine Pflanze zu motivieren, dass sie schneller wächst. Ein guter Gärtner schafft den Rahmen, innerhalb dessen optimales Wachstum möglich ist – zum Beispiel ein Gewächshaus, in dem er für die richtige Temperatur, das nötige Licht und sowohl für genug Wasser als auch für ausreichend Nährstoffe sorgt. Gleichzeitig hält er Schädlinge von der gesunden Pflanze fern.

Führungskräfte in Teams haben vergleichbare Aufgaben. Wie in einem Gewächshaus sind sie zuständig für das Klima in einem Team und zwischen sich und den Teammitgliedern. Das Ziel ist es, ein Klima zu erschaffen, in dem Menschen aufblühen können und vor allem wollen. Dazu gehört zum Beispiel eine Vertrauenskultur genauso wie maximale Verantwortung für die Mitarbeiter in ihrem jeweiligen Bereich. Sie werden somit zu Mitunternehmern, statt nur Mitarbeiter

Topleader sind Gärtner.

zu sein, die schweigend ihre Zeit gegen Geld tauschen. Menschen wollen Projekte, Unternehmensziele, Werte oder auch einfach ihr Arbeitsumfeld mitgestalten und nicht vor die Nase gesetzt bekommen. Wenn man will, dass sich Menschen voll einbringen, muss man sie auch einbinden. Wenn Mitarbeiter die Möglichkeit haben und Lust darauf bekommen, sich innerhalb dieses Rahmens in einem Team persönlich weiterzuentwickeln, werden sie ihr Bestes einbringen und all ihre Energie investieren. Dadurch können herausragende Leistungen und Ergebnisse entstehen, die man früher oder später auch unvermeidbar in einer Bilanz ablesen kann.

Kurz gesagt bedeutet Führung also, Menschen aufblühen zu lassen, nicht sie zu verbiegen oder zu steuern. Es bedeutet, Menschen in die Verantwortung zu bringen, anstatt alle Macht auf sich selbst als Chef zu fokussieren. Es bedeutet, seine Teammitglieder wachsen zu lassen, anstatt zu versuchen, selbst der Größte zu sein. Einen wahren Leader erkennt man daran, dass er die Erfolge seiner Teammitglieder mehr feiert als seine eigenen Verdienste.

Gutes Klima, glückliche Mitarbeiter

Unternehmer der Zukunft sollten die drei salutogenetischen Faktoren aus dem Effeff kennen. Das sind die Faktoren, die ein Mitarbeiter braucht, um in einem Unternehmen glücklich zu sein und einem guten Klima Vorschub zu leisten:

1. Verstehbarkeit
Das bedeutet, dass ich als Mitarbeiter verstehe, was ich mache. Ich weiß genau, was zu meinen Aufgaben gehört und welchen Anteil ich im Prozess habe. Ich begreife die Maßnahmen, die ergriffen werden, und warum sie ergriffen werden.

Leider machen immer noch viele eine Arbeit, die sie nicht verstehen. Das geschieht in der Regel dann, wenn sie von ihren Vorgesetzten nur Anweisungen bekommen anstatt Erklärungen. Dabei ist das Erklären eine essenzielle Fähigkeit für Führungskräfte.

2. Gestaltbarkeit

Mitarbeiter dürfen nicht nur mitarbeiten, sie müssen mitgestalten können und mitentwickeln, um Mitunternehmer und Mitgestalter zu sein.

ÜBRIGENS: Ich wurde einmal von einem Konzern gebucht, weil die drei zentralen Unternehmenswerte (Core Values) von den Mitarbeitern nicht gelebt wurden. Einer davon war »Gemeinschaft«. Ich sollte diese Werte aufgreifen und den Leuten klarmachen, dass sie diese Werte gefälligst leben sollen. Im Vorgespräch habe ich die Geschäftsführer gefragt, wer die Werte entwickelt hat. Ihre Antwort: »Die haben wir entwickelt.« Gemeint waren die Leute, die im Raum saßen. Das waren fünf Leute. Das Unternehmen hatte aber 1.800 Mitarbeiter.

Daran erkennst du, dass der Faktor der Gestaltbarkeit verletzt wurde. Es hilft nichts, wenn fünf Leute 1.800 anderen ihre Werte überstülpen. Wie sollen die anderen sich denn damit identifizieren können? Das wäre schon ein echter Glückstreffer.

3. Sinnhaftigkeit

Mitarbeiter müssen verstehen, dass das, was sie tun, nützt. Ich habe zum Beispiel einen Kunden, der sehr erfolgreich Kunststoffe verarbeitet. Da liegt das Problem im Unternehmensklima. Die Handwerker, die dort arbeiten, stehen zwar an den Fräsen, aber sie wissen überhaupt nicht mehr, was genau sie da tun, obwohl sie handwerklich top unterwegs sind. Die Geschäftsführung erzählt ihnen, dass sie mit dem, was sie tun, die Welt besser machen. Das ist ein bisschen wenig, um den Sinn dahinter zu verstehen, findest du nicht auch? Dann ist doch klar, dass diese Menschen ihren Job wie Maschinen ganz monoton erledigen, weil sie eben keinen tieferen Sinn in ihrem Tun entdecken können.

Wie hat der Kollege Dieter Lange so schön gesagt:

Wer Leistung will, muss Sinn bieten.

Das bringt mich zu einer weiteren Erkenntnis meiner Arbeit:

Es gibt keine schlechten Mitarbeiter, nur schlechte Chefs und Führungskräfte.

Ich weiß, das ist ein Satz, der vielen sehr wehtut. Aber es ist die Wahrheit. Davon bin ich von ganzem Herzen überzeugt. Es gibt zwar auch immer wieder Mitarbeiter, die aktiv ein Unternehmen attackieren und gegen das Unternehmen arbeiten. Doch dann frage ich dich als Chef: Warum sind diese Mitarbeiter noch im Unternehmen? Wenn deine Teamkultur so stark wäre, wenn du in deinem Team oder Unternehmen eine so starke Kultur aufbaust, dass die Menschen mit dir – du bist ja Teil des Teams – einen gemeinsamen Weg gehen, dann fallen diese, ich nenne sie mal etwas provokativ»Schädlinge«, wie kleine, alte Warzen automatisch ab. Sie gehen von selbst. Denn das starke Team führt sich aus sich selbst heraus. Da ist kein Raum für sie. Ansonsten kannst du auch die Entscheidung treffen, solche Leute aus dem Team zu eliminieren.

Gute Führungskräfte ziehen gute Menschen an.

Aber ich garantiere dir, wenn du als Führungskraft jemand bist, der mit ganzem Herzen Menschen führt und entwickelt, wenn du ihnen Vertrauen, Hoffnung und Stärke gibst statt Angst, dann wirst du auch nur gute Menschen anziehen. Auch solche, die vielleicht anfangs schwierig sind, sich aber dann plötzlich so verändern, dass du sie kaum mehr wiedererkennst. Es geht darum, nicht ihren Verstand, sondern ihr Herz zu gewinnen. Das macht einen guten Chef aus.

Die fünf Todsünden schlechter Chefs

Ich habe in den letzten Jahren mit Tausenden Führungskräften und Profis im Spitzensport gearbeitet. Die Zusammenfassung all dieser Gespräche in Hunderten Unternehmen passt in nur einen Schlüsselsatz:

Mitarbeiter und Teammitglieder verlassen niemals das Unternehmen, sondern immer die Führungskraft.

Wieder einer meiner harten Sätze. Und dennoch ist er wahr. Das gilt übrigens auch für den Profisport. Spieler verlassen in der Regel nicht den Verein – schon gar nicht die Fans –, sondern ihre Vorgesetzten. Jedenfalls in den allermeisten Fällen. Denn es gibt ein paar echte Todsünden, die schlechte Chefs regelmäßig begehen. Fünf davon möchte ich dir hier vorstellen und natürlich auch Hinweise liefern, wie du es als Chef besser machen kannst.

ÜBRIGENS: Ich habe auch festgestellt, wenn es in einem Unternehmen gerade nicht so läuft – zum Beispiel in einer Krise oder Rezession –, verlassen die Mitarbeiter und Spitzenspieler das Unternehmen oder den Verein nicht, wenn sie an die Führungskraft glauben. Das heißt, Menschen folgen dir, wenn sie an dich glauben, auch wenn sie sich nicht ganz sicher sind, ob du den Weg zum Erfolg kennst. Umgekehrt: Wenn Mitarbeiter zwar glauben, dass die Führungskraft diesen Weg kennt, aber nicht an die Person glauben, sind sie weg.

1. Schlechte Chefs verursachen Unsicherheit statt Zuversicht

Das Schlimmste ist, dass es meist gar nicht die Absicht der Chefs ist, schlechte Gefühle und Angst zu verbreiten. Von Tausenden Chefs, die ich kennengelernt habe, sind 98 Prozent wirklich gute Menschen. Die wollten niemandem etwas Böses. Und trotzdem haben sie mit ihren Ansprachen, Maßnahmen und Forderungen dafür gesorgt, dass ihre Gesprächspartner und Zuhörer hinterher weniger Energie hatten als vorher.

Dabei sollte es genau umgekehrt sein. Gute Chefs sorgen dafür, dass Menschen, mit denen sie Kontakt haben, hinterher über mehr Energie verfügen als vorher – egal ob sie mit ihnen telefonieren, einen Vortrag halten oder sich im persönlichen Mitarbeitergespräch befinden. Du sollst deine Mitarbeiter nicht in Watte packen oder nur nette Sachen sagen. Auch Konfliktgespräche, in denen Tacheles geredet wird, sind wichtig. Doch dafür braucht dein Unternehmen eine stabile Diskussionskultur.

> **ÜBRIGENS:** Versuche nicht, Menschen mit großen Zielen und Visionen zu motivieren. Das kann nicht jeder ab. Einigen macht das sogar Angst. Das löst biochemische Prozesse im Körper aus, es werden Stoffe wie das Stresshormon Cortisol ausgeschüttet. Muskeln verkrampfen sich und der Fokus wird enger. Das Schwingungsmuster im Gehirn wird dadurch so stark verändert, dass es im EEG messbar ist. Wir sind dann auf der linken Gehirnhälfte übererregt. Das führt zu einseitigem Denken und falschen Entscheidungen, zu Angst vor Entscheidungen und zu weniger Veränderungsbereitschaft, zu weniger Dynamik und Bewegung. Mehr zu diesem Thema findest du in meinem Buch »Totmotiviert«.

2. Schlechte Chefs führen über Bezahlung statt über Beziehung

Es kommt nur auf die Bezahlung an? Entschuldigung, aber das ist ein Denkmuster aus dem letzten Jahrhundert! Du kannst doch nicht wirklich glauben, dass Menschen Deals wollen, um ein gemeinsames Ziel zu erreichen. Das würde ja bedeuten, du gibst ihnen Kohle und dafür haben sie zu performen. Wer so agiert, braucht sich nicht zu wundern, wenn sich seine Mitarbeiter wie Sklaven fühlen, obwohl sie bezahlt werden.

Im 21. Jahrhundert brauchen Menschen Beziehung. Sie wollen sich identifizieren. Sie wollen sich selbst verwirklichen und wachsen und verstehen, dass es um mehr geht als nur um Geld. Und mal ganz ehrlich: Wie viel willst du ihnen denn bezahlen? Geld haben auch andere. Dafür brauche ich doch nicht bei einem bestimmten Unternehmen oder einem bestimmten Vorgesetzen zu sein. Geld kriege ich überall. Und gerade heutzutage, in Zeiten des Fachkräftemangels, können sich viele Leute aussuchen, wo sie arbeiten. Deshalb gilt es, diese Menschen über Beziehung zu führen und damit im positiven Sinne zu binden.

3. Schlechte Chefs versuchen, Macht zu behalten, statt sie zu teilen

Kennst du auch solche Führungskräfte, die am liebsten den ganzen Tag auf einem Thron sitzen und bejubelt werden? Jeder, der auch etwas vom Licht abbekommen möchte, ein bisschen von der Verantwortung möchte, wird weggeschlagen. Sie versuchen, ihre Machtposition zu sichern und deshalb alle Fäden in der Hand zu behalten. Dafür legen manche sogar Brände im eigenen Unternehmen – sorgen also für Probleme und Chaos. Nur, um selbst derjenige zu sein, der sie am Ende wieder löscht. Weil alles zentralistisch auf den einen Chef, die eine Führungskraft ausgelegt ist. Wenn's Schwierigkeiten gibt, kommt der »Papa« und richtet's wieder. So versuchen sich einige unverzichtbar zu machen.

Es gibt Chefs, die alles tun, nur um ihre Macht zu sichern.

Gute Chefs hingegen machen sich selbst in großen Teilen verzichtbar und ihre Mitarbeiter damit unabhängig. Einen guten Chef erkennst du daran, dass er Macht und Verantwortung abgibt, dass er die Macht nicht nur teilt, sondern andere mit in die Verantwortung bringt. Und »Macht« meine ich hier im besten und ganz positiven Sinn. Denn wer etwas machen will, etwas bewegen will, der braucht Macht. Ohne Macht kannst du nichts machen.

Eine vertiefende Betrachtung
hierzu findest du in meinem Video:

4. Schlechte Chefs kümmern sich mehr um den eigenen Status als um die Entwicklung der Mitarbeiter

Sie kriegen die meiste Kohle, haben das schickste Büro, den besten Parkplatz, die schönste Frau oder den schönsten Mann … Du verstehst schon, worauf ich hinauswill. Schlechte Chefs kümmern sich darum, stets selbst am meisten zu haben und am besten dazustehen.

Eine gute Führungskraft hingegen erkennst du daran, dass sie 80 Prozent ihrer Zeit darauf konzentriert, die Leute in ihrem Team stärker zu machen, anstatt die eigene Stärke zu optimieren. Natürlich braucht auch ein Chef eigene Stärke und, klar, auch der eigene Status hat eine Relevanz. Das ist vollkommen okay. Es gibt hierbei kein Entweder-oder, sondern nur das Sowohl-als-auch.

ÜBRIGENS: Hervorragende Trainer im Profisport sind solche wie Jürgen Klopp, denen es nicht den ganzen Tag um den eigenen Status geht und darum, oben auf einem Thron zu sitzen und von allen beklatscht und bejubelt werden. Ein Trainer wie Jürgen Klopp verwendet 80 Prozent seiner Zeit darauf, herauszufinden, wie er jeden Spieler jeden Tag ein bisschen besser machen kann – oder zumindest so viele Spieler wie möglich. Das ist die richtige Führungsphilosophie eines Profis.

5. Schlechte Chefs beschweren sich, dass ihre Leute so leidenschaftslos sind

Schlechte Chefs sind genervt, weil die Mitarbeiter zu wenig Einsatz zeigen, mit zu wenig Herz und einer schlechten Einstellung an die Sache gehen und mit zu wenig Willen und Disziplin an der Umsetzung von Zielen arbeiten. Da frage ich mich immer zwei Dinge:

1. Wer hat diese Low-Performer denn eingestellt?
2. Woher soll die positive Einstellung denn kommen, wenn der Chef den Mitarbeitern kein Vertrauen schenkt, über Bezahlung anstatt über Beziehung führt, nicht als Vorbild fungiert und den ganzen Tag nur versucht, seine eigene Position zu halten, anstatt andere Personen stärker zu machen?

Wie sollen deine Leute sich denn mit Herz und Liebe und Leidenschaft selbstlos ins Unternehmen einbringen, wenn du den Deal mit ihnen gemacht hast, dass sie für das Geld, das du ihnen gibst, etwas zurückgeben sollen? Sie geben dir so viel zurück, wie du ihnen gibst. Dahinter stehen übrigens das Prinzip von Ursache und Wirkung und das Ausgleichsprinzip. Gleich zwei mentale Gesetze, die hier wirken. Das, was du reingibst, bekommst du zurück.

Teammitglieder machen nie das, was man von ihnen will, sie machen das, was sie beobachten.

So läuft das übrigens in der Zukunft auch beim Verkaufen!

Das neue Verkaufen

Warum ist es eigentlich so wichtig, dass wir verkaufen können? Im Grunde ist das ganz einfach zu beantworten. Verkaufen hat mit Selbstwert, Selbstdarstellung und Selbstvermarktung zu tun. Und somit eben auch mit Führung. Es geht um Selbstführung und natürlich auch um das Führen anderer. Denn wer nicht führen kann, kann nicht verkaufen, und wer nicht verkaufen kann, der kann nicht führen.

Als ich anfing, war das Verkaufen mein größtes Defizit, das ich schnell ausmerzen wollte. Wenn ich aber realistisch bin, muss ich zugeben, dass aus mir bis heute kein Top-Verkäufer geworden ist. Klassische Verkaufsstrategien wie Hard Selling frei nach dem Motto »Nein bedeutet: Noch Ein Impuls Nötig« sind mir fremd und, ehrlich gesagt, auch ein bisschen zuwider. Versteh mich nicht falsch, diese Strategien hatten sicher ihre Berechtigung, zum Teil haben sie die wahrscheinlich sogar heute noch. Aber ich bin zu 100 Prozent davon überzeugt, dass sie schon morgen eine deutlich geringere Rolle spielen werden.

> **Führen und verkaufen gehören zusammen.**

Ich bin mir deswegen so sicher, weil es im Zeitalter von Digitalisierung und Robotik darum geht, das Menschliche in den Vordergrund zu stellen. Wir wollen weg von Anonymität und hin zu Persönlichkeit. Auch wenn viele kleinere Kaufentscheidungen auch heute noch standardisiert fallen – ich brauche etwas, habe diese und jene Erfahrung mit Produkt/Dienstleistung A und B gemacht und deshalb kaufe ich –, steht immer mehr bei einer Kaufentscheidung die Persönlichkeit des Verkäufers und noch viel mehr die Beziehung zu ihm im Vordergrund. Willst du heute etwas verkaufen, reicht es nicht mehr aus, Experte auf deinem Gebiet zu sein. Du musst zum Experten für Menschen werden.

Ganz klar müssen wir alle Umsätze machen – unabhängig davon, ob wir angestellt sind oder unsere eigene Firma haben. Wir müssen verkaufen, um zu überleben. Aber unsere Verkaufsstrategie muss sich maßgeblich ändern. Falls du das noch nicht spürst, wirst du es bald merken. Das kann ich dir versichern.

Verkaufen ist tot – es lebe das Vertrauen

Im Verkauf, das hat sich bereits in den letzten Jahren angekündigt, hat in den Köpfen der Menschen ein Mindsetwechsel stattgefunden. Werbung nervt und Verkäufer nerven noch viel mehr. Erinnere dich an den Mitarbeiter eines Telefonanbieters, den du anrufst, um Unterstützung zu bekommen, weil dein Handyempfang nicht stabil ist. Was passiert häufig? Am Ende des Telefonats bist du nicht schlauer als am Anfang – aber höchstwahrscheinlich hast du einen neuen Mobilfunkvertrag in der Tasche, der zahlreiche Flatrates und Funktionen miteinschließt, die du gar nicht benötigst. Und dieser Vertrag läuft weitere 24 Monate.

Meist fügen wir uns in einer solchen Situation in unser Schicksal. Aber bei nächster Gelegenheit wechseln wir den Mobilfunkanbieter. Warum? Weil wir das Vertrauen in den bisherigen verloren haben. Woran liegt das? An einem Verkaufsansatz, den ich für antiquiert halte.

Schau dir bitte mal diese Grafik an. Das ist dir mit dem Mobilfunkanbieter passiert. Denn so lief Verkaufen bislang:

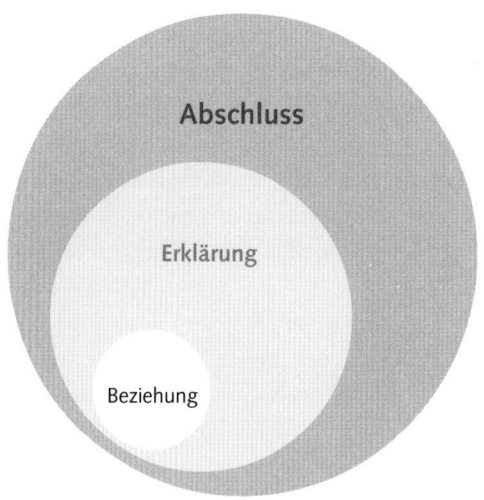

In der Grafik siehst du ganz deutlich: Nur ein sehr kleiner Fokus liegt darauf, eine Beziehung zum Kunden aufzubauen. Ein etwas größerer Teil entfällt bisher auf die Erklärung, wie ein Produkt oder eine Dienstleistung funktioniert und warum der Kunde das unbedingt braucht. Der Hauptaspekt, um den es stets geht, lautet:

> *Was kann ich von diesem potenziellen Kunden bekommen, wenn ich den Deal abschließe?*

Das bedeutet, dass der Fokus auf meinen eigenen Bedürfnissen liegt, also auf den Bedürfnissen des Verkäufers. Die Verkäufer sind abschlussfokussiert und haben damit eine Sag-zu-Mentalität.

Diese Strategie zielt direkt auf den Geldbeutel der Menschen ab und wird dementsprechend aggressiv gefahren. So nach dem Motto: »Du bist doch bestimmt jemand, der A, B oder C dringend braucht …?« Das wäre, bildlich gesprochen, so, als ob du einen Mann oder eine Frau siehst, sie oder ihn ansprichst, dich vorstellst und zum Kennenlernen gleich sagst: »Hättest du nicht Bock, morgen zu heiraten?« Ich tippe mal darauf, dass alle, die ihre Sinne beisammenhaben, auf so eine Frage mit »Nein« antworten. Wahrscheinlich sogar noch direkter mit so etwas wie »Spinnst du?« oder »Geht's noch?«. Kurzum, deine Erfolgsaussichten sind eher schlecht. Genau so läuft das aber beim klassischen Verkaufen. Nach dem AUA-Prinzip: anhauen – umhauen und dann abhauen. Da sagt selbst Hard-Selling-Profi Martin Limbeck, dass das von gestern ist.

Mein Ziel: dein Geldbeutel. So ging Verkaufen früher!

Denn du fragst in diesem Fall deinen Kunden im Gespräch sofort nach einer langfristigen Bindung, ohne dass der Kunde überhaupt weiß, worauf er sich einlässt. Ist doch klar, dass Menschen in so einer Situation Einwände haben. Du musst sie also regelrecht dazu überreden, dir ihren Geldbeutel zu öffnen, sie in den Kauf reinquatschen. Natürlich sind Leute da unsicher. Und wenn sie nicht gerade einen ganz krassen Bedarf an deinem Produkt oder deiner Dienstleistung haben, zögern sie, weil die Beziehungsebene, in der du Vertrauen aufbaust, bei so einer Herangehensweise zu kurz kommt.

Verkaufen, ohne zu verkaufen

Wie es anders gehen kann, möchte ich dir anhand eines persönlichen Beispiels zeigen. In der Zeit, in der es mit Corona anfing, hatten die Menschen erst einmal Angst – vor allem um ihre Gesundheit. Für mich bedeutete das: Vorträge und Seminare, also das, wovon ich hauptsächlich lebe, konnten nicht stattfinden. Und mal ehrlich, in einer so schwierigen Zeit braucht die auch kein Mensch in dieser Form. Was Menschen wirklich nötig haben, ist ihre Gesundheit.

Ich bin aber kein Ernährungsberater, Arzt oder Ähnliches. Und trotzdem habe ich mich gefragt: Was kann ich jetzt zur Gesundheit der Menschen beitragen? Das Ergebnis: Gesundheit funktioniert ja auf verschiedenen Ebenen. Mein Gebiet, die mentale Gesundheit, gehört zu einem großen Teil mit dazu. Also habe ich eine Online-Gesundheits-Challenge ins Leben gerufen. Die lief 21 Tage lang und wurde danach sogar wiederholt, weil sie bei den Teilnehmern so gut ankam.

Da die Menschen aber auch mehr denn je Angst um ihre Jobs und ihre Existenzen hatten, hätte es nichts gebracht, in so einer Zeit ein hochpreisiges Angebot zu machen. Die will sich dann nämlich keiner leisten. Und das kann ich gut nachvollziehen. Auch wenn ich generell finde, dass du viel Geld in dich selbst und dein Humankapital investieren solltest, ist das in solchen Notzeiten, in denen die Möglichkeiten des klassischen Geldverdienens so stark eingeschränkt sind, nicht sinnvoll.

Deshalb habe ich diese Gesundheits-Challenge für nicht viel mehr angeboten, als ein Hörbuch kosten würde. Dafür lieferte ich 21 Tage lang massiven Mehrwert. Unter anderem gab es täglich 1,5 Stunden lang einen Livestream mit mir, in dem ich gecoacht, Fragen beantwortet und wichtige Inhalte geliefert habe. Der Fokus lag natürlich auf meinem Bereich, der mentalen Gesundheit.

Man kann auch mal Mehrwert verschenken.

Gerade dann, wenn wir zu Hause festsitzen und uns vielleicht eingesperrt und hilflos fühlen, ist diese mentale Gesundheit Gold wert und sehr wichtig, um auch körperlich gesund zu bleiben. Für alles andere habe ich mir Experten ins Boot geholt, die mich in ihren Fachbereichen unterstützt haben, unter anderem bei den Themen finanzielle und unternehmerische Gesundheit.

Dann passierte etwas, das ich nicht erwartet hatte. Auf einmal kamen Leute auf mich zu, die Coachings und Unternehmensbegleitungen buchen wollten. Ein Kunde war dabei, der von diesem Programm und den Auswirkungen bei sich selbst so begeistert war, dass er sich zu einer Zusammenarbeit mit mir entschlossen hat, die mir über zwei Jahre hinweg circa eine Viertel Million Euro bringen wird.

Warum erzähle ich dir das? Es stützt meine These, dass Verkaufen, wie wir es bisher kannten, tot ist. Ich musste für diesen Deal keinen Sales-Pitch machen, ich musste dem Kunden nicht hinterhertelefonieren, um ihm eine Idee aufwendig zu präsentieren. *Er* kam auf *mich* zu. Warum ist das passiert? Warum habe ich einen meiner größten Umsätze, die ich je mit einem Kunden hatte, erzielt, ohne zu verkaufen? Was hat sich im Vergleich zu früher verändert?

So geht Verkaufen heute

Menschen wollen einfach nichts mehr nur verkauft bekommen. Sie wollen Beziehung, Vertrauen und damit eine Art Garantie, dass sie das, was sie kaufen, auch wirklich brauchen und es ihnen nützt. Das ist die Basis des Verkaufens von heute und in der Zukunft. Corona hat das Ganze zwar noch komplizierter gemacht, aber schauen wir genauer hin, ist Verkaufen ein Patient, der schon vor der Covid-19-Pandemie auf der Intensivstation lag. Jetzt ist er endgültig verstorben. Menschen hassen es, etwas verkauft zu bekommen. Online wie offline. Sie lieben es aber nach wie vor, etwas zu kaufen. Das Gefühl, etwas zu kaufen, ist toll. Doch um etwas gern zu kaufen, muss ich noch lange nichts verkauft bekommen.

Der Beweis: In der Zeit, in der die Umsätze in meiner Branche, der Weiterbildungsbranche, radikal gesunken sind, stiegen meine Umsätze plötzlich an, ohne dass ich aktiv verkauft habe. Das hätte ich nie für möglich gehalten. Wie gesagt, ich war früher kein guter Verkäufer und bin es immer noch nicht. Aber ich biete etwas, was Verkäufer nur selten bieten: Ich bilde Vertrauen und mache aus Kunden Zeugen. Und zwar so:

Verschenke, was du weißt, um zu verkaufen, was du kannst.

Über Podcasts, Blogs und Videos verschenke ich mein Wissen auf allen möglichen Kanälen. Im Falle der Gesundheits-Challenge habe ich zwar einen kleinen Preis aufgerufen, allerdings unter 50 Euro für 21 Tage voller Inhalte mit Mehrwert. Du kannst dir vorstellen, dass das gefühlt wie geschenkt ist. Die Bindung zu den Leuten war unglaublich hoch. Innerhalb der 21 Tage hatten wir in der Challenge über 200.000 Interaktionen, wenn man den Facebook-Statistiken glauben kann.

Mein 1. Verkaufstipp für die Zukunft: Löse mit dem, was du verschenkst, die Probleme der Leute.

Darüber baust du so viel Vertrauen auf, dass du danach deutlich mehr Umsatz machen wirst. Die schreckliche Kaltakquise entfällt völlig. Du wirst dir nicht mehr zahlreiche »Neins« abholen. Denn es gibt keine »kalten Kunden« mehr. Vielleicht wirst du nicht mehr Kunden gewinnen als sonst, aber durch die stärkere Beziehung wirst du mehr Wertschöpfungstiefe und somit mehr Umsatz generieren.

Mein 2. Verkaufstipp für die Zukunft: Maximiere deine Problemlösungskompetenz!

Dieser Satz erklärt, warum ich dir mehr Umsatz versprechen kann. Denn erzählen kannst du viel. Wenn Menschen aber am eigenen Leib erfahren, was du, dein Produkt oder deine Dienstleistung zu bieten haben, machst du sie zu Zeugen deiner Fähigkeiten. Damit sind sie keine »kalten Kunden« mehr, sondern »warme Kontakte«. Sie sind Teil deines Beziehungsgeflechts. Mit ihnen kannst du ganz wunderbare Geschäftsmodelle entwickeln und -beziehungen eingehen, die dann für dich Umsätze bedeuten und für den Kunden die Gewissheit, dass er mit dir echten Mehrwert einkauft.

> **ÜBRIGENS:** Ein tolles Beispiel dafür, dass wir selbst Zeugen werden, das heißt unsere eigenen Erfahrungen mit anderen Personen machen müssen, finden wir in unseren Teenagerjahren. Wahrscheinlich hast du von deinen Eltern auch hin und wieder Sprüche gehört wie: »Der Typ oder das Mädchen ist nichts für dich!« Die Begründung dafür war in der Regel die Erfahrung der Eltern. Wie gut hat das bei dir funktioniert? Also bei mir gar nicht. Im Gegenteil. Danach war ich noch viel überzeugter, dass meine Partnerwahl richtig war. In der Retrospektive hatten die Eltern dann oft doch recht. Aber die Erfahrung musste ich selbst machen. Ich musste selbst Zeuge sein.

Im Verkauf läuft es wie in der Liebe. Denn wahres Verkaufen ist ein Ausdruck der Liebe zu Menschen und nicht der Liebe zum Geld.

Ich fasse also noch mal kurz die wichtigsten Verkaufsregeln zusammen:

- Löse dich von deinen Bedürfnissen und fokussiere dich auf die Bedürfnisse der anderen.
- Bau Vertrauen durch Branding auf. Sei eine Marke und baue Vertrauen durch das auf, was du jeden Tag schaffst.

Wenn du täglich die Probleme von anderen löst, bekommst du auch viel weniger Einwände gegen dich und deine Produkte / Dienstleistungen zu hören oder zu spüren. Du kannst dir also diesen ganzen Quatsch sparen, du musst zum Beispiel keine Strategien lernen, wie man Einwänden von potenziellen Kunden entgegnet und sie doch noch überzeugt. Diese Strategien brauchen nur Leute, die nicht gut darin sind, Beziehungen aufzubauen.

Ist die Beziehung gut, kommen viel weniger Einwände.

Ein schöner Nebeneffekt deiner eigenen Markenbildung ist die Wertschätzung, die du dadurch automatisch erhältst. Während Menschen, die sich und ihre Produkte/Dienstleistungen verkaufen wollen, auch immer in Preisverhandlungen und -konkurrenz gehen müssen, sind Meister der eigenen Marke automatisch so überzeugend, dass der Preis eine untergeordnete Rolle spielt. Denn sie haben ja bereits bewiesen, was sie bewirken. Damit sind sie ihr Geld immer wert. Im Umkehrschluss bedeutet das:

Wenn du keine Marke bist, dann bist du eine Ware.

Ein Beispiel: Angenommen, du siehst im Supermarkt zwei Produkte nebeneinander, die beide die gleiche Größe haben und angeblich den gleichen Inhalt – also eigentlich identische Produkte. Das eine Produkt kennst du vom Namen her, das andere nicht. In diesem Fall kaufen die meisten Menschen das, was sie kennen. Was ist aber, wenn du beide Hersteller nicht kennst? Wofür entscheidest du dich als Kunde dann? Du entscheidest dich für das günstigere, schaust also auf den Preis. Du kaufst also nicht das Produkt, sondern den Preis.

Wenn dich also jemand nicht kennt, du keine Marke bist, bist du im Kapitalstock immer ganz unten angesiedelt, weil du im Preisvergleich bist. Dann musst du entweder der Billigste sein – das macht in der Regel keinen Spaß – oder du wirst gar nicht gekauft. Auch doof.

KURZ GESAGT:

1. Alle Menschen sollten Lebensunternehmer sein statt Unterlasser.
2. Leadership bedeutet, das Herz von Menschen zu gewinnen und nicht ihren Verstand und dabei ihre Bedürfnisse über die eigenen zu stellen.
3. Eine Führungskraft auf höchstem Level besticht nicht mehr allein durch Kompetenz oder Erfahrung, sondern vielmehr durch absolute Menschenorientierung. Es geht nicht mehr darum, den Kopf der Mitarbeiter zu gewinnen, sondern ihr Herz. Denn eine solche Führungskraft liebt ihre »Mitunternehmer« mehr als ihre Produkte und Dienstleistungen.
4. Bei Kaufentscheidungen steht zukünftig immer mehr die Persönlichkeit des Verkäufers und noch viel mehr die Beziehung zu ihm im Vordergrund. Willst du etwas verkaufen, reicht es nicht mehr aus, Experte auf deinem Gebiet zu sein. Du musst zum Experten für Menschen werden.

5. Verkaufen ist tot! Schon vor Corona lag dieser Patient auf der Intensivstation. Jetzt ist er endgültig verstorben. Menschen wollen nichts mehr verkauft bekommen, aber sie lieben es nach wie vor, zu kaufen. Deshalb muss der Verkäufer der Zukunft Vertrauen aufbauen, dann kaufen Kunden von selbst.

6. Der Verkäufer der Zukunft ist ein echter Problemlöser, der dazu beiträgt, dass Menschen ihre Alltagsherausforderungen bewältigen. Er entfernt sich von seinen Bedürfnissen und fokussiert sich auf die Bedürfnisse der anderen.

Misserfolgsvermeider oder Erfolgssucher?

Als **Misserfolgsvermeider** bist du eher Unterlasser als Unternehmer. Am liebsten hättest du, dass alles so bleibt, wie es ist. Als Anführer sorgst du permanent dafür, dass du von außen Bestätigung bekommst. Du sitzt auf deinem Thron und forderst Aufmerksamkeit. Klar, dass du mit deinen Mitarbeitern in Konkurrenz stehst und Verkaufen als Sport betrachtest – schneller, höher, weiter.

Als **Erfolgssucher** verfügst du in allen Bereichen des Lebens über ein Unternehmer-Mindset. Damit triffst du Mitarbeiter, Mitstreiter und Kunden ins Herz. Du überredest niemanden, du überzeugst und baust von allen Seiten Bindung und Vertrauen auf. Dafür bist du bereit, viel in andere, aber auch in dich selbst zu investieren. Als Erfolgssucher suchst du nicht selbst das Scheinwerferlicht, sondern stellst andere hinein. Du setzt dich nicht selbst auf den Thron, sondern teilst ihn mit anderen.

Der wahre Sinn
unseres Tuns

Ich habe dir ja bereits am Anfang des Buches meine Geschichte im Hochleistungssport erzählt. Zum Ende hin möchte ich dieses Thema nun wieder aufgreifen. Damals lautete mein tägliches Credo: »Ich muss das Maximum aus mir herausholen.« Genau in dieser Mentalität liegt das generelle Problem unserer Welt. Wir versuchen immer das Beste und das Meiste aus allem herauszuholen. Und genau deshalb brauchen wir die mentale Revolution so dringend, um dieses Mindset umzuprogrammieren.

Bitte stell dir das Leben mal kurz wie einen Ackerboden vor. Dieser Boden soll deine Ernte, also deinen Lebenserfolg in den verschiedenen Lebensbereichen hervorbringen. Das kann finanzieller Erfolg sein, eine tolle Partnerschaft oder auch ein erfolgreiches Berufsleben und vieles mehr. Was passiert mit diesem Ackerboden, wenn du über Jahre hinweg versuchst, in allen Belangen das Maximale aus ihm herauszuholen? Die Antwort findest du in unserer Landwirtschaft. Sie zeigt sehr deutlich, was passiert, wenn der Mensch versucht, immer mehr aus den Böden herauszuholen. Irgendwann sind diese Böden dann ausgelaugt und leer. Wir haben sie ausgebeutet.

Wir dürfen den »Ackerboden« unseres Lebens nicht ausbeuten!

Genauso gehen wir mit uns selbst und auch miteinander um, mit Tieren und sogar mit unserem Planeten. Für den Erfolg ziehen wir das Maximum aus allem heraus. Wie bei einer Zitrone quetschen wir alles aus uns und anderen heraus, bis zum letzten Tropfen. Aber zu welchem Preis?

Wenn es dich deinen inneren Frieden kostet, ist es zu teuer.

Wir müssen endlich aufhören mit unserer Gier nach immer mehr. Denn was wir im Außen suchen und erbeuten wollen, fehlt uns in Wahrheit schon lange im Inneren. Ganz gleich wie sehr wir Dinge und materielle Erfolge anhäufen – unsere innere Leere werden wir dadurch nie füllen. Ich habe unzählige leere Menschen kennengelernt, die wahre Paläste ihres Erfolgs erschaffen hatten und dort einsam und deprimiert saßen. Dieser kleine Vers, der so oder auch in leichten Abweichungen oft Joachim Ringelnatz zugeschrieben wird, bringt die Realität vieler Leute auf den Punkt:

Mit Arbeiten ist es so auf Erden,
sie kann sehr leicht zum Laster werden.
Du kennst die Blumen nicht, die duften,
Du kennst nur Arbeiten und Schuften.

So geh'n sie hin, die schönen Jahre,
bis endlich liegst du auf der Bahre,
und hinter dir, da grinst der Tod:
»Kaputt geschuftet, du Idiot.«

Ist Erfolg in Wahrheit unser Feind?

Aber was ist die Lösung, um nicht irgendwann kaputt geschuftet auf der Bahre zu liegen? Sollten wir Erfolg vielleicht einfach abschaffen? Ich sage: Nein! Erfolg ist nicht dein Feind. Er ist großartig. Aber nur dann, wenn er nicht auf Kosten von anderen geht.

Nicht unser Streben nach Erfolg ist das Problem, sondern unsere Strategie, wie wir Erfolg erzielen wollen. Wenn wir unseren Fokus verändern, können wir alle Errungenschaften unserer menschlichen, gesellschaftlichen und technologischen Entwicklung hervorragend nutzen und damit Geniales erschaffen. Wir könnten diese Welt wirklich sehr schnell zu einem besseren Ort machen. Ganz einfach, indem wir unsere Strategie ändern und nicht unbedingt das Ziel an sich. Wir sollten den Fokus dahingehend ändern, dass wir nicht mehr

Was ist dein Antrieb?

versuchen, das Maximum herauszuholen, sondern unser Maximum hineinzugeben. Unsere Absicht sollte nicht sein, immer mehr Gutes zu bekommen, sondern immer mehr Gutes zu bewirken.

Prüf das doch mal ganz kritisch bei dir selbst: Warum gehst du zu deiner Arbeit? Um am Monatsende etwas von der Firma abzuholen (Gehalt) oder um etwas dort einzubringen? Ich will dir damit nicht sagen, dass es schlecht ist, ein gutes Gehalt zu bekommen. Das ist wunderbar, und ich wünschte den meisten Arbeitnehmern ein besseres, leistungsgerechteres Gehalt. Nein, der Grund meiner Frage ist ein anderer. Ich möchte wissen: Was ist dein Antrieb? Ist der Hauptgrund dafür, dass du in deiner Firma arbeitest: dass du etwas haben willst oder dass du etwas geben möchtest? Was ist deine grundlegende Motivation?

Wenn du Selbstständiger oder Unternehmer bist, kannst du dich das genauso in Bezug auf deine Kunden fragen. Wenn du dein Produkt oder deine Dienstleistung deinen Kunden präsentierst, was ist dann deine tiefste innere Intention? Dass du etwas von ihnen haben willst (zum Beispiel möglichst viel Kohle) oder dass du einen möglichst großen Nutzen für sie stiften möchtest? Prüfe das wirklich mal in Ruhe für dich. Denn diese innere Haltung führt zu deinem Verhalten. Und dein Verhalten erschafft deine Verhältnisse – materiell und auch emotional.

Diagnose »Chronisch erfolgreich«

Ich beobachte seit rund zwei Jahrzehnten in Unternehmen, dass sie häufig versuchen, das Maximum aus ihren Mitarbeitern und Führungskräften herauszuholen. Mit dem Ergebnis, dass dort sehr erfolgreiche, aber emotional und mental total ausgelutschte Menschen mit glasigen Augen und leerem Blick sitzen, die ich in meinen Vorträgen oft erst einmal eine halbe Stunde lang emotional reanimieren muss, bis sie auf Fragen oder Gags wieder reagieren. Ich sage dir, wie es ist: Ich habe in den letzten Jahren in über 800 Unternehmen gesprochen und das waren überwiegend echt erfolgreiche Läden. Aber die Stimmung dort war oft, trotz großartiger Bilanzzahlen, wie auf einem Betriebsausflug der Metzgerinnung auf einem Veganer-Kongress. Du kannst dir kaum vorstellen, was ich in Unternehmen teilweise beobachten musste.

Einmal habe ich einen Topmanager erlebt, der nach einem erfolgreich abgeschlossenen Riesenprojekt mit Millionengewinn vor allen Leuten in Tränen ausgebrochen ist. Seine Tränen kamen aber nicht vor Freude über den Erfolg, sondern vor lauter Erleichterung. Ich zitiere: »Mein Gott, was bin ich froh, dass dieser Scheiß jetzt endlich vorbei ist.« Ganz schön krass, oder? Meine Diagnose: »chronisch erfolgreich«. Für ihn war Erfolg zur Pflicht geworden und führte nicht mehr zu Euphorie, sondern nur noch zu Erleichterung. In so einem Fall wird es höchste Zeit für eine Veränderung und für ein revolutionäres Umdenken.

Worum geht es eigentlich im Leben?

Ich bin fest davon überzeugt, dass wirtschaftlicher Erfolg die Grundlage all unseren Handelns ist. Aber er ist nicht der Sinn unseres Tuns. Ökonomischer Erfolg ist eine Voraussetzung dafür, dass wir überhaupt agieren können. Kein Unternehmen kann existieren, wenn es keine Gewinne erwirtschaftet und sich nicht weiterentwickelt. Doch der Gewinn ist nicht das eigentliche Ziel. Er ist die Voraussetzung dafür, dass wir unser Ziel verwirklichen können.

Was aber ist dieses ominöse, tieferliegende Ziel hinter dem oberflächlichen, ökonomischen? Aus meiner Sicht ist jedes Kernziel immer eine Emotion. Der Grund für jedes menschliche Handeln liegt im tiefen Wunsch danach, sich gut oder noch besser zu fühlen. Ganz vereinfacht gesagt: Es geht uns um Glück. All unser Handeln ist also darauf ausgelegt, durch unseren Erfolg glücklich oder glücklicher sein zu können.

Wenn einem dieser Zusammenhang klar wird, ergibt sich daraus eine erstaunliche Beobachtung. Machen wir uns die Entwicklung unserer Gesellschaft in den letzten Jahrhunderten bewusst, erkennen wir, wir waren sehr erfolgreich in Bezug auf die Erhöhung des durchschnittlichen Lebensstandards der Weltbevölkerung. Der medizinische und technologische Fortschritt hat dem großen Teil der Menschheit ein Maß an Komfort und Sicherheit ermöglicht, das noch vor 150 Jahren als illusorisch gegolten hätte. Jeder Durchschnittsbürger in Deutschland hat heute einen deutlich höheren Komfort als die größten Könige des Mittelalters. Jeder kann zu-

Wirtschaftlicher Erfolg ist die Grundlage, nicht das Ziel.

mindest hierzulande zu jeder Zeit jede beliebige Information innerhalb von Sekunden aus dem Internet abrufen. Wir können uns zu jeder Zeit jedes beliebige Essen, das wir wollen, in nahezu jeder beliebigen Menge kaufen. Wir haben in Supermärkten täglich eine Auswahl an Nahrungsmitteln, wie sie die Menschen im Mittelalter ihr ganzes Leben lang nicht gesehen haben. Wir können uns in kürzester Zeit alles besorgen, was wir für ein komfortables Leben brauchen, und müssen dafür nicht mal unseren Luxuskörper vom Sofa wegbewegen. Wir werden doppelt so alt wie die Menschen früher, verfügen über praktisch grenzenlos viel Trinkwasser in bester Qualität und können zu Spottpreisen in der gesamten Welt herumreisen. Wir haben alles an Komfort, was man sich nur wünschen kann. Nur eines sind wir trotz alledem in den letzten Jahrhunderten nicht geworden: glücklicher.

Schau doch mal genau hin: In unserer äußeren Welt haben wir zumindest in den modernen Gesellschaften nahezu alles realisiert, was sich Menschen immer erträumt haben. Die Fiktion der Vergangenheit ist der Alltag der Gegenwart. Aber sind die Leute seitdem friedlicher, liebevoller oder großzügiger geworden? Aus meiner Sicht nicht. Der Grund dafür ist, dass wir es noch nicht geschafft haben, diesen äußeren Reichtum auch im Inneren zu erschaffen. Wir leben äußerlich im Überfluss und leiden innerlich oftmals an Armut. Unser Fokus lag so stark auf der Entwicklung der Welt um uns herum, dass wir unsere innere Welt sträflich vernachlässigt haben. Wenn wir das erkennen und unseren Fokus jetzt konsequent auch nach innen richten, bin ich sehr hoffnungsvoll, dass wir wirklich eine bessere Welt erschaffen können. Zuerst in uns, dann um uns herum. Ganz wichtig: nicht anders herum! Das ist die große Illusion unserer Zeit. Wir brauchen einen Mindsetwechsel vom außen nach innen. Vom Ich zum Wir. Vom Erfolg zur Erfüllung. Vom Wettbewerb zur Kooperation.

Wir brauchen einen Mindsetwechsel von außen nach innen.

Die vier Entwicklungsstufen der Zusammenarbeit

In rund zwei Jahrzehnten meiner Arbeit habe ich die verschiedenen Formen der Zusammenarbeit speziell in Sportteams, aber auch in Wirtschaftsunternehmen und auf dem Bildungssektor kennengelernt. Ich habe Erfahrungen in mittlerweile über 15 Ländern gesammelt und festgestellt, dass es im Kern vier Entwicklungsstufen der Kooperation gibt, die den äußeren, aber eben auch den inneren Erfolg einer Organisation bestimmen.

Stufe 1: Das Gegeneinander – Competition

Die vorherrschende Teamkultur auf dieser Stufe besteht aus Machtkampf, Wettbewerb, Neid und Gier. Die vorherrschenden Emotionen sind Aggression, Frustration und Misstrauen. Ein Krieg produziert aber keine Gewinner, nur Verlierer. Deshalb werden auf diesem Level Potenziale im Team gegenseitig zerstört. Wie in der Mathematik ist eins minus eins eben null.

Kein Team kann so auf Dauer erfolgreich sein. Dieses Klima zerstört entweder die Organisation oder die Menschen innerhalb der Organisation. Im zweiten Fall müssen diese Leute dann immer wieder ausgetauscht werden – Stichwort »Fluktuation«. Werden sie nicht ausgetauscht, gehen sie oft von selbst, was wiederum neue Probleme in die Organisation bringt. Die Spirale der Unruhe und der Unzufriedenheit findet so kein Ende.

Stufe 2: Das Nebeneinander – Coexistence

Auf diesem Level werden Potenziale im Team isoliert und somit verschwendet. Es entsteht sozusagen eine Inselbildung. Jeder macht sein Ding. Die Teamkultur auf dieser Stufe besteht primär aus Egozentrik, Selbstsucht, Ignoranz und Distanz. Emotional geht es recht kühl zu in solchen Organisationen. Jeder ist sich selbst der Nächste.

Die große Gefahr für Firmen, die sich auf dieser Stufe befinden, ist, dass sie manchmal einen leisen, unmerklichen Tod sterben. Auf den ersten Blick gibt es zwar nahezu keine Konflikte. Doch im Untergrund zersetzt die Distanz untereinander das Fundament des langfristigen Wachstums. Zwischenzeitlicher Erfolg überschattet diese Risse, die langsam zu Gräben zwischen den Lagern werden.

Firmen auf dieser Stufe sterben einen leisen Tod.

Das gleiche Muster kann man übrigens auch in Lebenspartnerschaften erkennen. Wenn es jahrelang keinen Streit gab, ist das nicht immer ein Hinweis auf Harmonie, sondern auf Isolation der einzelnen Partner und inneren Rückzug. Wer sich nichts mehr zu sagen hat, streitet auch nicht mehr miteinander. Die Gefahr für ein plötzliches Ende mit Schrecken ist groß.

Stufe 3: Das Miteinander – Cooperation

Auf dieser Stufe beginnt echtes, nachhaltiges Wachstum. Die Potenziale im Team werden miteinander kombiniert. Eins und eins ergibt nun schon mal zwei. Hier sprechen wir jetzt vom klassischen Teamwork. Eine Hand wäscht die andere. Stärken und Schwächen werden gegenseitig ausgeglichen und ergänzt. In dieser Teamkultur kann man Hilfsbereitschaft, Arbeitsteilung und ein gewisses gegenseitiges Interesse erkennen. Allerdings ist dieses gegenseitige Interesse oft nur rein zweckgebunden. Wirkliche Wärme untereinander kommt noch nicht auf. Dennoch herrscht primär eine positive, produktive Stimmung vor, da der gemeinsame Geist schon darauf ausgerichtet ist, gemeinsam mehr zu erreichen, als es jeder Einzelne für sich könnte.

Stufe 4: Das Füreinander – Community

Auf diesem Level entstehen echte High-Performance-Teams. Die Potenziale der Menschen werden nun multipliziert oder sogar potenziert. Es entsteht ein gemeinsamer Teamspirit. Die Leute sind herzlich zueinander, harmonisch und sehr offen. Man spürt ein hohes Maß an Energie und tiefer Verbundenheit. Es entsteht eine wirkliche Gemeinschaft von Menschen, die ihre Meinungsverschiedenheiten respektvoll austragen und ihre persönlichen Befindlichkeiten zurückstellen. Das Ego ordnet sich der gemeinsamen höheren Aufgabe und Absicht unter.

Auf dieser Stufe ist jeder Teil von etwas Größerem.

Das Besondere auf dieser Stufe ist, dass jede Person das Gefühl hat, wirklich Teil von etwas Größerem zu sein. Es geht nun nicht mehr darum, das Beste für sich herauszuholen, sondern das Beste in die Gruppe zu geben, um damit der Gemeinschaft und dem gemeinsamen Projekt den größten Nutzen zu stiften.

Mein Lebenssinn und Beitrag
für dich in dieser Welt

Viele Jahre meines Lebens war ich auf der Suche nach großen Zielen, die mich motivieren sollten. Ich suchte lange vergeblich, da mein Fokus auf Ergebnissen, Zahlen und Statusgewinn lag. Ich wollte der größte, bekannteste, erfolgreichste Coach und Redner werden. Ich wollte der »Dr. Müller-Wohlfahrt« meiner Branche werden. Ich wollte die deutsche Antwort auf Tony Robbins in den USA sein. All das waren Spielereien meines Egos. Ich war noch immer auf Wettbewerb und Vergleich gepolt. Damit ist nun seit einigen Jahren Schluss, denn es geht im Leben um mehr als das.

Irgendwann habe ich endlich verstanden, was mein Lebenssinn eigentlich ist. Ich wollte meine Bestimmung finden. Das habe ich getan. Meine Lebensaufgabe ist es nun, diese Bestimmung mit anderen Menschen zu teilen. An dieser Stelle dieses Buches möchte ich dir daher nun einen tiefen Einblick in meine Seele geben und dir meine Bestimmung verraten, falls sie dich interessiert.

Ich möchte möglichst vielen Menschen auf der ganzen Welt dabei helfen, maximale innere und äußere Freiheit zu verwirklichen. Innerlich bedeutet, mental und emotional frei zu sein. Äußerlich bedeutet, zeitlich und materiell frei zu sein. Warum ist das so wichtig?

Ich bin davon überzeugt, dass Menschen, die innerliche und äußerliche Freiheit verwirklicht haben, glückliche Menschen sind. Sie sind selbstbestimmt, haben viel positive Energie, einen starken, klaren Kopf und auch ein starkes, aber dennoch weiches Herz. Neid, Hass und Missgunst gibt es in ihrer Welt nicht. Solche Personen werden sich daher auch niemals von radikalen Gruppierungen, korrupten Machthabern oder sonstigen manipulativen Mächten in dieser Welt unterdrücken, verführen oder aufhetzen lassen. Wer innerlich und äußerlich frei und somit glücklich ist, wird sich niemals für kriegerische Absichten vor den Karren spannen lassen. Daher sehe ich meine Bestimmung darin, mit meiner Arbeit einen Beitrag zum Wichtigsten zu leisten, was es in unserer Welt gibt: einen Beitrag zum Frieden.

Diesen Frieden wünsche ich dir. Frieden in deinem äußeren Leben, um dich herum, und inneren Frieden in deinem Herzen. Ich wünsche dir Frieden mit all deinen Mitmenschen, Frieden in deinem Beruf, Frieden mit deiner Vergangenheit und vor allem Frieden mit dir selbst. Lass uns aufhören, zu kämpfen, und lass uns damit beginnen, den Kampf in unserem eigenen Leben zu beenden. Wir können keinen Frieden von anderen einfordern, wenn wir diesen Frieden weder in unserer Familie noch in unserem eigenen Kopf oder Körper hinbekommen. Damit geht es los.

Es wird in den nächsten Jahren eine neue Welt entstehen. Aber schau dabei nicht so viel nach außen. Diese neue Welt entsteht *in* dir. Wenn du dein Denken und Fühlen auf eine neue, höhere Ebene hebst, wird dein Lebensgefühl auch ein höheres sein. Wenn ich dich dabei begleiten darf, freue ich mich über dein Vertrauen. Wenn wir uns einmal persönlich sehen sollten, freue ich mich schon jetzt auf die Begegnung mit dir. Vor allem aber freue ich mich, wenn dich meine Zeilen berührt haben. Wenn sie etwas in dir und deinem Herzen bewegt haben.

Weißt du, Menschen vergessen vieles von dem, was wir ihnen sagen. Aber sie vergessen nie das Gefühl, das wir ihnen dabei gegeben haben. Ich hoffe, ich konnte dir mit meinen Worten gute Gefühle vermitteln – Gefühle der Hoffnung, des Aufbruchs, der Inspiration. Wenn ja, dann gib dieses Gefühl an möglichst viele Menschen weiter. Denn genau das ist es, was wir jetzt in unserer Welt brauchen.

Ich möchte, dass Menschen innerlich und äußerlich frei werden.

Danke

Was wäre so ein Buchprojekt, in dem es um ein neues Miteinander geht, ohne auch ganz viel Danke zu sagen, dafür, dass ich ein so großartiges Team und so tolle Mitstreiter habe, die gemeinsam mit mir den Gedanken der mentalen Revolution nicht nur umsetzen, sondern auch jeden Tag leben und in die Welt tragen?

Ein großes und herzliches Dankeschön geht an meine langjährige PR-Frau Mona Schnell, die nicht nur maßgeblich zur Umsetzung dieses Buches beigetragen hat, sondern meine Gedanken und Inhalte strukturiert und in Textform gebracht hat.

Lieber GABAL Verlag, das ist bereits das zweite Buch, das wir zusammen umsetzen, und ich bin Ihnen allen und ganz besonders Lina Erd und Eva Gößwein dankbar dafür, dass Sie mir als Autor so viel Vertrauen und Respekt entgegenbringen und mir stets große Freiheiten bei der inhaltlichen Umsetzung lassen. Nach »Totmotiviert« unterstützen Sie mich und mein Team nun schon zum zweiten Mal dabei, meine Vision und mein Lebensziel, anderen zu helfen, in Buchform umzusetzen.

Liebes Team – liebe Mitarbeiter, lieber Volunteers – ohne euch würde es die Marke Steffen Kirchner in dieser Form nicht geben. Ihr unterstützt mich im Alltag ebenso wie bei Seminaren und großen Events und glaubt genauso sehr an das, was ich in die Welt tragen möchte, wie ich. Eure Ideen, euer Engagement und das große Vertrauen, das ihr stets in mich und auch in euch selbst setzt, machen mich nicht nur dankbar, sondern auch unglaublich stolz darauf, so viele Idealisten gefunden zu haben, die nie müde werden, mich auf meinen Wegen zu begleiten oder sogar eigene Wege für mich und – das ist mir ganz wichtig – für alle Interessierten, Leser und Seminarteilnehmer zu schaffen.

Liebe Leserin, lieber Leser, danke, dass du dieses Buch gekauft und auch bis hierhin gelesen hast. Ich freue mich so sehr darüber, dass du bereit bist, genau hinzuschauen, und die Welt gemeinsam mit mir und anderen zu einem noch besseren Ort machen willst.

Anmerkungen

1 https://www.willis-witze.de/Stromberg-Witze/Die-Scheisse-aendert-sich-die-Fliegen-bl,witz-14859.html

2 https://www.bosch.com/de/stories/blade-runner-flugtaxi/

3 Theodor W. Adorno, Brief vom 18.3.1936, in: Theodor W. Adorno/Walter Benjamin, Briefwechsel 1928–1940, Frankfurt a. M. 1994, S. 173.

4 https://www.uni-hohenheim.de/pressemitteilung?tx_ttnews%5Btt_news%5D = 28724&cHash = 06fefd479396eb11cc070dd1bb89cd19

5 https://de.statista.com/statistik/daten/studie/183866/umfrage/entwicklung-der-gruendungsquoten-in-deutschland/

6 https://www.rkw-kompetenzzentrum.de/gruendung/presse/unternehmertum-42-der-deutschen-wuerde-die-angst-vor-dem-scheitern-von-einer-gruendung-abhalten/

7 https://www.rkw-kompetenzzentrum.de/gruendung/presse/unternehmertum-42-der-deutschen-wuerde-die-angst-vor-dem-scheitern-von-einer-gruendung-abhalten/

8 https://mediapioneer.com/der-achte-tag/, Folge #9

9 https://www.nytimes.com/2008/02/05/us/politics/05text-obama.html

10 § 1356 BGB Absatz 1 von 1958 bis 1977: [1] Die Frau führt den Haushalt in eigener Verantwortung. [2] Sie ist berechtigt, erwerbstätig zu sein, soweit dies mit ihren Pflichten in Ehe und Familie vereinbar ist.

11 Ralf Schmitt/ Mona Schnell: Kill dein Kaninchen!, Gabal 2018, S. 178.

12 Marvin Zuckerman et al.: Development of a sensation-seeking scale. Hrsg.: Journal of consulting psychology. Band 28, Nr. 6, 1964, S. 477 ff.

13 https://www.watson.ch/grosse%20fragen/usa/376836035-schlaft-schneller-arnie-stresst-die-zuercher

14 https://youtu.be/Mku7k5BUa4o

15 Leon C. Megginson: Lessons from Europe for American Business, Southwestern Social Science Quarterly, 1963, Ausgabe 44 (1): S. 4

16 John Naisbitt: »Megatrends – Ten New Directions Transforming Our Lives«, Grand Central Pub, 1982

17 Lt. Studie »Die Süchte der Deutschen 2017« im Auftrag der pronova BKK, November 2017.

18 https://www.elektroauto-news.net/2019/deutschland-noch-kaum-elektrobusse/

19 https://de.statista.com/statistik/daten/studie/662560/umfrage/urbanisierung-in-deutschland/

20 https://www.eco.de/presse/in-welchen-jobs-arbeiten-wir-2035/

21 https://www.trendingtopics.at/vision-fund-strategy/

22 https://women-at.work/10-inspirierende-zitate-zum-thema-erfolg/

23 https://www.sn.at/wirtschaft/welt/richard-david-precht-digitalisierung-macht-millionen-jobs-ueberfluessig-68242705

24 https://www.oxfordmartin.ox.ac.uk/downloads/academic/The_Future_of_Employment.pdf

25 https://www.dasinvestment.com/kuenstliche-intelligenz-und-co-diese-megatrends-bestimmen-die-wirtschaft-der-zukunft/?page = 3

26 https://youtu.be/ifuJ7qRDoHg

27 https://sozialversicherung-kompetent.de/sozialversicherung/allgemeines/30-geschichte-der-rentenversicherung.html

28 https://de.statista.com/statistik/daten/studie/185394/umfrage/entwicklung-der-lebenserwartung-nach-geschlecht/

29 https://www.welt.de/wirtschaft/article129162827/Zwei-Beitragszahler-finanzieren-einen-Rentner.html https://youtu.be/3OABdHUHuvo

30 https://youtu.be/3OABdHUHuvo

31 https://omr.podigee.io/189-dieter-bohlen

32 https://www.sueddeutsche.de/wirtschaft/patente-elektromobilitaet-deutschland-1.4911258

33 https://de.wikipedia.org/wiki/Hannibal

34 https://portal.hogrefe.com/dorsch/unaufmerksamkeitsblindheit/

35 https://www.lumilabs.com/about.html

36 https://www.randomhouse.de/Hal-Elrod-Miracle-Morning-bei-Irisiana/Was-ist-Miracle-Morning/aid71082_13765.rhd

37 https://www.alexanderhartmann.de/

38 https://www.psychologischepraxis-thun.ch/psychologische-praxis/logotherapie-und-existenzanalyse/zitate-viktor-frankl/

39 Das Pareto Prinzip, benannt nach Vilfredo Pareto, besagt, dass wir statistisch mit 20 Prozent Aufwand 80 Prozent Ergebnisse erzielen. Die weiteren 20 Prozent hingegen fordern 80 Prozent des Gesamtaufwands und damit die meiste Arbeit.

40 https://www.transaktionsanalyse-online.de/innere-antreiber/

41 https://youtu.be/TzrNyNkBpgM

42 https://de.wikipedia.org/wiki/Overton-Fenster

43 https://www.tagesschau.de/inland/drogen-119.html

44 https://www.aerzteblatt.de/archiv/127598/Das-therapeutische-Potenzial-von-Cannabis-und-Cannabinoiden

45 https://de.wikipedia.org/wiki/Engpasskonzentrierte_Strategie

46 https://youtu.be/0eEG5LVXdKo

47 S. hierzu unter anderem: https://www.handelsblatt.com/technik/forschung-innovation/hirnforschung-mythos-multitasking/3368308.html

48 https://www.handelsblatt.com/meinung/morningbriefing/morning-briefing-machtkampf-um-mueller-report/24179764.html

49 https://youtu.be/zt5UwF7ZysQ

50 https://www.ml-trainings.de/presse/fachartikel/ein-nein-bedeutet-noch-ein-impuls-noetig/

Personen- und Stichwortverzeichnis

Über den Autor

Steffen Kirchner ist einer der gefragtesten Per-
sönlichkeitstrainer im deutschsprachigen Raum.
Er selbst kommt aus dem Profisport, den er aus
eigener Erfahrung als Spieler, Manager und Coach
kennt. Als Spieler war Steffen früher selbst in der
Tennis Bundesliga aktiv. Als Manager eines Vol-
leyball-Bundesliga Clubs gewann er bereits
im Jahr 2008 die deutsche Meisterschale.

Als Mentalcoach betreute er in der
Vergangenheit diverse Teams, wie zum
Beispiel Union Berlin in der Fußball-Bun-
desliga oder die Kölner Haie in der DEL.
Vor und während der Olympischen Spiele
2012 in London betreute er die deutsche
Turner-Nationalmannschaft um Superstar
Fabian Hambüchen. Von seiner Arbeit profi-
tierten bereits Sportgrößen wie zum Beispiel die ehemalige Nummer 1 der
Tennis-Weltrangliste, Victoria Azarenka, diverse Fußball-Bundesliga-Pro-
fis sowie auch namhafte Stars aus der Musik- und Showbranche.

Steffen Kirchner hat bereits mit über 150.000 Menschen in 15 Ländern gearbeitet. National wie international wird er von namhaften Wirtschaftsunternehmen wie zum Beispiel Siemens, Audi, adidas, Hewlett-
Packard uvm. als Vortragsredner gebucht.

Mit seiner Mischung aus Humor, Leichtigkeit und fundierter Tief-
gründigkeit ist er außerdem auch seit Jahren ein gefragter Gast in zahlreichen Medien. Sein Podcast ist mit weit über einer Million Downloads
einer der meistgehörten Podcasts im deutschsprachigen Raum in der
Kategorie Bildung.

Mehr Infos und Kontakt unter: www.steffenkirchner.de

Komme jetzt zu **UPGRADE** *your* **LIFE!**

Das Seminar-Event, das Dein Denken und Fühlen verändert.

Als Leser dieses Buchs bekommst Du jedes zweite Ticket GESCHENKT!

So löst Du Deinen Gutschein ein:

1. Gehe auf **upgrade-your-life-seminar.de**

2. Wähle Datum und Ort aus.

3. Setze das Häkchen bei „Gutscheincode vorhanden?"

4. Gib Deinen persönlichen Code **MR-SNR-317** ein.

5. **Spare sofort** *249 EUR*!

6. Folge den weiteren Hinweisen auf der Webseite und freue Dich auf das Event.

Alle Infos zu meinen kostenlosen Angeboten, meinen Seminaren, dem Impulsnewsletter und dem Steffen Kirchner **LIFE CLUB** bekommst Du auf meiner Webseite. Ich freue mich darauf, von Dir zu hören!

Dein Steffen

steffen-kirchner-seminare.de

Buchen Sie Steffen Kirchner als emotionales Highlight Ihrer Veranstaltung!

Steffen Kirchner begeistert und inspiriert jedes Publikum mit seiner Performance. Gönnen Sie sich, Ihren Mitarbeitern und Kunden dieses **Feuerwerk an Impulsen** zum Aufstehen, Nachdenken, Umdenken und Handeln.

Mit Steffen Kirchner buchen Sie gleich drei Redner in einer Person.

Erstens einen Redner, der mit viel **Humor** für beste Unterhaltung sorgt.

Zweitens jemanden, der das Publikum mit fundierten, tiefgründigen Inhalten **inspiriert**.

Drittens jemanden, der sein Publikum zum Handeln **bewegt** und mit seinen Worten Verhaltensveränderungen bei Menschen bewirkt.

Diese einzigartige Kombination schafft einen unbezahlbaren Mehrwert für jedes Unternehmen.

Steffen Kirchner hat bereits vor über 150.000 Menschen in über 800 Unternehmen aus nahezu allen Branchen in 15 Ländern gesprochen. Lassen auch Sie sich begeistern!

„Ihre positive Energie ist sofort auf unser Publikum übergesprungen. Ihr Vortrag war der krönende Abschluss unserer Veranstaltungen."
Dr. Helmut Hofmeier, Vorstand Leben im Continentale Versicherungsverbund

„Vielen Dank, das war ein wirkliches Feuerwerk an Impulsen!"
Uwe Berghaus, Vorstand DZ BANK AG

www.steffenkirchner.de